投資家の父が子どもに教えたお金の増やし方

幸せに生きるためのシンプルな投資の教え

Pathfinders

Extraordinary Stories of People Like You on the Quest for Financial Independence - and How to Join Them!

ジェイエル・コリンズ 著

伊藤晶子 訳

KADOKAWA

Originally published in the UK by Harriman House Ltd in 2023, www.harriman-house.com.
Japanese translation published by arrangement with Harriman House Ltd
through The English Agency (Japan) Ltd.

未来の自分のお金をコントロールするために

子どものころ、お金に関する知識や管理の仕方について家族で話し合ったことは一度もなかった。

お金の話をすると、お前はお金に執着している、お金がないと言って家族を責めている、と決めつけられてしまう。**うちではいつも、お金の話は怖いし微妙だし生々しい話題だった。**株式市場については特にそうで、ウォール街の大物だけにしか理解できない話だ、素人をカモにする不正なシステムだと見なされた。だから自分は近づかないようにしていた。学校ではメソポタミアや有糸分裂について何年も学んだが、アメリカで納税する際に必要な書類であるＷ－２[1]とＷ－９[2]の違いさえ知らなかった。麻薬の売人みたいにマットレスの中に現金を敷き詰めておこうかなどと考えた。それが自分を守ってくれるんじゃないかと信じていた。

でも違った。それは大人社会のつらい現実と向き合わなくて済むようにするためのものだった。自分や家族を守り、経済的に安定した将来を確保するにはお金が必要だ。お金ですべての問題が解決するわけじゃないが、お金の問題を解決してくれるのは間違いない。

ジェイエル・コリンズの新刊のことを初めて聞いたとき、これは読まなきゃと思った。彼の最初の著書『父が娘に伝える自由に生きるための30の投資の教え』の長年のファンなのである。実は私が経済的自立への旅を始めたきっかけは、この本と彼の大胆不敵な「Talks at Google」での話だった（どうして「大胆不敵」かと言えば、ジェイエルが「Talks at Google」の最中にグーグル社員に対して「グーグル株を個別株では保有するな」と言ってのけたからだ。それを聞いた瞬間、私はジェイエルが真実を語っているか完全にいかれているかのどっちかだと思った）。

彼が勧める原則をすぐさま実行に移してからは、VTSAX[3]生活に夢中になって、ほかのことは忘れてしまった。だからといって、先が見えない感じや疑いの念や、私のVTSAXのポジションが大きく下がった日がなかったわけではない。**でも「設定したらあとは忘れる」という長期保有戦略を受け入れていたので、気にならなかった。**私はこれまでの30年間、お金については自己流の基本的な姿勢を持ち続けており、そんな自分なりの道をひたすら歩いてきた。

本書には、まさにそういうことが書かれている。経済的自立への道を歩む人々の実話を集めたものである。読み終わって、あることに気づいた。この本は単なる投資本ではなく、それ以上のものなのだと。人を勇気づける内容であることは間違いないし、言うまでもなく、自分の未来の経済状況をコントロールする方法が書かれている。**しかしいちばん重要**

なのは、本書が大人につきまとう金銭的な不安や不確かさを乗り切るための原則を伝える一冊だということだ。

だからこそ、このまえがきを書けるのがうれしくて仕方がない。なぜなら、お金について学ぶことから逃げてきた人間として、投資の世界を旅することがどれほど大変かを知っているからだ。しかし、ジェイエルと体験談を寄せた旅の仲間たちの力により、この本はとてもリアルで実用的で、親近感の持てるものに仕上がっている。「道」は凸凹かもしれないが、あなたと同じ道を歩いているたくさんの仲間がいるから、安心してほしい。あと、何が最高かって？　今ここで下した決断を未来の自分が後悔しないことだ。皆さんの「道」に幸運あれ。私は今も歩んでいる。

ハサン・ミナジ
2023年　ニューヨーク

[1]　日本の源泉徴収票のようなもの。
[2]　納税者番号および宣誓書の依頼書。
[3]　バンガード・トータル株式市場インデックスファンド。アメリカの株式市場全体に投資できる。

序文　本書の道しるべ

本書を書いた理由

２０１６年に『父が娘に伝える自由に生きるための30の投資の教え』を出版して以来、読者から体験談が寄せられるようになった。その本に出てくる原則を自分なりにどう取り入れ、活用しているかといった話だ。同じ道を行く仲間たちからのこうした話は途方もなく魅力的で、非常にためになる。彼らは「富へと続くシンプルな道」をたどるうえでのアイデアやヒントを教えてくれるが、それだけではない。**すでに世界中のありとあらゆる人がこの「道」を歩んでいるのだから、「あなたにもできる」と言ってくれる証人とも言えるのだ。**私は長年、こうした体験談をまとめた続編を書きたいと思っていたが、念願かなって形となったものが、今あなたが手にしている（または耳で聴いている）本書である。

本書の対象となる人

本書は、経済的自立を達成したい、少なくともそれが可能かどうかを検討したいという人に向けて書かれている。**経済的に自立するまでの道のりは、自分の人生を手に入れ、自分の時間を望みどおりに過ごす「自由」を買うプロセスである。**経済的自立を選択肢のひとつに加えたばかりの人、すでにそこに至る「道」を歩んでいて仲間の物語に興味がある人、あるいは完全に経済的自立を達成したあとに旅を振り返り、仲間がたどる旅の展開に興味がある人。そうしたあなたにとって、この本は最適な一冊である。

ここに書かれていること

本書には、人生の、また富のあらゆるステージにいるさまざまな背景を持つ世界中の人たちから寄せられた、非常に説得力のある物語が１００編ほど掲載されている。刺激的でおもしろくて勉強になる、目からウロコが落ちるような話ばかりだ。読めばきっとあなたも納得するだろう。

また、本書の各パートの冒頭には、私なりの見解を載せてある。この「聞く耳を持たない女の子」のおかげで、私は「富へと続くシンプルな道」とは何なのかを明確に言葉にしていき、定義をして、そしてついには執筆しようという気になった(というより、せざるを得なくなったのだが)。

この本の核となるのは、あなたと同じく「シンプルな道」を歩む決意をした人たちの実話を集めたところにある。私自身が何十年も荒野をさまよい、そしてつなぎ合わせた道、経済的自由へと続くパワフルでシンプル、低コストで低リスクという筋金入りのルート。それが「シンプルな道」である。

前作の『父が娘に伝える自由に生きるための30の投資の教え』を手に取ったことのある人なら、そこに示された原則を旅人たちが実践する様子は読んでいて楽しいだろう。しかし、前作を読んでいなければこの作品を楽しめない、などということはない。まず本書からスタートし、その気になったら前作を読むのでも構わない。

順番はどうあれ、「道」そのものはシンプルで頑丈で、世界中に何万人といるあらゆる所得層の人々の力になっていることに変わりはない。歩むと決めたら、その「道」はあなたを導いてくれる。

「道」のたどり方

前作が経済的自立を達成するアプローチを示しているのに対し、本書では、ほかの人たちがどうやってそこに至る「道」をたどっているのかを紹介する。もしあなたが以下のようなことを考えているなら、彼らの「道のたどり方」はよい指針となるだろう。

- 経済的自立という言葉は知っているが、ちょっと話がうますぎると思う。
- ごく普通の平均的な資産の人でも経済的に自立できるのか？　と思っている（ネタバレ注意：できる。平均以下だって可能だ）。
- すでに「道」を歩んでいるが、やや苦戦している。
- 「道」を歩み中だが、別のアプローチやテクニックを検討しようかと思っている。
- 「道」を歩みながらも、自分の状況にもっと合った工夫を探している。
- 経済的自立を達成するという話そのものに、ただ興味がある。
- 経済的に自立するには何が必要なのか、努力する価値があるのだろうかと思っている。
- この「道」というのがどのくらい強力なのか、気になっている。
- まもなく経済的に自立するところまで来ていて、ゴールインするときの状況や気持ちを想像している。

追求するもの

もしかしたらあなたは、今まで経済的自立について真剣に考えたことはなかったが、これからはもっと意識的に人生の道筋について考えようとしているのかもしれない。ワークライフバランスを改善するとか、新しいキャリア、新天地での生活、旅行、単に今までとは違う選択など、人生を変えるチャンスをうかがっているのかもしれない。

経済的自立はそのすべての機会をもたらしてくれるし、もっと多くの選択肢へと道を拓いてくれる。だがさらにクールなことが起きる。それはこれらの体験談を読めばわかるとおり、経済的自立の追求そのものが「シンプルな道」への扉を開けてくれるということだ。「シンプルな道」に足を踏み入れた瞬間から、あなたはほんのちょっと強くて自由になり、少しだけ大胆な選択ができるようになる。先に進めば進むほど、その効果が際立ってくる。

もちろん、自由を手に入れようとするためにいくつかの物質的なことをあきらめる場合もあるかもしれない。しかし自由を手に入れるとは、泣く泣く多くをあきらめて10年間惨めに過ごしたあと、ついに働かなくてもよい生活を手に入れたものの、日々我慢を強いられながら数十年間暮らす、ということではない。

そうではなく、豊かで自由な人生を創造するということだ。**まったく新しい選択肢を手**

に入れ、よりたくましく自立した自分になるということなのである。

活用するには

本書はテーマ別に、話の筋道に沿った順序で構成されている。まず最終目的地を見すえて、そこに至るまでの一歩を踏み出しながら、歩み続ける中で遭遇するだろう障害に対処するという流れだ。

隅から隅まで無理なく読めるが、そうしなくてもよい。気の向くままに拾い読みするのでも構わない。読んでもらえばわかるとおり、何パートにもまたがる体験談も多いが、それぞれ単独でも読めるようになっている。

本書を開いたあなたは、「富へと続くシンプルな道」沿いにある、どこか異国の地にある酒場のような場所に足を踏み入れる。そこは世界中から集まったさまざまな道の段階にいる人たちが、経済的自立を目指す旅の途中で気晴らしに立ち寄る場所である。火が赤々と燃え、酒が注がれ、かまどにかけられた巨大な鉄鍋からは、何かがグツグツと煮えたっている魅惑的な香りが漂ってくる。

テーブルには旅人たちが数人ずつ座って、泣いたり笑ったりしながら、こんな旅の話を語り合っている……。

・苦難を乗り越え、あとで報われた話
・予期せぬ問題への大胆な解決策
・払った犠牲と見知らぬ人たちの優しさについて
・少しの簡単なステップを踏むだけでたどり着いた、すばらしい場所のこと
・思いがけない冒険と友情の話

彼らは、こっちにおいで、とあなたに手を振っている。どの席に座るのも自由、好き勝手に別のテーブルに移るのも自由だ。ページをめくれば、すべてがそこにある。さあ、旅を楽しもう！

ジェイエル・コリンズ

CONTENTS

序章

「富へと続くシンプルな道」を歩む

PART 1 自由

投資家の父の見解

旅仲間の体験談

PART 2

借金

投資家の父の見解

旅仲間の体験談

PART 3

貯蓄

投資家の父の見解

旅仲間の体験談

PART 4

贅沢すぎるライフスタイル

PART 5

投資

投資家の父の見解

旅仲間の体験談

PART 6

会社から逃げるための緊急資金――「F-Youマネー」

PART 7 航路を守る

PART 8

家族

投資家の父の見解

旅仲間の体験談

PART

9 ラストスパート

投資家の父の見解

旅仲間の体験談

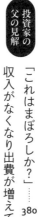

キーワード集

基本的に専門用語は説明するか、文脈からすぐにわかるようにしているが、途中から読む人や経済的自立という考え方を初めて知る人のために簡単な用語集を用意した。

「シンプルな道」

収入より支出を少なくする。借金はしない。余ったお金を広範かつ低コストのインデックスファンドに投資する。これを守り続ければ、経済的自立と生涯にわたる真の自由を手に入れられる。

4%ルール

これは1990年代に開発された概念である。基本的な考え方は、少なくとも50%を株式、残りを債券で構成するポートフォリオから、毎年4%を引き出せる、というものだ（インフレ率に応じて調整は必要）。これにより、96%の確率で少なくとも30年はお金がもつという調査結果が出ている。たいていの場合は、もっと長くもつどころか、当初のポートフォリオの資産よりもはるかに大きくなる。

もちろん、4%の引き出し率を設定して、それを忘れてしまうような人はいない。あなたはお金の動きをチェックして、現状に合わせて調整したいと思うだろう。単にお金に困らないだけでなく、お金が増えるのを存分に楽しめるようになるためだ。

4%という数字が正しいかどうかについては、これまで多くの議論がなされてきた。「高すぎる！」と言う人もいれば、「低すぎる！」と言う人もいる。私に言わせれば、「ルール」としてはひどい代物だが、ガイドラインとしては優れている。

経済的自立

経済的自立とは、資産運用によってライフスタイルを永遠に維持できる状態である。

4%ルールを使った計算式は次のとおりだ。

自己資本×4%＝年間支出

年間支出×25＝必要な自己資本

例）毎年4万ドルの支出が必要な場合

100万ドル×4%＝4万ドル

4万ドル×25＝100万ドル[4]

FIRE

経済的自立・早期リタイア

（Financial Independence, Retire Early）のこと。

リタイア

この言葉はFIREのコミュニティにおいて、少なくともその否定派の間では、驚くほどの困惑を引き起こしている。経済的に自立して仕事を辞め、「リタイア」した人の大半は、その後、何かおもしろいことや有意義な活動をすることが多い。これがちょっとしたポイントで、こうした活動により収入を得る場合もある。

これがどういうわけか、「リタイア取締まりインターネット警察」とも呼ぶべき人々の激しい怒りを買っている。彼らは声高に「収入があるならリタイアしたとは言えない」と訴える。

知ったことではない。

経済的自立とは選択肢を手にすることだ。「リタイア」をどう定義しようと、それは選択肢のひとつに過ぎない。

倹約型FIRE

資産運用により、ごくシンプルな生活を十分に送ることができる状態。おそらく「リタイア」後も多少は収入があるだろうから、十二分な生活ができる場合が多い。仕事が死ぬほど退屈で、そこから逃れたい人には特に有用だ。

潤沢型ＦＩＲＥ

資産運用により、かなり贅沢《ぜいたく》な生活を送れる状態。

惰行型ＦＩＲＥ

今後、追加の投資をしなくても、資産運用によって将来のどこかの時点でＦＩＲＥに十分到達できる状態。複利運用がものを言う。

この将来の日付を計算し、そのタイミングでリタイアすれば、貯蓄をやめて現在の収入をすべて使ってもやっていける。これまでに投資した資金だけで、経済的自立が実現するのだ。

ＶＴＳＡＸ

バンガード・トータル・ストック・マーケット・インデックスファンド。幅広い株式市場全体を対象とする低コストのインデックスファンドのひとつで、私自身も保有している。ＶＴＳＡＸを持つということは、アメリカの株式公開企業最大４０００社のほぼすべてを一部分ずつ所有しているのと同じだ。

同様に、バンガード以外の運用会社による低コストで幅広いインデックスファンドを保有してもよい。

ＶＴＩ

ＶＴＳＡＸの上場投資信託（ＥＴＦ）版。ポートフォリオは共通しており、どちらを使っても構わない。多少の違いはあるが、私たちにとっては重要ではない。

ＶＦＩＡＸおよびＶＯＯ

バンガード社のＳ＆Ｐ５００インデックスファ

[4] 一般的な経済的自立に必要な自己資本は、現在の年間支出（年間の必要経費）の25倍とされている。

ンド、およびＥＴＦ。アメリカの株式公開企業５００社で構成されている。私はどちらかというと、ＶＴＳＡＸなどのより幅広い銘柄から成るものを好むが、ＶＦＩＡＸやＶＯＯも立派な選択肢である。ほかの運用会社のものも同様だ。

４０１（ｋ）*

アメリカの多くの企業が提供する私的年金の積み立てプランで、一定の税制上の優遇措置がある。[5]

４０３（ｂ）*

公立学校や病院等の職員や非営利団体職員向けの４０１（ｋ）のこと。

ＩＲＡ*

アメリカで導入されている個人退職口座。積立金の拠出時は非課税のため、現時点で税金が控除される。ＩＲＡに拠出したお金は運用益も非課税となる。一定の年齢に達すれば、ペナルティなしで引き出せる。引き出し金は通常の所得として課税される。

ロスＩＲＡ*

ＩＲＡのひとつだが、拠出時に課税されるため、現時点では税金控除はない。ロスＩＲＡに拠出したお金は運用益も非課税となる。一定の年齢に達すれば、ペナルティなしで引き出せる。引き出し金も非課税である。

*これらの利用には、拠出額や所得基準に関する多くの規定が適用される場合がある。詳しくは『父が娘に伝える自由に生きるための30の投資の教え』に説明がある。同様の退職口座はほかの国にも多く見られる。

［5］これにならって日本で導入されているのが確定拠出年金。

序章　「富へと続くシンプルな道」を歩む

富への旅にようこそ！

冷たい雨に濡れそぼっているあなた、さあ中に入って！　火のそばに椅子を持ってきて、ちょっとおしゃべりしようか？　「富へと続くシンプルな道」（The Simple Path to Wealth）をすでに歩み、その旅路について語ってくれる100人の仲間たちといっしょに。

「The Simple Path to Wealth」というのは、もちろん、私が最初に書いた本のタイトルである。[6]　おそらくあなたは、それを読んだから本書を手にしているのだろう。本書はいわば、その続編のようなものだ。

あるいは、この本をたった今手にして、前作を先に読んだほうがいいかどうか迷っているかもしれない。その必要はない。今はただ、本書に出てくる物語を楽しんでほしい。もし共感できるところがあれば、それからでも前作を読む時間は十分にあるだろう。

どちらだって構わない。**私の願いは、ここでのおしゃべりを終えたあなたが、裕福で自由な人生への旅に出る（あるいは旅を続ける）ことだ。**その旅路のことを、私の周りでは「シンプルな道」と呼んでいる。

そもそもの始まり

成人になった娘は最近、おもしろがって私をからかう。

娘はこう言う、「ねえ、パパ。もし私が、子どものころにパパの言うことを聞いていたら、jlcollinsnh.comのブログも、ショトーカ・リトリート[7]も、著作もインタビューもなかっただろうね。誰もパパのことを『経済的自立のゴッドファーザー』なんて呼ばないと思うし、世界中にフォロワーがいるなんてこともないよね」

もちろん、彼女の言うとおりだ。**これらはすべて、「お金は重要だ。お金を使いこなせば、もっと楽でもっと自由で、もっと多くの選択肢に満ちた人生が手に入る」と娘に納得させようとする私の努力から生まれたものだったからだ。**

誰だって、わが子には自分よりもよい人生を送ってほしいと願うものだ。親が学んだ厳しい教訓を活かしてほしい、親が陥った罠《わな》や迷い込んだ袋小路に引っかからないでほしいと思っている。

しかし私の場合、その思いが強すぎて、あまりにも早い時期から投資や経済的自由という概念を押しつけてしまった。おかげでお金にまつわるあらゆることから、見事に娘を遠ざける結果となった。当たり前だろう、ウォール・ストリート・ジャーナルを親といっしょに読みたい4歳児なんているはずがない。

もちろん、私はそれでも努力を続けたし、妻は「何も言わないけど、あの子もいろいろ学んでいる」とよく言っていた（これは事実だとわかった）。しかし私には、何もかもブラックホールに流し込んでいるように思えた。

娘が大学に入ったとき、私は自分の考えを多少は書き残しておいたほうがいいと思った。先々、私がそばにいなくなっても読めるようにだ。

娘の準備が整うであろう日に備えて、私は彼女に何通もの手紙を書き始めた。**お金に「使われる」のではなく（たいていの人はそうなっているが）、常に「使う」側になる人生を確保するための必要事項を、すべて書きつらねたのだ。**私の目指すところは、お金に関する詳細な道筋をつくることだ。それは自分が歩んできた道より滑らかで真っすぐな、邪魔になる石ころや回り道が少ない、そんな道筋である。

この手紙を同僚に見せたところ、「すごくおもしろい。ブログに載せて、家族や友人が読めるようにしたらいい」と言われた。

私の家族や友人はあまり興味を示さないのではと思ったが（実際そのとおりだった）、ブログは情報をアーカイブするのにうってつけだと思った。こうして２０１１年6月に、jlcollinsnh.com が誕生した。

滑り出しはゆっくりだったが、やがて驚くべきことが起きた。どんどん読者がつき始め、多くの人の共感を得たのだ。このブログが世界各地の２０００万人近い読者を引きつけるほど大当たりするとは思ってもみなかった（わかっていたら、最初からもっと気の利いた名前をつけていただろう）。

ブログから発展して、年に一度のワークショップであるショトーカも立ち上げた。初の開催は２０１３年のエクアドルで、その後、イギリス、ギリシャ、ポルトガル、コロンビアでも行った。私たちのスローガンは、「クールな場所、クールな人々、クールな会話」である。

２０１６年には、このブログ内の特にストック・シリーズと呼ばれる一連の記事(jlcollinsnh.com/stock-series)をもとにして、『父が娘に伝える自由に生きるための30の投資の教え』が出版された。

そして２０２４年の今、あなたが手にしているのが『投資家の父が子どもに教えたお金の増やし方』だ。本書は、聞く耳を持たなかった少女のおかげで生まれたのである。

経済的な自由を手にするための秘密

ここだけの秘密を知りたい？

「The Simple Path to Wealth」は、執筆しているときに仮につけていたタイトルに過ぎず、あまりピンと来なかった。そのうち、もっとうまいタイトルを思いつくだろうと考えていた。しかし何も浮かばなかった。

それが幸いした。このタイトルは、経済的な自由を永遠に手に入れるための、実績があり驚くほど簡単なプロセスを正確に言い表している。

次に、経済的な自由を手に入れるための秘密を教えよう。

単純極まりないのだが……。

- 収入より支出を少なくする。
- 借金をしない。
- 余った分は投資する。

もうひとつの秘密。**投資についても、やり方はシンプルだ。**ウォール街や金融ニュースの報道で聞かされている話とは違う。

こう考えてみよう。目の前に、ありとあらゆる異国料理が載った巨大な宴会テーブルがあると想像する。料理の重みでテーブルはミシミシ鳴っている。どの皿のものも非常に手が込んでいて、どんな料理なのかすらわからないほどだ。このテーブルの片隅に、健康で丈夫な体にとって必要十分とされるシンプルな食べ物が並んでいる。もしテーブルにもたれたら、凝った料理だけがすべて床に滑り落ちるだろう。

金融業界が売りたがる、終わりのない、うんざりするほど複雑な投資も同様だ。これらを一掃すれば（そうすべきなのだが）、テーブルの片隅に残るのは、シンプルで低コストで包括的なインデックスファンドである。経済的に最高の健康状態を手に入れたいなら、必要なのはこれだけだ。

最後の秘密はもっともショッキングかもしれない。**もし、あなたがお金や金融投資なんてどうでもいいと本気で思っているなら、それこそがあなたのスーパーパワーになるだろう。**

これにはちょっと説明が必要だと思う。

ほうっておけばいい

ある日、大学から帰ってきた娘に、私はお金についてあれこれ語り始めた（またしても！）。知っているかどうかで人生が大きく変わるほど、重要な内容だからだ。

娘は話をさえぎって、こう言った。**「パパ、お金が大事なのはわかってる。ただ、いつもそのことを考えてなきゃいけないのがイヤなの」**

悟りの瞬間だった。私みたいな人間は変わり者なのだ。娘のような普通の人たちは、投資やお金や経済的自立にこだわるより、もっとやりがいのあることをしている。橋の建設、病気の治療、消火活動、子育て、偉業の達成などだ。娘に宛てて書くということは、こういう人たちを相手に語りかけるということだ。

娘や彼ら（おそらくあなたも）に必要なのは、基本原則をいくつか理解し、投資を自動操縦に設定し、人生のもっと重要な活動に取り掛かることだけだ。これがあなたにとってのスーパーパワーになる。その理由を説明しよう。

投資は、いったん基本的な部分を設定してしまえば、あとは「ほうっておいたほうが、よい結果が得られる」という、普段の生活では珍しい（もしかしたら唯一の）活動だからだ。

いじればいじるほど結果が悪くなる傾向がある。投資などに関心のある人たちがやりがちなことだ。

もちろん、そういったことに夢中になっている読者もいる。彼らは「シンプルな道」に手を加える方法を延々と提案してくるから、見分けるのは簡単だ。しかし、賭けてもいい。今から20年後、私の娘やスーパーパワーを持つあなたは、彼らよりもずっとよい成果を出しているはずだ。

自由になりたい？

お金は、私たちが築いたこの複雑な現代社会を切り抜けるための、唯一にして最強のツールである。あとで紹介する体験談を読めばわかるように、お金は優秀な従者だが、暴君でもある。

一般にお金は常に逃げ足が速い。大半の人が給料では生活費を賄えず、お金の心配が尽きることはなく、仕事を辞めるなんて夢のような話で、働く能力がなくなったら大惨事、という世界に住んでいる。

それに甘んじる必要はない。**少し考えて計画を立てれば、お金はあなたのために働いてくれるし、お金を稼ぐ能力に人生を左右されなくなる。**資産が収入を生んでくれるのだ。お金稼ぎに時間を取られたくない人には好都合だし、いよいよ働けなくなったときには必要不可欠となる。

リアルな体験談を集める

2018年の「Talks at Google」で、インタビュアーのレイチェルから、「ほかのファイナンシャル・ライターは、どうして『父が娘に伝える自由に生きるための30の投資の教え』に出てくるような具体的なアドバイスをしないのでしょう」と尋ねられた。その人たちの代弁はできないとことわりつつ、私の本に書いてあるアドバイスが具体的なのは、娘に話した内容そのものだからだと答えた。豊かで自由な人生を実現するための経済的な行動として、まさに彼女に勧めている内容なのだ、と。

当時、娘は大学生で、旅立ちの時期にあった。そして彼女はアメリカ人だ。本書はここを出発点として書かれている。したがって、内容がきわめてアメリカ向けであることは驚くに当たらないだろう。

真に驚くべきは、読者がどんな社会的立場の人であれ、「道」のどのステージを旅しているのであれ、どこの国の人であれ、本書の中の原則を個々の状況に適応させているということだ。**あなたがどこにいて、いつ始めて、どんな間違いを解決しようとしていたって構わない。**本書で紹介する少しのシンプルな原則を理解すれば、金銭的な心配から解放され、お金で買える選択肢によって充実したすばらしい人生が手に入るのだ。

長年にわたって読者から届く体験談にはいつも頭が下がり、畏敬の念がわいてくる。これが本書の源泉である。目標は、「富へと続くシンプルな道」を歩む先人たちが、それぞれの時と場所で学んだ貴重な教訓を収集し、保存し、共有することである。

2022年の初めに、私は「皆さんの話をお寄せください」と読者に呼びかけた。経済的自立を追求してきた彼らのきわめて貴重な知恵を集め、世界中の人々に届けるためである。実用的な励ましや現実的なインスピレーションを与えてくれる、旅行者の体験談のようなものだ。経済的自立は可能だと証明し、もっと簡単にそれを実現するために、道端で旅の仲間がくれるアドバイスにもなる。

結果は期待以上だった。ほぼ全大陸から（南極大陸からはまだ募集中）、年齢や背景や立場を問わず、「道」のあらゆるステージにいる人たちから、知恵とウィットが満載の実用性に富んだ話が届いた。

考えてみれば、驚くほどのことではなかったのかもしれない。経済的自立の追求はシンプルだが、自分で意図して行うものだ。自分にとって何が本当に重要なのか、そして「時間」というもっとも貴重な資源を使って自分は何をしているのかを、どうしても見つめざるを得ない。

本書は、自分の進むべき道を見つけ、前進し続けるうえで非常に有益な体験談を100

編近く集めたものである。あなたはまだ、経済的自立への最初の一歩も踏み出していないかもしれない。もっといいルートを初めて垣間見るために、人を寄せつけない地形を何キロも、つまずきながら進んできたのかもしれない。かなり先まで進んだところで、魅力的な近道を通ったら行き止まりで、道に迷ってしまったのかもしれない。もしあなたが、「シンプルな道」を自分の人生にどう応用したらいいのかわからないなら、ここで数え切れないほどの事例に出会うだろう。あなたの状況にそっくりな話もあるかもしれない。

ついにゴールが見えてきた人にとっても、この本は役に立つ。最後の一歩を踏み出すのは、必ずしも簡単なことではない。仲間たちがそれをどうやったのか、本書を読めばわかるだろう。

道はある。決めるのはあなた

この本で私が何よりも届けたいメッセージは、希望である。人生は厄介なものだが、「シンプルな道」は本当にシンプルで順応性のあるものなのだ。哲学者たちは「人生で心配すべきなのは、コントロール可能なことだけだ」と言う。**そしてこの「道」では、違いを生むすべてのものがコントロール可能だとわかっている。**

借金を負うことは避けられるし、借金があってもそこから抜け出すこともできる。手に入れたお金を使い果たさないよう、人生をアレンジすることもできる。余ったお金を長期的に投資することも可能だ。本書はその方法を、驚くほど多様な例を通して紹介する。

今日することは、何もせずに将来破産する道を選ぶか、経済的自由を手に入れる道を選ぶかである。決めるのはあなただ。

「道」は目の前に伸びている。そして、そこを歩くあなたは、一人ぼっちではない……。

ジェイエル・コリンズ

［6］日本では、『父が娘に伝える自由に生きるための30の投資の教え』というタイトルでダイヤモンド社より刊行されている。

［7］著者が実施する、講演や対話を中心とした学びの機会を提供するワークショップ。


金があれば嫌なことをしなくて済む。私はほとんど何をするのも嫌だから、金は重宝する

——グルーチョ・マルクス

自由

PART 1

Freedom

投資家の父の見解

JL's View

「次のひと呼吸」があるか

お金の大切さを軽んじる人を見ると、ちょっとイライラしてしまう。すごく恵まれているからそんなことが言えるのだ、と思うからだ。

『白衣の投資家（The White Coat Investor）』の著者ジム・ダールは、お金は酸素のようなものだと言っている。十分にあれば貴重だとは思わないし、意識することもない。しかし足りなくなった瞬間、次のひと呼吸が何よりも重要になってくる。

お金も同じだ。たくさんあれば特に重要だとも思わない。しかし必要最低限しかなければ、お金は悩みの種になる。足りなくなった瞬間、たちまちきわめて貴重な存在となるのだ。もはやお金より意味のあるものはほとんどなくなる。

「人生、お金なんかよりも大事なことがある」と言う人がいるが、それを聞くと「私は超快適な環境にいるが、そのありがたみがわかっていない」と言っている感じがする。理解できなくはないし、それはそれでいいのかもしれない。普通の人は酸素に感謝しながら過ごしたりはしないのだから。

とはいえ、酸素はたいてい自由に手に入るが、お金はほとんどの場合、自ら積極的に手に入れていかなければならない。もしあなたが賢明ならば、常にいくらか必要な分を持っておくだろう。

そこで本書の冒頭では、酸素が与えてくれる命や人生と、お金が人生にもたらしてくれる自由と選択肢のありがたみをあえて味わってみたい。**自由と選択肢こそが経済的自立と「シンプルな道」が目指すゴールである。**この旅では普通の旅と同様、最終目的地を常に視野に入れておくことが確実に役に立つ。

私が踏み出した第一歩

私たちが住むこの世界は経済的に非常に不安定だ——若くして私はそう学んだ。父は仕事で成功を収めていたため、私たち家族は中の上レベルの快適な生活を送っていた。しかし、父は喫煙者だった。

喫煙の問題は、若くして死に至らしめるだけではなく、タバコによってじわじわと容赦なく体を衰弱させていくことである。健康状態の悪化とともに父の働く能力は低下していった。そして収入が減るにつれ、私たちの快適な生活も失われていった。

ほかにやりようはあったと知る前に、私は大人になっていた。いざそう気づいてからは、仕事の能力だけを頼りに収入を得るのは、絶対にやめようと決心した。

時間と引き換えに働くという能力は、人生にお金をもたらす方法のひとつに過ぎない。

ほかにももっと安全で優れた方法がある。それは稼いだお金の一部を使わずに取っておき、より多くのお金を稼ぐために運用することだ。

なぜこれが優れているかというと、**お金は人間と違って、いったん働き始めると、疲れることも、退屈することも、眠ることも、立ち止まることも、決してない**からだ。24時間365日働き続ける。お金を多くのタスクに分散しておけば、失敗するタスクがあっても、いくらかは成功する。お金はあなたが生きている間ずっと働いてくれるし、死んだあとも、あなたの指示どおりに、誰かのために、あるいは何かのために働いてくれる。

投資に新たな資金を追加すると、あなたのために働くお金が増えるだけでなく、その増えたお金がさらに多くのお金をもたらしてくれる。これが「複利」と呼ばれるものだ。**あなたの稼ぎよりもお金による稼ぎのほうが最終的に大きくなるのは、このためだ。**

私はこれを「自由を買う」と呼んでいる。

恐怖と欠乏から逃れたいと思った私は、いざというときの金銭的な蓄えを求め、当時はまだ名前もつけていなかった「シンプルな道」と呼ばれる旅の第一歩を踏み出したのである。

「自由」を買ったとき

しかし、あとからわかったのだが、この「道」を歩む利点はほかにもある。例えば従業員と雇用主の力関係の変化だ。

唯一の収入源が労働である場合、あなたは鎖で仕事につながれているも同然だ。鎖を外す鍵は雇用主の手の中にある。しかしお金を味方につければ、力関係が少し変わる。驚くほど少しのお金で構わない。

1976年に、20代半ばだった私はシカゴにいた。初めて専門職と呼べる仕事に就いて2年目に入るところだった。大学卒業後に2年かかって手にした仕事で、とても気に入っていた。当時は厳しい時代で、経済はのちに「スタグフレーション」と呼ばれる高インフレと成長停滞にみまわれていた。

年収1万ドルだった私は、5000ドルもの貯金があった。当時、これはヨーロッパを1年間バックパック旅行してもおつりがくるような金額だった。そこで私は、実際に旅行に行こうと決めた。

仕事を辞めたくはなかったが、旅をする機会も逃したくなかった。

ある日、私はたまたまルクセンブルク行きの格安航空券を見つけた。春の指定日に出発し、4カ月後の秋の指定日に戻るのが利用条件だった。夢に見た1年間の旅行ではなかったが、仕事を辞めなくてもいいかもしれず、合理的な妥協点に思えた。私は上司のカールのところに行って、数カ月間の長期有給休暇を取れないかと頼んだ。

答えは「ノー」だった。

カールは大恐慌と第二次世界大戦をくぐり抜けた年配の紳士だった。当時、仕事のある人はそのような休みなど取らなかったので、彼はたぶん私の正気を疑っただろう。交渉の余地があるとは思いもしなかったし、彼も同じだったと思う。

私は礼を言って彼のオフィスをあとにしたが、ふたつの考えのジレンマに陥ってしまった。頑張って手に入れた好きな仕事を続けるか、辞めてヨーロッパに向かうか。

1週間後に、再びカールのところに行って辞表を出した。彼はびっくりして、「どうしてまた?」と聞いた。

「1年間、ヨーロッパをバックパック旅行したいんです」と私は答えた。

彼は椅子に深々と座ってチラリと私を見た。「この男おかしいじゃないか」と思っている様子が(明らかに)見て取れた。とうとう彼は口を開いて「早まるんじゃない。オーナーに話してみるから」と言った。

あっけにとられていると、なんと数日後、カールは私をオフィスに呼び戻してこう言った。「まあ、4カ月後のその日に必ず戻ってくるなら、待ってもいい」

私は貯めた5000ドルのうちいくらか使って、ヨーロッパ旅行を実現した。しかし、最初に私が買ったものは、実は1ペニーもしなかったのだが、値のつけようもないほど貴重なものだった。私が買ったのは「自由」だったのである。

人とは違う、お金の使い方

2012年に始めたお金に関するワークショップ「ショトーカ・リトリート」では、毎回のように「しぶしぶついて来た配偶者」と呼ばれる人々がやってくる。彼らはワークショップに賛同する参加者のパートナーとして来ているが、経済的自由の話に興味があるわけではない。

キャシーもその一人で、ある会話の中で彼女はこう言った。「経済的自立というと聞こえはいいけど、実家ではお金は使わないと損っていう考え方だった。節約って何だか貧乏に感じる」

ひらめきというものは、時として急に降りてくる。私はその瞬間に悟った。そしてキャシーに向かって、それまで一度も口にしたことも考えたこともなかったことを言った。

「キャシー、これはちょっと秘密なんですが」と私は言った。「実は私自身、これまで手にしたお金は全部使ってきました。たいていはもらったらすぐに」

「本当に？」と彼女は言った。明らかに私の言葉が信じられない様子だった。

「もちろん本当です。しかもそのお金の半分以上は、私がいちばん大事だと思うものに使ってきました。喜びと満足感をいちばん与えてくれるものに。**それは、自由です**」

残りの半分のお金は、素敵なものや必要不可欠なものにいろいろと使ったが、自由に匹敵するものはほかにない。

しかし、それは私の場合だ。

たいていの人は、そんなことができるなんて考えもしないし、考えたとしても、高級車を買ったり、もっと豪華な家を買ったり、キッチンをリフォームしたりするのにお金を使う。別に構わない。彼らのお金なのだから。

しかし、あなたも私と同じで、彼らとは違うかもしれない。

道を歩むためのルール

・お金は酸素と同じ。重要性を感じないのは、たっぷりあるときだけだ。
・お金があれば自由を買える。私にとってこれほど価値あるお金の使いみちはない。
・「シンプルな道」は第一に、給料を稼ぐ能力に翻弄される不安から解放してくれる。

・第二に、自分の好きなように時間を使える、という魅力的で多岐にわたる自由をもたらしてくれる。

ご理解いただけただろうか。自由を買うのも、お金のひとつの使い方なのだ。

お金を理解すれば、人生は驚くほど簡単だ。そうでなければ、人生はとんでもなく厳しい

——クリスティとブライス

（『ＦＩＲＥ　最強の早期リタイア術　最速でお金から自由になれる究極メソッド』著者）

01

時間のスーパーパワー

アンクル・マイク
アメリカ、太平洋岸北西部
tinyurl.com/unclemikeYT

あなたの時間の価値はどのくらい？

私は昔、その答えを知っていました。10年ほど前に、私は航空宇宙機械エンジニアとして時給40ドルで働いていました。残業すれば時給60ドル。大好きな仕事でした。地球上で最高にクールなおもちゃをいじるだけで法外な額の報酬がもらえたし、物足りないと思えば、期待外れのおもちゃに代わる、もっとクールなものを発明してほしいと言われました。

私の名前はアンクル・マイクです。3年前に早期リタイアしました。さっき言ったとおり、エンジニアリングの仕事をしながら、その対価としてかなりの報酬をもらっていたという意味では、エンジニアでした。その職業にふさわしい気質や神経質な面をたっぷり持ち続けていることを思えば、私は今でもエンジニアです。ただ、もう給料はもらっていません。

でも以前はもらっていて、そのときに私は、自分の時間の対価を認識したのです。私の時間の価値は時給40ドル、週末なら60ドルでした。

エンジニアは最適化を追求します。そういう性分ですから。だから10年前の、自分の時間の価値を知った世間知らずの私は、その事実をもとに自分の人生を最適化し始めました。

もし車が故障して、整備士が見積もった修理代が500ドルだった場合、若きアンクル・マイクは次のような単純計算をしました。職場に立ち寄れば、9時間足らずで500ドル稼げる。自分で修理するのにもっと長くかかるなら、プロに頼んだほうが安い。初歩的な計算です。

バスルームのリフォームについても同じです。予定のない週末に自分でリフォームすることもできたし、週末を職場で過ごして工事業者に払うお金を稼ぐこともできました。

当時、まだ若かったアンクル・マイクのキャリアにとって、時間はとても貴重になりつつありました。多くの作業がわざわざ自分でする価値のないものに見え始めました。どうして自分で芝を刈る必要がある？　バイクの調整や食事の準備にしたってそうだ。好きな仕事をして時給60ドル稼げるなら、ほかの雑用はすべて人を雇ってやってもらえばいい。そっちのほうが安いのなら。そうじゃないですか？

じゃあ、趣味についてはどうでしょう。よい電子書籍はせいぜい10ドル。でも読むのに費やす時間は高くつくはず！　誰が本を読むためだけに何千ドルも払うでしょう。友人らとのにぎやかなポーカーナイトは？　ただの遊びで参加費は5ドル。それに仕事をしていれば稼げたはずの300ドルも飛んでしまいます。

10年前の若く単純だったアンクル・マイクの頭の中にはそんな疑問が渦巻きました。なぜならその当時の私、つまり冒頭の重要な問いの答えを知っていたころの私は、幸せではなかったからです。

私の答えそのものが間違っていたわけではないと思います。**でも、その答えをもとに何をやっても、幸せな人生は得られませんでした。**

初めて経済的自立という奇妙ですばらしいムーブメントに出くわしたとき、私はごく標準的と思われる軌跡をたどりました。疑い、驚き、貪るように取り入れたのです。

経済的に自立するなんて可能なのかと疑いました。早期リタイアが許されるなら、誰だってそうしているはずです！　高校の進路指導の先生だって、そんな道があるなんて口にもしなかったじゃないですか。

私は大規模な芸術プロジェクトに挑み、定職に縛られることなく世界を旅する先人たちの驚くべき人生に驚嘆しました。

ブロガーやポッドキャストの配信者たちが自分たちの体験談を語り、本の著者らが成功のテクニックや避けるべき落とし穴を詳しく説明し、金融の達人たちが富への確実なルートを説いていました。私はそれを貪るように読み、聴き入りました。

この「貪る」段階で、経済的自立を達成した書き手たちの多くが哲学的になることに驚いた記憶があります。私は質素なライフスタイルの構築、資産配分、トリニティ・スタディの応用についての知恵を求めました。ストア哲学や快楽順応の説明のほか、楽観主義、感謝、「wings and roots（冒険と伝統）」について考察した記事が、金融に関するアドバイスに混じって繰り返し掲載されていたのは、なぜでしょうか。

私自身が経済的自立を達成する過程で、それは明らかになりました。お金が十分にないときは、より多くのお金を得ることが常に最優先事項になります。ところが、いったん十分なお金を手にすると、最優先事項だったお金以外のものを選ぶという、非常に不思議な問題に直面します。

お金を稼ぐことが重要でなくなったとき、あなたはどうしますか？ 富という原動力が突然消えたとき、あなたを駆り立てるものは何ですか？ 何に幸せを感じますか？ そう、哲学です。

早期リタイアという選択肢を知る前から、私は自分の時間と引き換えにお金を得るということは、見た目ほど単純な計算ではないと気づいていました。会社を辞めた今、私の人生にはこの発見を経て培った哲学が反映されています。

ものを修理しているとき、私は幸せな気持ちになります。 ものづくりや新しい技術の習得や旧友とのつながりに、私は幸せを感じるのです。

車の修理代を払うことなど簡単ですが、自分で直したいのです。何かが新たに壊れるたびに、車の仕組みについての理解が少し深まります。

常に高級レストランで食事を取ることもできますが、妻といっしょにつくる料理のほうが早くて、健康的でおいしい。何年もかけて数々の技術を身につけ、今では大工仕事でも何でもできますが、いちばんやりがいがあるのは、たぶん料理です。

家の設計と建築については、プロを雇うこともできました。でもリタイアしたあとの最初の壮大なプロジェクトとして、自分でやってみるつもりです。もし建築家や設計業者に頼んでいれば、おそらくもう工事も済んで贅沢《ぜいたく》な暮らしをしているでしょう。しかし私たちはキャンピング・トレーラーで暮らしながら、着工までの途方もなく長い作業リストをこなしています。自分のための楽しみが山のようにたまっていて、プロジェクトは氷河のようにゆっくりと進んでいます。

でも毎日笑顔で、毎週多くのことを学んでいます。このプロジェクトの目的は家を持つことではありません。家は買おうと思えばすぐに買えます。プロジェクトそのものが目的なのです。

さて、それで今の私の状況は？　現在の私の時間の価値はどのくらいなのでしょう。

かつては、キャリアを重ねるにつれ時給40ドルを得ていたし、ピーク時には手当を含めて時給100ドル強でした。当時、私は自分の1時間を100ドルとだったら引き換えにできると思っていたので、当然、自分の時間の価値を時給100ドル弱と見積もっていました。同様に、リタイア後はもう同じ金額では引き換えようと思わなくなったため、1時間の価値がさらに高まったとも言えます。

リタイアしたあとの生活には愛すべき点がたくさんあるので、実入りのいい仕事から離れるだけの価値はあります。しかし私がいちばん好きなのは、時間があるおかげで、いつもそこにあったチャンスを今度は手にできることです。働いていたときも、幸せを感じることに時間を割いていました。何かを修理したりつくったりすること、愛する人と過ごすこと、など。でも、近所の人から屋根を新しくする手伝いを頼まれたとき、私にはその時間がありませんでした。同僚たちが1週間休みを取ってセーリングに行ったとき、私には別の用事がありました。友人が車のトランスミッションの修理を必要としていたとき、私はあまりにも多忙でした。

リタイアした今、私は時間というスーパーパワーに恵まれています。

隣家の薪《まき》小屋が傾き始めたとき、私は喜んで手を貸し、2日かけてこれまでよりも丈夫に建て直しました。木造建築について学びたがっていた友人の助けも借りました。小屋は立派になり、友人は実地で学ぶことができ、私は屋外での肉体労働を2日間楽しむことができました。誰もが目標を達成し、全体としてすばらしい体験になりました。もしまだフルタイムで働いていたら、間違いなくこの機会を逃していたでしょう。

親友の二人に初めての赤ちゃんが生まれたとき、何か豪華なお祝いをしてあげたいと思いました。でも赤ちゃんについて、私はまったくの無知です。しかし、彼らが以前から裏口にポーチをほしがっていることは知っていました。急に忙しくなったため、そこまで手が回らなくなったのです。私は時間というスーパーパワーを使って、彼らのためにポーチをつくるつもりです。今、自宅の敷地にある杉の木を自分で製材しています。ちょうどいい規模の建設プロジェクトを楽しみ、チェンソーについての知識を得て、さらに自分のツールキットに加わる新たな製材技術も身につけています。親友たちは何十年も使えるポーチが手に入り、家の価値も上がるでしょう。ここでも全員が目標を達成することになります。もしまだ働いていたら、このような活動をする時間はなかったでしょう。

でも私はもう、そうした活動を時間単価では考えなくなりました。もし私が製材にかかった時間を記録し、それをエンジニアだったときの給料と比較するなら、材料を買って腕のいい業者に仕事を依頼するほうが、よっぽど楽だったでしょう。

しかしそんなことをしていたら、他人のために働き、銀行口座の残高を増やすためにお金をもっと稼ぐ一方、自分のための経験にはならない、コンピューターに縛られた人生を続ける結果となるでしょう。それに、お金が増えるのはいいことですが、今は十分あります。むしろ、経験とそこから得られるスキルを手にしたいと考えています。

ここで最初の質問に答えましょう。私の時間は時給100ドル以上の価値があります。経済的自立を達成した最大の成果のひとつは、その時間を自由に差し出せるほど裕福になったことです。

さて、あなたの時間の価値はどのくらいですか？

02 投資も貯蓄もないところから

ポール・M
アメリカ、ケルン

2008年のことです。私はとてもやり手のファイナンシャル・プランナーのもとで働いていました。その2年前には、離婚費用を捻出するために事業を売却し、娘といっしょに暮らすためにタウンハウスを購入していました。

ここで、三つのことを挙げておきたいと思います。ひとつ目は、2006年の不動産バブルのさなかにタウンハウスを購入したけれど、これがあまりよい結果を生まなかったこと。ふたつ目は、それなりの金額で事業を売却したと思っても、債務や税金を支払い、離婚調停の末にすべてを半分にしたら、あまり残らないということ。三つ目は、市場の暴落時にパニックに陥った顧客からの電話をファイナンシャル・プランナーに取り次ぐのは、みじめな仕事だということです。

当時、私は44歳で、借金はなかったものの(やがて含み損を出す住宅ローンを除いて)、投資も貯蓄もしていませんでした。25年間会社勤めをしてきたあとに、再出発しようとしていました。

そんなとき、アマンダと出会って交際を始めました。最初は彼女のマネースキルがこんなに高いとは知りませんでした。彼女は常に「価値」を重視してお金を使っていましたが、将来への投資に何よりも価値を置いていました。そんな彼女を魅力的だと思いました。

私は、借金をしない、起業家精神がある、最新の流行を追わなくても気にしないなど、経済的自立の特徴は直観的に備えていますが、まだ学ぶべきことはいろいろありました。アマンダは根っから経済的自立にふさわしい気質の持ち主です。

私が今までに下した最高の決断はふたつあって、ひとつは彼女との結婚、もうひとつは彼女とその経済的自立を目指す生き方に従ったことです。

２０１５年ごろに、私は新しい仕事を始めたのですが、投資は引き続き元上司のファイナンシャル・プランナーのところでやっていました。アマンダと私が、経済的自立を追求するほかの人たちや富へと向かう「シンプルな道」のことを知り始めたのは、そのころでした。

多くのブログやポッドキャストやオフ会を経て、私たちは「道」を本格的に追求し始めました。

退職口座のお金は全部、元上司のところからバンガードに移しました。貯蓄率は70％以上になりました。市場が下落するたびに投資を増やします。10代後半の娘にあれこれ説明しようと、１００通以上の手紙を書いたこともあります。

２０２２年の初めに、職責の範囲を縮小したい、給与が減っても構わないと上司に伝えました。妻も数年前に似たようなことをしていました。再出発が必要になってから15年も経っていません。お金か時間かの決断を迫られたとき、私は今、時間を選ぶ自由を手にしています。

03

お金じゃなくて、自由がほしかった

ジョージ・チョイ
イギリス、テンターデン
mycastleproperty.co.uk

私はかつて、イギリスのある会社に勤め、そこそこの給料をもらって世界的ブランドと仕事をし、海外を飛び回っていました。外からは成功者に見えたかもしれません……。

実際はまったく違っていました。

平日はオフィスにばかりいて、妻や二人の子どもにはほとんど会えませんでした。土曜日は疲れ果てて、日中、座ったまま寝てしまうこともよくありました。日曜日は月曜早朝の会議に備えて、午後から空港に向かうこともしょっちゅうでした。

一人で旅をし、一人でホテルに泊まり、一人で夕食を取り、人と接するのは会議のときだけ。

いつしか顔も上げなくなり、どこに行っても床を見つめていました。人生から意味が失われていました。疲労困憊《こんぱい》し、孤独で落ち込んでいました。引きこもりがちになり、家族ともめったに口をきかなくなりました。でも、逃げ出すわけにはいきません――家族の生活を支えるのは私の役目です。

ある週末、妻のサラと私は屋内遊具施設でコーヒーを飲んでいました。子どもたちはボールプールで遊んでいました。私の様子がおかしいことに気づいていた妻は、とうとう私の重い口を開かせました。気持ちをすべて吐き出した私に、妻は「仕事を辞めてもいい」と言いました。

翌日、辞表を出しました。

私の収入なしでどうやって暮らしていくのだろうと思いましたが、楽観主義者のサラは何とかなると思っていました。賃貸物件を四つ所有していたのですが、その収入では出費を賄えませんでした。食べるのがやっとの時期もありました。

私たちは半年以内に経済的自由を達成することを目標に定めましたが、何から始めたらいいのかわかりませんでした。そこで、経済的に自由な人たちのことを調べ始めましたが、そんなに多くはいませんでした。お金の稼ぎ方を宣伝している人たちが大勢いることはすぐにわかりましたが、彼らは「自由」ではありませんでした。私がほしかったのは、上司のいない、二度と働かなくていい自由です。

そんなとき、ジェイエルの「シンプルな道」に出会いました。

サラと私は、株式市場ではなく不動産投資を通じて資産を増やすことにしました。有形の資産であり、毎月収入が得られるのがよかったからです。私たちの家は短期間で大幅に価値が上がったので、賃貸物件をかなり増やしました。また、ジオアービトラージ[8]などの個人の出費を抑える革新的な方法を知り、安い地域に引っ越して賃貸をしました。節税効果も随分アップしたので、稼いだ利益の多くを手元に残せるようになりました。

私はできるだけ早く経済的自由を手に入れるというはっきりとしたゴールに焦点を絞りました。あの日のことはよくおぼえています。数字に目を通したサラと私は衝撃を受けました。ついに目標を達成したのです。彼女はまだ39歳でした。当初は半年間で経済的に自立することを目標にしていましたが、最終的には2年かかりました。今思えば、もっと早くできたでしょうし、20代のうちに始めていればよかったと思います。

それ以来、私たちは住宅や商業用不動産をどんどん増やして、どんな経済状況にも対応できるようにしています。時間に縛られることなく、何よりも大切なこと――家族や健康や人助けに心を注げる生活を、日々ありがたく思っています。

04 ふたつの富

ティファニー・S
アメリカ、バーモント州

ゴリラ・トレッキング、マムシの撮影、サメとのダイビング、南アフリカの公園をレンタカーでドライブ――私たちの長年の冒険話を聞いた人たちは、なんて大胆なんだ、自分にはそんなリスクは冒せない、とよく言います。

その度に、能力的に無理なことはしていない、と答えています。私たちは想定外のリスクを冒そうと思ったことはありません。例えば、ニュージーランドの離島で11日間トレッキングするなら、それに向けて準備を整えるといったように、自分たちのスキルや年齢に合わせて決めています。

あるとき、私たちはこの考え方を金銭管理にも応用できることに気づきました。お金を管理するのに、不安要素や未知の要素は必要ありません。老後の蓄えをどうするか決めるのは、自分たちの体力でネパールやチリの山をトレッキングできるかどうかを判断するのと、まったく変わりません。

幸いなことに、私たちは経済的自立について知る前から貯蓄上手でした。30代になって、働きたくなければ何年も働かないでいられることに気づきました。

それからの10年間、私たちは季節限定の仕事をして、たいていは数カ月休みを取って冒険や旅行に出かけています。89年式の三菱のワゴン車で、2年間オーストラリアを走り回ったり、1年間休みを取って東南アジアを旅したりしました。

一方、貯蓄も投資も充実し、ジャングルにトレッキングに出かけたり、南米のあちこちを路線バスに揺られて回ったりと、人生でいちばん若々しく健康な時期を過ごしました。

季節ごとに働き、出費を抑え、一貫して貯蓄と投資を続けることで、標準的な退職年齢である65歳までに資産が7桁を超えそうな道筋をたどっています。経済的な富と経験的な富の両方を築いてきたのです。

経済的自立への道はひとつではありません。私たちはそれぞれに「富へと続くシンプルな道」をどう構築し、どう歩むかを選べるのです。父に人生についての優れたアドバイスを尋ねたとき、「やらないでいちばん後悔することをやりなさい」と言われたのを、いつも思い出します。私はそれに従ってきましたし、ほかの道を歩みたいとは思いません。

これまでずっと、億万長者になれるなんて思ったこともありませんでした。**子どものころ、家に水洗トイレがある人は裕福だと思っていました。トイレがふたつあれば大金持ちでした。**それが間違いだと見事に証明されて、うれしいです。

05

未来の世代の自由

J・ゴンザレス
アメリカ、ワシントン州

私は子どものころ、出稼ぎ労働者でした。8歳で両親やきょうだいといっしょに畑仕事を始め、16歳まで続けました。近所には保留地があって、私のコミュニティは貧困にあえいでいました。子どもの農業労働者は珍しくありませんでした。

家族はその日暮らしの生活で、両親は銀行口座すら持っていませんでした。もちろん、「次世代に残す富」という言葉は私たちの辞書にはなく、子どもは親の金銭的援助を受けないのが普通でした。私やきょうだいは10代になるとすぐに、自分の生活費は自分で稼ぐよう求められ、それに従いました。

18歳になったとき、大学に通うために最寄りの都市に引っ越しました。こんなふうに家を離れるのは、家族の中では私が初めてでした。幼いころから働いていたため労働意欲は十分にあり、人生は自分で切り開くべきだと思っていました。自分は完全に自立していると考えていました。

その都市は物価が高く、給料の大半は家賃と食費と交通費に消えました。絶望的な気持ちでしたが、ホームレスでないなら大丈夫、これでも感謝すべきだと自分を元気づけました。25歳のとき、私には退職口座もなく投資の知識もないと知った同僚に薦められ、ついに経済的自立という言葉とジェイエルの「シンプルな道」に出会いました。

すぐにロスIRA[9]を開き、401(k)への拠出を始めました。会社が3％上乗せして拠出をしてくれるのに、私はそれまでの3年間、何もしていませんでした。もったいない！

経済的自立のことを知って、「次世代に残す富」という考え方に出会いました。こんなものがあるの？　曽祖父母、祖父母、両親は子どもに資産を残すもの？　自分には途方もなく無縁に思えて、傷つきました。私の祖父母や両親は子どもたちに何も残せませんでした。私にできるだろうか？　次世代のために、資産を残せる可能性はあるのか？　家族の中で今の状況を変える最初の人間になりたい、そう強く思いました。

そして実現したのです。

31歳の私は、税制優遇口座と課税口座を合わせて、およそ30万ドルの純資産があります。子どもはいませんが、6人の甥《おい》と姪《めい》がいて、全員が私の投資の受取人です。私の死後に資金は信託に入り、彼らはそれを教育目的（学生ローンの返済を含む）、住宅の頭金、新規事業の立ち上げの用途にしか使えません。

「次世代に残す富」の始まりです。それが真の自由へとつながっていくでしょう。

06 自由を買う

エリック・ラインホルト
アメリカ、メイン州マウントデザート島
twosidesoffi.com

「リタイアするって？　46歳で？」と私は聞き返しました。

「うん、そう」

耳を疑いました。34年来の幼なじみは、それ以上話すのをためらっているようでした。

「でも、どうやって？」と私は迫りました。「詳しく教えてよ」

彼は驚いた様子でした。「空いた時間に何するつもりだとか、退屈するぞとか、そういうことじゃなくて？　本気で知りたい？」

「もちろん！」

こうして、今日まで何年間も続いている対話が始まりました。「経済的自立」という言葉を聞いたのは、それが初めてでした。出会えたのは最高ですが、もっと早く知っていればと悔やまれました。経済的自立は、まさに私が何年も探し求めていたものだったのです。早期リタイアは予想外のうれしい副産物でしたが、重要なのは自由を得ることでした。

当時、私は46歳で、フリーランスの建築家でした。ユーチューバーとしても活動していて、住宅設計のプロセスを動画にして公開していました。再生数はどんどん増えました。夫婦仲がよく、10代の息子が二人いる私たち家族は、メイン州沖の小さな島で暮らしていました。すでに経済的には安定していて給料ギリギリの生活ではなかったのですが、住宅ローンや学生ローンがあり、息子たちの（あっという間に必要となる）大学の学費のための貯蓄はほとんどありませんでした。

退職口座はあったものの、仕事を退くのは少なくとも20年先で、具体的な貯蓄目標もありませんでした。30代半ばまでの時間を、幼い子どもを育て、マイホームを手に入れ、あちこちに休暇を挟みながらドタバタと過ごした私たちは、今を楽しむつもりでした。財布の紐を緩め、これまでよりも自由にお金を使い始めたばかりでした。リタイアは胸躍る選択肢ではありませんでしたが、その最大の理由は、まだはるか地平線の彼方にある抽象的なゴールだったためです。65歳になってからの話だと思っていました。

それが、経済的自立という考え方を知ってから変わりました。私は全力で取り組みました。

でも、わからないこともありました。そこで私は、やがてリタイアする例の友人をおだてて、毎週電話で経済的自立について語り合うことにしました。その間にこの考え方について何もかも吸収しました。学べば学ぶほど、はっきりしてきたことがあります。それは、計画が必要だということでした。

友人は、経済的自立を達成する値の算出、資産の集計、貯蓄率の設定、積極的な資産配分など、初期のステップについて手ほどきしてくれました。私たちは、彼が経済的に自立する日を迎えるまでの毎週の経済的自立トークを記録し、さらに自分たちのプロジェクトを「経済的自立の二人組」と命名しました。一人は彼で、もう一人は私です。

２０２０年初頭、新型コロナウイルス感染症のパンデミックによって世界中が孤立を強いられる２週間前に、私たちは計画を実行に移しました。その年の退職口座への税引前拠出額を最大にし、余剰の現金を最後の学生ローンと住宅ローンの残高返済に充てる計画でした。翌週、借金から解放された私たちは、初めて課税対象となる証券口座を開設し、経済的自立を達成する値と達成予定日を48カ月後の２０２４年６月に設定しました。

数字を再検討してみると、予想以上に経済的自立に近づいていることに驚きました。達成に向けて立てたプランに従い、収入の全額を活用しました。その７割は低コストのインデックスファンドの購入に充てました。息子たちの教育資金も貯め始め、529プラン[10]の口座をふたつ開設しました。今では進捗状況を把握して軌道修正するために、毎月、経済的自立ミーティングを開いています。**目標が数値化されたおかげで、より目的を持った支出ができるようになりました。私たちが買うのは「自由」です。貯蓄目標があることで、規律正しく、意識的に行動できるようになりました。**

ゴールを目指す過程では、経済的自立を達成する値を何度か上方修正し、浮き沈みを乗り越えて投資を続けながら、市場に合わせてポートフォリオ[11]が上下するのを見守りました。好きな場所で好きな生活を送るには、実際どのくらいの費用が必要かを考え、ビジョンを明確にしました。経済的自立の日が近づくにつれ、資産配分を株式100%から、やや保守的な株式75%／債券25%に調整し、現在の市場評価に基づいて引き出し率（3・3%）をより繊細に注意深く計算しています。

何年もの間、私たち夫婦は二人そろって、抽象的で定義のあいまいな「リタイア」に向けて懸命に働いていました。経済的自立への道のりは、時間をお金と交換しなくてもよい未来のビジョンをともに計画し、それを目指して努力するプロセスです。それは私たちの距離を縮めてくれました。もっとも貴重な資源は、他人に売るのではなく自分たちのために活用する。それが私たちの方針です。

経済的自立という言葉に出会って計画を立て始めてからの2年間で、私たちは税引前の貯蓄を最大にし、借金を返済し、バックドア移換[12]というやり方でロスＩＲＡを開設し、大学費用を貯め、純資産をカバーするための総合保険に加入し、低コストのインデックスファンドに移行して貯蓄率を高めました。**しかし、経済的に自立することによって買える「毎日好きなように行動できる自由」、そして友人や家族との絆《きずな》を強めたいというビジョンこそが、何よりも私たちを解放してくれ、人生を一変させてくれるものなのです。**

この私たちの旅をユーチューブで公開したことをきっかけに、旧友と再会し、また同じ志を持つ経済的自立仲間のネットワークを築くこともできました。さらに、この活動は私にとって、経済的自立の向こう側にある新しい人生へのひとつの出口であり、その先に続く滑走路でもあることを、はっきり感じ始めています。

07 生存から快適さ、そして自由へ

ペニー・プライス
アメリカ、ミネソタ州

21歳のときに、私は「貧しい人は生き延びていくのに苦労し、中流クラスの人は快適さを得るのに苦労し、裕福な人は自由を得るために苦労する」という話をどこかで読んだ記憶があります。

10年経った今でも、この考え方は私の中で少しも色褪《あ》せていません。

まずは生き延びることについて。成人したてのころ、私は食費と家賃の支払いに苦労しました。仕事を掛け持ちし（子どもたちが生まれる前は三つも）、特定のものの支出を減らすことで、その窮地から抜け出すことができる、とすぐに判断しました。実際そうなりました。

当時の問題は、私の能力では働きに見合った収入が得られないことでした。それでも、汗水垂らして働いて粗末な家を手に入れ、しかも住宅ローンを完済することができました。

こうして快適な日々が訪れました。私は新車同然の車を求めました。美容院にも定期的に行けて、ハンドバッグも買えて、旅行にも行けました。

やれやれです。

今は子育てとそれに伴うあらゆることで毎日が目一杯なので、自由の魅力がだんだんわかってきました。**すべての負債からの自由、所有されることからの自由。「いつだって会社を辞められるお金」を持つ夢。**

今も変わらず、家族も私自身も、自分たちでできることは自分たちでやろうとしています。誰かにお金を払わなくて済むからというのが理由のひとつです。縫い物、料理、家庭菜園、不要品の取り替えっこ、修理。わかりますよね。未来を自分でコントロールできると思うと気分がいいし、娘たちのお手本になれるのもうれしい。いずれにせよ、娘たちの一人でもいいので、それを楽しんでくれればと思います。

実際、これを書いている私は、好き勝手をしている放蕩《ほうとう》息子のように聞こえるかもしれないですね。あながち間違ってないかもしれません。でも、私が仕事に打ち込み、借金を返し、成長したという事実には変わりありません。責任感と自立を手に入れるのは最高の気分です。強くお勧めします！

08 最低賃金でも自由は最大

型にはまらない旅人
カナダ

私は北米の人気高級スキーリゾートにあるレストランで給仕をしています。特別なスキルのいらない最低賃金の仕事ですが、数年以内に経済的に自立する見込みです。

北米のスキーリゾートの物価は高いのですが、私はすぐに予算内で充実した時間を過ごす方法を身につけました。ティム・フェリスは『「週4時間」だけ働く（The 4-Hour Workweek）』でこう言っています。「人は億万長者になりたいのではなく、億万長者にしかできないと思うことを体験したいのだ」。私はそれができるようになりました。**この町で暮らしながら、わずかなお金で贅沢なライフスタイルを過ごせるようになりました。**自由への道を歩みながら、同時に自由の楽しみを味わっています。でも、ここに住んでいる人の大半は生活するだけで精一杯です。経済的自立に向けて、私は次のことを実践しています。

- 大勢で暮らすのが好きなので、寝室が六つある家を借りて、空いている部屋を貸しています。同居人は私に部屋代を払い、私は水道光熱費や家賃を支払います。部屋に空きが出ないようにし、住人がみんな礼儀正しく清潔で、ものを大事に扱い、部屋代を期日どおりに支払うよう気を配ることで、私は家賃を大きく割り引いてもらえます。
- この町は人づき合いの関係で外出にお金がかかりますが、私は2010年以降、使った金額をすべて記録しています。飲み代はちょっとかさみます（誓ってお酒の問題はありません。ただ人に会うのが好きなんです。それに独身ですし）。もしパートナーができたら、人づき合いにかかるお金は減ると思います。子どもを持ったりしたら特に。
- 通勤に交通費はかかりません。職場まで夏は自転車で3分、冬は歩いて10分です。食事はまかないで、ユニフォームはクリーニングされたものが支給されます。スキーパスは主に補助金によって支給されます。通常の医療保険に良質な医療給付を追加できるなど、福利厚生も充実しています。

こうした実践のおかげで、ざっと年間2万4000カナダドルで快適に暮らせています。でも、実際にはそれよりもかなり多くの収入があります。仕事は最低賃金ですが。**冬に3カ月働くだけで、私の場合はたいてい1年分の生活費を十分に賄えます。大卒でない人はこの話に興味を持つかもしれません。**

税引後の手取りが9万1000ドルの年もあれば、6万5000ドルという少ない年もあります。たいていの年は年に2回、少なくとも6～7週間の休暇を取って旅行に出かけます。

これについては、私のオタクっぽい性格に秘密があります。10年近く、レストランでの勤務時間や曜日、担当業務のほかに、自分のシフトで得たチップや売上などをすべて記録していました。それを見れば、最高の給料を得る方法がわかりました。北米に限らず、仕事をうまくやればチップの額は大きくなります。ノルウェーで1年間働いたことがありますが、その人たちはとても気前よくチップをくれます。

全体として、年間の手取り金額が平均9万ドルで、そのうち多くて3万ドルを使い、6万ドルを貯金しています。

時とともにライフスタイルも変わるだろうし、いずれはパートナーや家族がほしいです。

将来的に今より多く家賃を払う可能性もあります（結婚して身を固めれば人づき合いも旅行も減るだろうから、結局はプラスマイナスゼロかもしれませんが）。

当初は、年間4万ドルの生活費で家族を養うことを想定して、資産の目標を100万ドルとしていました。でも、いずれパートナーに出会ったら、相手は仕事を持っているか、それどころか私と同じような経済的自立にふさわしいライフスタイルを求めていることもあるでしょう（それが理想です）。だから最近は75万ドルでもいけるだろうと思っています。それでも年間3万ドルの利益が出ます。

そのゴールに到達するまで、あと数年です。以前は、そのときまで給仕の仕事を続けるつもりでしたが、パンデミックによって状況が変わりました。無礼で気難しい客が多くなりました。特にうちの店はパンデミック中も安全に営業できた世界で数少ない場所だったため、大変でした。多くの同僚が去っていきました。私もしばらく休んでもいいかなと思っています。おそらく現時点では、少しの間働かないでいられる自由は、二度と働かなくていい日を迎えることよりも重要だと思います。

でも、そう遠くないうちに、私もそのゴールにたどり着けるでしょう。

09

「どうして経済的自立を追求しないんだ?」

グレゴリー・エドワード・ブレナー
アメリカ、テキサス州ヒューストン

私は18年間、ひとつの会社で懸命に働き、数え切れないほどの犠牲を払い、何度も転勤を繰り返したのち、ルイジアナで働くことになりました。外から来た人であれば、誰もがそこはまったく別の惑星だと断言するでしょう。気がつけば私は、困難な環境の中、山のようなプレッシャーにさらされていました。

新入社員の面接を終え、副社長からの電話、テキストメッセージ、メールを何とかさばこうとしていた日々を、今でもおぼえています。仕事の要求は非常に高いものでした。だんだんとストレスが体に現れ始めました。片目が勝手に痙攣《けいれん》したり、右手が突然震え出したりしました。面接相手に私の目や手の動きが見えているのではなかろうか、とよく思ったものです。

そのわずか数週間後のことです。出来のよくない業績報告について質問攻めにあった結果、私は不愉快な批判を浴びる立場に立たされました。それで、州外の親しい友人と状況について話し合いました。この友人は素朴な疑問を私に投げかけました。「どうして経済的自立を追求しないんだ？」

初めて聞く言葉でした。友人は、ブロガーのリンクをいくつか送るからフォローするように、と言いました。数時間後、メールが届きました。私はすぐにのめり込んで、経済的自立とは何かを学び始めました。何週間も続けました。仕事が終わると、そのことばかりしていました。とりこになったんです！

幸いなことに、ストックオプションの権利が行使期限に達し、大きな決断を迫られる前年に、私はこうした知識をすべてかき集めていました。私くらいのレベルの幹部のほとんどは、支出をどんどん増やしてライフスタイルを向上させる道を選びました。多くの人は証券口座に入金される前に、その分を使ってしまいました。

新たな知識を得ていた私は、借金をゼロにし、支出を抑え、税金を最小限に抑えながら分散投資すべきだとわかっていました。何度も計算を繰り返して最終的にたどり着いた結論は、44歳の誕生日に経済的自立を達成できるというものでした。これは経済的自立に必要なことを学び始めてから3年も経たないころです。私はこの結論を何が何でも実現しようと決意し、その日までの秒読みを始めました。

ポートフォリオ内の資産が増加する中、貯蓄、投資、予算管理、カウントダウンのチェックを行うことが私の最優先事項となりました。ほかの人にも経済的自立について教えるようになりました。

そして2019年に、私は計画していた数字を達成し、目標だった経済的自立を手にしました。仕事のストレスは窓の外へと消えていきました。特別待遇という黄金の手錠を差し出されても、いつだって背を向けられるようになったのです。

10 シンプルに生きる自由

デレク・シンガー
イギリス
www.fireintheuk.com

年を取れば取るほど、自由の大切さがわかるようになりました。

これはたぶん、世の中の仕組みに嫌気がさしたり、退屈で単調な仕事に飽き飽きしたりといった、ネガティブな理由からだと思います。けたたましく鳴る目覚まし時計、通勤、デスクや職場の駆け引きに縛りつけられた生活。誰かに人生をコントロールされているような感覚です。

もっと楽観的で希望に満ちた理由があるかもしれません。これまでとは違う道、「シンプルな道」、もっとよい方法、標準的な生活を送る必要はないという悟り、などです。これまでとは違う方法でやってみることで、束縛から解き放たれ、自分らしく生きることができます。好きなときに好きなことをする。許可は必要ありません。

世の中には多くの詐欺師やファイナンシャル・アドバイザーが存在し（両者は同じだと言う人もいる）、あなたからお金を取り上げようとしています。相反するアドバイスや異なる戦略を紹介する本、ポッドキャスト、ソーシャルメディアのプラットフォームが数多くあります。どうやって正しいものを選ぶ？　不要な情報をどうかわす？　すべてがあまりにも複雑に思えました。

「シンプルな道」がそれを変えてくれます。本当にシンプルです。**支出が収入を超えないようにしていますし、借金は住宅ローンだけです。**住まいは寝室がふたつの質素な平屋で、車は中古車。お金のことを本人以上に気にかける人はいないので、自分でお金の管理をしています。ミニマリズムも実践しています。

「シンプルな道」の原則に従い、収入が増えても生活水準は変えないようにすることで、毎月余裕資金が出るようになりました。それをどう投資するか。私はイギリスにいるので、ここでロスＩＲＡや４０１（ｋ）の話をしても、みんなポカンとします。イギリスにはないからです。ＶＴＳＡＸもありません。だからこの国で同様のものを探す必要がありました。

しかし、そのときにはすでに私には必要な知識があり、自分が求めているものもわかっていました。低い手数料、合法的な手段による節税、幅広いインデックスファンドです。

現在はシンプルでとても効果的な運用をしています。毎月、バンガードのＦＴＳＥグローバル・オールキャップ・インデックスに自動で積立投資をしています。高度に分散されていて、パッシブ運用であり、手数料も低くなっています。投資は株式型の個人貯蓄口座（ＩＳＡ）で行っていて、これだと税金がかかりません。利益と配当はすべて完全に非課税です。

だから私には、自分の戦略に間違いはなく、一貫して正しい投資信託に投資しており、税金を最小限に抑える方法を選んでいるという確信がありました。私がすべきことは、経済的自立を果たすまで計画を守り続けることだけでした。

しかし、株式市場が下落したらどうなるでしょうか。パンデミックの間、私のポートフォリオの価値は2万ポンド近く下がり、当時の下落率は約25%でした。パニックが手に取るように感じられました。ニュースやソーシャルメディアでは「一生に一度」の出来事だから、まだ売るものが残っているうちに投資をすべて売却したほうがいいと喧伝《けんでん》していました。言うまでもなく、「今回はいつもと違う」という決まり文句をわめきながら。

しかし、ジェイエルの「シンプルな道」をたどっている人なら知っているように、市場は常に回復します。パニックになって売る代わりに、私は手持ちの現金をすべて投資しました。大きなネオン文字で「買い時」と書かれているのを見て、私はそれに飛びつきました。もちろん、市場の頃合いを測ることを推奨しているわけではありません。それについては、ジェイエルの「シンプルな道」でしっかり学びました。市場は確かに回復しました。それも、誰も考えてもみなかったほど速いペースで。

それ以来、何度も下落はありますが、問題ありません——それもプロセスの一部なのだから。ただ自分の道を進むだけです。シンプルな道を。その先に、自由があるのです。

[8] 地域間の経済的格差などを利用して、生活費やコストを最小限に抑えようとする方法。
[9] マッチング拠出のこと。アメリカの場合、従業員が拠出した額に応じて事業主が追加で拠出する。
[10] 学費の積み立てを支援するアメリカの公的な税制優遇制度。
[11] さまざまな資産の組み合わせや割合で構成された金融資産のセット。
[12] 所得制限のためにロスＩＲＡに拠出できない場合に、いったん高所得者向けのＩＲＡの口座に拠出して、それをロスＩＲＡ口座に移換する方法。バックドア（裏口）と表現されるが、合法的なやり方として認められている。

借金

PART 2

Debt

投資家の父の見解

JL's View

持ってもいないお金を使う

収入をすべて使ってしまったら裕福にはなれない。だから持ってもいないお金を使ったら裕福になれないのは当たり前だ。使うお金を借りるとは、つまり「これがこの値段？　私はもっともっと払いたい」と言っているようなもので、馬鹿げて聞こえるはずだ。私には変だとしか思えない。

借金は致命的だ。前作で、私はこれを「負ってはいけない重荷」と呼んでいる。このあとの体験談を読めば、あなたも同意するだろう。

本書のパート2で借金を取り上げたのは、それが自由の対極にあるからだ。**「富へと続くシンプルな道」を歩むうえで、借金とは必ず縁を切らなければならない**。スタート地点から足かせがあっては、この先の道を穏やかに進むのは難しい。しかし、宿命だとあきらめる必要はない。借金は避けられるし、抜け出すこともできる。販売業者が何と言って売りつけようとしても。

彼らの甘い言葉には耳をふさぐことだ。

もちろん、借金からの解放は簡単ではない。束縛の鎖は頑丈だ。現代の経済活動には、「借りて使おう」という風潮がまかり通っている。ずっとこの状態だから、借金があるのがまるで普通のことのようになっている。自動車ローン、クレジットカード、ペイデイローン……。近年では、ネット通販がそれに合わせて増えている。スリッパを買おうとしたら、分割払いを勧めるローンの選択ボタンが画面上に必ず現れる。2022年には、ドミノ・ピザの分割払いまで勧める会社が登場した。なんてこった！

これが普通なのでは、と思うかもしれないし、最近ではこれが常識なのかもしれない。しかし、この新しい「普通」を受け入れても、経済的な自由は決して訪れない。**父が言っていたが、昔は現金で払えないなら買えないのが当たり前だった。**このアドバイスは、今も変わらず有益だ。

借金のダメージ

借金は途方もなく大きなダメージをもたらす。利息の支払いが収入を食い尽くし、あなたを収入源の奴隷にする。**お金に使われることになるのだ。**

こうなってしまうと、考え方が非常にネガティブになり、罪悪感とストレスが大きな重荷となる。それを帳消しにするために、さらに多くの買い物や、もっと多くの借金をしてしまうこともある。ご想像のとおりだ。

借金の貸し手はあなたを助けようとしているのではない。単にあなたのお金を自分の懐に入れようとしているだけだ。甘い言葉で釣って、持ってもいないお金で不要なものを買わせようとする。クレジットでものを買うようになると、ますますそうした買い物に抵抗がなくなり、金額が跳ね上がる。購入金額と、その支払いに対する借入限度額をそれぞれグラフに表すと、線は連動して動く。

借金の返済に費やすお金は、あなたのために働いてはくれない。あなたにとって益にはならないのだ。あなたは投資して得る収益と、さらにそこから生まれる収益を取り逃がしている。それどころか、借金の返済のために借金を重ねることにもなる。

　こうして見ると、借金の本性がはっきりと現れてくる。貸し手や販売者にとっては恵みのもと、あなたにとっては富をむしばむ厄介の種だ。

　借金が役に立つことも、たまにはあるだろうか？　もちろん、たまになら。起業や事業運営のための借り入れが有効な場合もある。しかしその重荷を負う前に、じっくり考えるべきだ。もっとクリエイティブな別の方法も探ってみよう。**お金を借りる失敗よりも、お金を借りない失敗を選ぼう。**

　危険なものはたいていがそうだが、借金も一見、魅力的に映る場合が多い。しかし、経済的自立に向かう行く手を阻む敵である。借金は避けなければならない。私はそうしてきた。

住宅ローン以外に借金をしたことはない。車のローンすらない。父の教えは的確だったのだ。

住宅購入の落とし穴

住宅購入の話をせずに、借金について語ることはできない。

私は「アンチ持ち家派」との評判がある。「家への投資はなぜ悲劇を生むのか」(私のブログでいちばん人気がある記事)なんて書いていたら無理もないだろう。実を言うと、私は大人になってからほぼずっと、家を所有してきた。さて、この矛盾にどう折り合いをつける? 単純なことだ。

私が反対しているのは、住宅は常に、あるいは一般的にすばらしい投資であるとする住宅業界の執拗《しつよう》なあおりである。これは真実ではない。家は住む場所であり、たいていはお金のかかる贅沢でもある。

誤解のないように言うと、そうした贅沢をすることには何の問題もない。私だって楽しんできた。**ただし、無理なく手に入り、より大きな目標、例えば経済的自由を達成するなどの目標を妨げないならば、である。**

なお、国や場所によって違いはあるだろうし、今から私が言うことが当てはまらないケースもあるだろう。しかし一般的には、賃貸のほうが購入するよりも安く済む。賃貸の場合は普通、将来必要になるかもしれないスペースではなく、現在必要なスペースに対してのみ払えばよい。ニーズが変わったら、もっと広い、あるいは狭いスペースに簡単に引っ越せる。

また、高額なリフォームに誘惑されることもなく、先々、高額な費用がかかることもない。賃貸で暮らしている間は、住居にかかる費用を正確に把握できる。

賃貸か購入かを検討する際、いくらかかるかをわざわざ計算してみる人は少ないが、するべきである。お金の事情だけですべてを決める必要はないが、金銭的な影響は常に意識しておくべきだ。これほど大きな買い物の場合はなおさらだ。

住宅ローンの未払額と家賃を単純に比較するという、ありがちな落とし穴にははまらないこと。ここには、税金、メンテナンス、改築、修繕、家具、電化製品、庭の整備など、住宅の所有に伴うあらゆる追加費用は含まれていない。多額の緊急資金を確保しておく必要もある。予期せぬ出費は持ち家につきものだ。

家を買うのであれば、住宅業界の関心はできるだけ値の張る家を売ることだ、ということを承知しておくこと。住宅ローンの会社はあなたが借りられる最大額の融資を受けるよう促す。代理店はローンを組むことで買えるようになる、いちばん豪華な家を勧める。家の再販価値を保証するには、リフォーム、家具、電化製品も、すべて壮大な住宅にふさわしいものでなければならない。これはあなただけが損をして、ほかは全員が得をするという落とし穴である。

最後に一言。**購入した家の価値が、将来上がる保証はない。**これにはリスクが伴う。サンフランシスコで買った家の価値が急上昇した、という人たちの話がメディアにはあふれているが、かつて活気に満ちていたデトロイトで住宅を購入し、株価の崩壊にみまわれた人たちについては、あまり語られない。「まあ、自分は確実に価値が上がる地域で買うから」と言う前に、次のことを考えてみてほしい。サンフランシスコがデトロイトのような運命をたどらないとか、デトロイトがこの先もダイナミックな好転はしないとか、いったい誰が言えるだろうか？

これに異論を唱える人は多く、もしあなたが家を買うと決めているなら、私がここで何を言ってもおそらく思いとどまることはないだろう。しかし、経済的自立を目指すのであれば、油断しないことだ。**あなたのニーズに合った、いちばん控えめな家を購入するのがベストである。**

鎖を断ち切る

もし借金があっても、絶望してはいけない。何百万人もの人がそこから抜け出し、経済的な富を手にしている。あなたにも可能だ。

借金を返す方法を扱った記事や本はたくさんあるが、特効薬はない。出費を抑え、浮いたお金で返済していくしかない。深く考えすぎたり、高額なプランの餌食になったりしないこと。

借金をなくす最良の方法は、とにかく返済を始めることである。私がお勧めするステップは次のとおりだ。

- すべての借金をリストアップする。
- 不要な支出をすべてカットして現金を確保する。
- 借金リストをローンの金利順に並べる。
- 毎月すべての借金について最低返済額を支払い、残りの現金を金利がいちばん高い借金に充てる。
- その借金がなくなったら、次に金利が高い借金に現金を充てる。
- 完済するまでこれを繰り返す。

ここで朗報をひとつ。本当に朗報だ。このステップをたどることで、以下のことも実現するのだ。

・支出を管理できるようになる。
・投資の習慣がつく。最初は借金をなくすため、その次には富を築くために投資するようになる。

借金がなくなったら、今までその返済に充てていたお金の使いみちを投資の購入に切り替えるのは簡単なため、経済的自由が得られるのだ。

道を歩むためのルール

・稼いだお金をすべて使っても裕福になれないのであれば（実際、なれない）、まだ稼いでもいないお金を使って裕福になれないのは当然だ。
・「借金＝危険」である。借金は足かせとなり、たいていは落とし穴である。
・借金があると、お金に使われる人生になる。
・借金返済に使うお金は、あなたのために働いてくれるお金ではない。
・借金があると間違った決断をしやすい。借金は「無料」で販売されるため、現金に比べて無茶な使い方をしやすい。
・借金をすると、企業側はますます高い金額でものを売ろうとしてくる。
・家を購入する場合は、予めよく考える。
・借金の返済は大変だが、完済した暁には財産を築くのにとても役立つ習慣が身についている。
・借金は非常に深刻な事態だ。手放さない限り経済的自由はない。深く考えすぎず、今日から一歩踏み出すことだ。

ほしくないものを買うために、
嫌なやつをあっと言わせるために、
自分で稼いでもいないお金を使う人間が何と多いことか

——ウィル・ロジャース

11

車を持つという大きな過ち

トラヴィス・デイグル
アメリカ
TravisDaigle.com

車にまつわるエピソードなら山ほどあります。プロムの夜のプレッシャー、自動車の都《みやこ》デトロイトの大学へのあこがれ、デトロイトでの就職など、常に車と車が与えてくれる自由に夢中でした。でも気をつけないと、車はほかのものも運んできます。

私と車とのロマンスは、つまるところ、大きな過ちに至る物語です。

結果とは、長い時間をかけて下した小さな決断の積み重ねです。だから毎日の一瞬一瞬を意識的に過ごさなければなりません。長い間にしみついた思考パターンは、いちばん大事な意思決定に影響します。

いい車にはいつもあこがれていましたが、お金や車のことはほとんどわかっていませんでした。わかっていたのは、いい車がほしいということだけ。**現実には、新車であろうとポンコツであろうと、車は贅沢品です。**手に入れて乗り回すにはお金がかかります。価値はだんだん下がっていくし、故障します。そう、故障です。故障するんです。修理にはお金がかかります！

これが、車を持つとはどういうことかについて、私が理解できていなかった大きな穴でした。ステータスシンボルしか目に入らず、マイナス面が見えていなかったのです。車を持つことについて、実用性でなく貧弱なイメージだけをふくらませていました。ずっとこんな重大な問題を抱えたままだったのですが、ついにその弱点があらわになりました。

2005年の大西洋沿岸におけるハリケーン・シーズンの激しさは記録的でした。ハリケーン・カトリーナの影響で多くの人がルイジアナ州からテキサス州に避難しましたが、それから3週間後、今度はハリケーン・リタによって、ヒューストンの人たちは全員が強制避難をさせられました。大勢の人が車でダラスに向かいました。渋滞した高速道路は、まるで駐車場のように車がまったく動きませんでした。私は車でバーミンガムのある東の方に向かうことにしました。ハリケーンの上陸予想地も同じく東でしたが、上陸前にそのエリアを通過する時間は十分にあると見ていました。ほかの人たちはみんな反対方向を目指していたので、高速道路は空《す》いているだろうと思ったのです。

走行中、私のアキュラのパワーステアリングの調子がおかしくなりました。

ハリケーンから逃げたい一心で、あえてそれに向かっている私たちにとって、これは明らかにうれしくない状況でした。「私たち」というのは、私の当時の親友、妹、そして3歳の甥もいっしょだったからです。今は亡き妹は、信じられないほど頑固になることがありました。

子どもの服を買うから絶対にウォルマートに寄りたい、と言いました（慌てて出発したため、あまり服を持ってきていなかったのです）。私は車の調子がおかしいし、ハリケーンから逃げてるんだから、バーミンガムに着いてからにしようと妹に言いました。

ハリケーンと今後の動き、車の不調、どう見ても完全に理不尽としか思えない妹との口論という状況が三つ巴《どもえ》になって、私はいら立ちを募らせました。

バーミンガムに着いてから車を見てもらったところ、かなりの修理が必要だとわかりました。私はエンジニアとして働き始めたばかりで、修理代を払うお金が十分になく、自分の車の頼りなさにうんざりしました。あれだけ長い年月を学校生活に費やして一生懸命勉強してきたのに、被災しそうな地域から避難するときの車が使いものにならないなんて。「あーやってらんないわ！　新しい車を買ってやる！」。腹が立った私はヒューストンに戻ると、車を探し始め、2週間後には2005年式スバル・レガシィに乗っていました。5年間で2万8000ドルのローンを組みました。

新しい車を手に入れてから数時間のうちに、私の借金は学生ローンの2万2000ドルから、総額5万ドルに増えました。

エンジニアの仕事はもともと好きになれない気がしていましたが、ここまで嫌になるのは想定外でした。**車のローンを組んでから3カ月後に、これほど耐えられない仕事を辞められないのは、自分が運転しているこの車のせいだということに気づきました。**

仕事が憂うつになるにつれて、車への恨みが募りました。車のせいで移動の自由がなくなったのです。子ども時代の自由の象徴が、今や自由の抑圧者そのものになったのだから、皮肉なものです。でも選んだのは私です。

最終的にエンジニアの仕事を辞めたとき、私にはふたつの選択肢がありました。

1　うつ病が自然に治まるのを待ち、自殺したり心臓発作を起こしたりしないことを祈る。

2　車を任意売却して、信用が地に落ちるのを甘んじて受け入れる。

私は後者を選びました。

逆説的ですが、その後何年も続いた借金の返済体験を通して、真の自由とは何かを実感することができました。ここでいう自由とは、自分の時間とエネルギーの使い方を細かくコントロールできるという自由です。車のローンがあったため、私にはどうしても収入が必要でした。この問題に関しては、仕事や生活の中で実験する余地はありません。時間とエネルギーの使い方を車に操られました。車を手放したあともです。最悪！　衣食住の必需品のために働くことと、どうでもいいもののために働くことは違います。

さらに、その仕事が嫌いなものであれば、もっと悲惨です。私はものを所有したいですが、ものに所有されたくはありません。

エンジニアを辞めてから約半年間は、パーソナルトレーナーをやっていました。ほとんどお金にはなりませんでした。続けたかったものの、まずは借金という重荷を下ろす必要があったのです。**パーソナルトレーナーの仕事を辞めてはっきりわかったのは、物質的な欲求をコントロールすることが、自分の選んだ仕事の働き方をコントロールできることと直接的に関係してくるということです。**最終的には、正確に予算を立てることで不安が軽減され、予算を立てないときよりもお金の緊急事態にはるかに対処しやすいと気づきました。規律を持って収入源を管理することで、過去8年間、仕事への取り組み方をいろいろと試すことができました。元海軍特殊部隊ジョッコ・ウィリンクが言うように、「規律はすなわち自由である！」

借金を返済する過程で、お金、時間、エネルギーについての考え方が完全に変わりました。物質的なもので不要なものは、私にはほとんど何の意味も持ちません。ものに支配されるのはお断りです。いい車を買うお金があることと、いい車を維持するお金があることは別物です。今でも車は好きですが、大好きというわけではありません。

12

道に落ちていた1ドル札

マイケル・D・サザーリン
アメリカ、ウィスコンシン州マディソン

1975年は大変な年でした。私は6歳でした。親が離婚をし、工場をクビになった母は、家計をやりくりするためにどんな仕事でもしました。週に一度の食料の買い出しのとき、アイスクリームをねだる私に母はこう言いました。「今日は買うお金がないの」

がっかりしましたが、いくら泣いても仕方ないとわかっていました。スーパーを出てアパートに戻る途中、デイリー・キャッスルというアイスクリーム屋さんの前を通りかかり、私はまた食べたくなりました。そのとき、母は道の真ん中に何かを見つけました。

お金のように見えました。

母は車の向きを変えて停止し、車のドアを開けて、1ドル紙幣を拾い上げました。なんて運がいいんだろうと驚きました。母はお店に直行し、チョコレート味のアイスクリームを買ってくれました。おつりは貯金しました。その出来事は、私をとても幸せにしたことをおぼえています。

１９８０年代になると暮らし向きがよくなりました。私は大学で工学の学位を取得しました。わが家では私が大卒第1号でした。**自分の仕事と家庭を持つようになってからは、両親よりもいい暮らしをしたいと思い、借金をすることになりました。**母が疫病のように避けていた借金です。40代半ばになると、借金との闘いと全然前に進めていない感覚に嫌気が差している自分がいました。そしていろいろとじっくり考え、どんな選択肢があるかを調べた結果、私は昔の生活に立ち返ることにし、ぎりぎりの予算を自分に課すようにしたのです。

クレジットカードを解約し、自分の自由な買い物には現金のみを使いました。銀行で２００ドル下ろし、その月はそれでやりくりしようと決めたのですが、月末になってもまだ１５０ドルほど残っていることに気づきました。幼いころに必要に迫られて身につけた習慣を、こんなに早く取り戻せたことにびっくりしました。

3年も経たないうちに借金は消えました。この間に、妻と私は二人の娘を借金せずに大学に通わせました。大変でしたが、娘たちが卒業するたびに出費が減って、昇給したような気分でした。貯蓄率も増え始め、50％を超えました。１９９２年に就職してからは、ほぼずっと（たまに中断もしましたが）、貯蓄と投資を続けてきたのです。

それが功を奏し、夫婦で経済的自立を達成し、なんと二人とも50代前半でリタイアできたのです。

さて、母はどうなったかと言えば、再婚して夫婦で常に収入の範囲内で上手に暮らし、借金もせず、同じく50代で経済的に自立して、60代前半でリタイアしました。彼らは大卒でも高収入でもありませんでしたが、とても快適な生活を手に入れました。借金ゼロと倹約が鍵でした。

母は道で拾った1ドルで息子への愛情を示しましたが、本当の意味で私に与えてくれた教訓は、将来的に大きな資産を手にする見込みがあるときでさえも、自分の収入の範囲内で暮らすという規律の大切さでした。

当時の私たちは、ただその週を生きるだけの生活でした。誰も裕福になる方法を教えてはくれませんでした。あのころ、ジェイエルの「シンプルな道」を知っていればよかったと思います。そしたら私は母に、アイスクリームじゃなくてVTSAXを買ってと頼んだかもしれません。

13 最悪の教訓

グローイングインファイア1
アメリカ、インディアナ州フィッシャーズ

大学時代、私はクレジットカードで借金をするようになりました。子どものころ、両親はほしいものは何でもすぐにカードで買っていました。請求が来れば払っていたので、まずいやり方には見えませんでした。その後、両親は離婚しました。父はガンと診断されて職を失い、養育費を払えなくなりました。母は支払いをあれこれ工夫し始め、ほかのカードで補いながら最低返済額だけ払っていました。最低返済額さえ返せれば、緊急資金を得る手段としてカードは使える。私はそう学びました。

もちろん、これは最悪の教訓と言うべきものでした。この考え方を振り払うのに何年もかかりました。

カードの借金から抜け出すのは大変でした。大学卒業までに私は1万ドル以上の借金を抱えていました。仕事をふたつ掛け持ちし、手元に残った現金で最低返済額以上を返していくことで、だんだん状況がよくなってきました。当時はまだオンラインでカード決済ができませんでしたが、ディスカバーカードを使えばシアーズのどの店舗でも借金返済ができました。そこで私は毎週お店に行って、10ドルか20ドルを返しました。少しずつ、支払わなければならない毎月の最低返済額が減っていきました。

借金を返している間はカードや車のローンを賄えるだけの仕事が必要でしたが、引き受けられる仕事は限られていました。そういったこともあり、新しい仕事のためにインディアナ州に引っ越しましたが、すぐにまたカードの借金が増えて4万5000ドルになりました。自分に腹が立ち、しっかりお金を管理する決意をしたのです。必死に働いて（本業のほかに副業も）、手元に残ったお金はすべて借金返済に注ぎ込んで、少しずつ着実に減らしていきました。

2006年についに借金がなくなりました。

その後、緊急用の資金を用意し、401（k）にも拠出し、短期と長期の身体障害保険に加入することもできました。これをしておいて本当によかったです。加入して2年も経たないうちに、私の手術、結婚、そして娘の誕生が続いたからです。こうした人生の大きな出来事を、借金せずに乗り越えました。住宅ローンの早期返済は今も続けていますが、本当によくやれたと思います。

その後、夫のクレジットカードの借金と住宅ローンの返済（実は、夫も家を持っていたので）、そして老後のための投資も増えました。新たな出費もいろいろありました。子育てのためにもっと環境のいい地域に引っ越したことが大きいです。でも頑張って働いて、何とか乗り切りました。私たちはパンデミックの間も仕事を続けましたが、在宅勤務のおかげで出費をかなり抑えられました。節約し、投資し、料理の腕に磨きをかけて、家族と過ごす時間を増やしました。

2022年に在宅勤務は終わりにして出勤を求める動きが盛り上がったとき、私たち家族は1年分の出費に相当する緊急資金と、今後の出費に備えた積立金を賄えるだけの蓄えがありました。私はオフィスに戻ってほしいという上司の言葉に従いませんでした。**経済的に余裕ができたことが大きな理由となり、会社と私の立場が逆転し、「ノー」と言えるようになったのです。**

14 すべきでないことを学ぶ

アンソニー
アメリカ、カンザス州オレイサ

子どものころ、家で投資の話が話題に上ることはありませんでした。何かを学んだとすれば、すべきでないお金の使い方でした。高校時代に私が目にしたのは、借金、浪費、ペイデイローン、質屋、車の差し押さえばかりでした。

大学の企業金融の授業で、初めて株とは何かを知りました。**働くようになってから投資を始めましたが、ニュースや友人からのアドバイス、テレビの「専門家」の勧めに従って個別株を買うという間違いを犯しました。**

その後、インデックスファンドにようやく目を開かされ、邪魔な情報を無視できるようになってから、投資をシンプルにして拠出額を増やせるようになり、今はずっとよい道を歩んでいます。ミスター・マーケットがアップダウンの山道を苦労しながら登っている一方で、自分のやり方に集中できています。私はただ、「シンプルな道」に徹しているだけです。

15

借金に人生を支配されるとき

ジェニファー・C
アメリカ、イリノイ州シカゴ

借金をゼロにするには、昔からのお金に関する悪い習慣をすべて変えていかなければなりませんでした。請求書の支払いを遅らせる、クレジットカードの利用額に対して最少額しか支払わない、（単に自慢したいだけで）高級車などを買って多額の借金を負う、などなど。

昔はお金を使う計画を立てるなんて、貧乏人がすることだと思っていました。金持ちは結局、好きなようにお金を使えるからです。**今は計画的に予算を立てることがすべてだとわかります。**予算は私を邪魔してあれこれ禁じるばかりでなく、お金の使い方の枠組みを示してくれるのです。

それに、人生で本当の幸せを手に入れたいなら、予算よりも借金のほうがずっと邪魔者だと気づきました。マイホームを持ちたいなどという目標には永遠に手が届かないでしょう。借金に人生を支配されている限り、選択肢は本当に限られていました。

自由への第一歩は、自分の借金をすべてリストアップすることでした。内訳は学生ローンとカードローンでした。

まず、カードローンを3カ月以内に全額返済するために、あらゆる手を尽くしました。同時に、今後のカードによる支払い分は月末に全額引き落とされるようにして、新しく借金が積み重ならないようにしました。

個人的には、責任を持って使用すれば、クレジットカードは本質的に悪ではないと考えています。詐欺や不良品などのトラブルから自分や買ったものを守るために、今も使っています。ポイントが貯まるのもありがたいです。

次は学生ローンです。これには少し工夫が必要でした。私の借金の現状をちゃんと説明できるローン会社がなかったのです。わかったのは以下のことです。

- 金利は毎年7月1日に設定された。
- 金利はローンの返済時期によって変動した。7月1日より前に返済するのとそれ以降とでは金利が異なった。
- つまり、私が学生ローンを組んでいた4年の間にローンの金利は変動し、利子補給の有無の状況も異なっていた。

私はすべての書類を引っ張り出し、ローンの金額を年、金利、種類ごとに分類しました。利子補給のあるローンの場合、もしまだ学生であれば利子の支払いが延期され、利子補給なしの場合はローンの返済と同時に金利が課せられます。

ローン会社に電話でローンの種類と年ごとの金利を問い合わせたあと、ローンを金利の高い順に、また利子補給の有無によるタイプ別にランクづけしました。月々の支払いは続けながら、金利が高く利子補給なしのローンにもできる限り返済しました。

学生ローンの残高の減りは、すぐに見て取れました。最後の支払いを終えたときほど達成感を覚えた瞬間はありませんでした。

学生ローンの金額が天文学的に大きい場合、この方法でやっても追いつかないかもしれませんが、残高を減らすにはよい方法です。

進歩であることに間違いありません。

借金を完済すると、再び何かを自分で選べることに大きな自由を感じました。もう借金の重荷に悩まされることはなくなりました。

もちろん、借金を返すのとは別に、借金をしないようにするためにも、厳しく自分を律しなければなりません。でも、それには柔軟性も必要だと思います。人生にはいろいろなことが起こり、優先順位は変わります。目標が少し遠のいたからといって、達成できないわけではありません。**人生は時として、あなたにレモンを与えます。そうしたら、あなたはレモネードをつくって飲むでしょう——当初計画していたテキーラ・カクテルではなく。でも、辛抱強く頑張る人のもとに、いつかテキーラ・カクテルは届くのです。**

16 借金を減らすプロセスの最適化

スティーブン
アメリカ、ミネソタ州ワコニア

私と妻は2020年末に正式にリタイアしました。経済的に自立した多くの人たちとは違って、通常の退職年齢より少し早く辞めただけです。経済的自立のことは大学を卒業したばかりのわが子から聞きました。私たちは401（k）や、それ以前のプランで貯蓄をしていたので、出発点はゼロではありませんでした。でも、ジェイエルの「シンプルな道」を知って、さまざまな課題の中でも貯蓄面にかなり重点を置くようになりました。

退職資金の貯蓄は、裏を返せば負債をなくし、支出を管理することです。妻は会計士、私はプロジェクト・マネージャーなので、それぞれの才能を活かして、手に負えない債務状況からなんとか抜け出しました。学んだことをもとに考えると、回復不可能な状態では全然ありませんでした。

どういうわけで、まさしくその状態にあったのか、その理由はたくさんありますが、数々の小さな決断の積み重ねが効いたのだと思います。なかなか人に感銘を与えづらい地味なことですが。**賢い決定を下すためには、検討中の項目ひとつだけではなく、予算全体を理解する必要があるのです。**

私たちはまず、収入が何に使われているのかを理解することにしました。毎月、以下の質問の答えを、うんざりするほど詳細に表計算シートに記録しました。

1　月々の収入は何に使われているか。
2　借金はいくらあるか。
3　毎月の借金返済額はどのくらいか。
4　月末に使わずに残るお金はあるか。
5　どの支出を減らせるか。

質問1の答えはかなり単純でした。401（k）口座への投資も含め、各支払いを記録するようにしただけです。この記録は当然、質問5の検討材料となりました。

質問2も同じく簡単でしたが、はるかに苦痛でした。私たちはクレジットカードの利用を続ける一方、田園地帯にある3エーカーの土地に家を持ち、住宅改修のための無利息ローンのほか、別のローンもいくつか抱えていました。借金の現状の理解（質問3に該当）をもとに、その返済に収入のうちどれだけ充てられるかについて話し合いました。

質問4に対する答えは、迷わず「ノー」でした。余ったお金をすでに借金返済に充てられていたことが主な理由です。前から正しい道を歩んでいる感覚はありましたが、数字で検討することで焦点がはっきりしました。

さて、どうやって借金を清算するかを決めなければなりません。リタイアについては、家の支払いを終えるまではしない、と常に考えていました。住宅ローンの完済にいちばん時間がかかることがすぐにわかりました。

決断を下すときの大事なポイントは、単に金利やローンの規模に注目するだけでは借金を減らすベストな計画は立てられない、ということです。家のローンは相変わらず最大で、金利のいちばん高い借金でしたが、同時に所得税控除をすることで少しだけ楽になりました。心配だったのは月々の借金返済でした。そこで各ローンを調べて、何らかの理由で収入を失った場合、どのローンがいちばん痛手になるかを確認しました。過去20年間に私の収入がなくなることが何度かあったため、それを想定した計画が必要でした。

各ローンについて順番に調べて評価したところ、真っ先に無利息ローンに取り組むことになりました。無利息ローンは、客が「もう少し調べてみよう、もっと安く買おう」と思って店を出て行ってしまわないうちに、リフォーム業者や家電販売業者が客に購入を促すシステムです。非常に魅力的なローンで、指定日までに返済すれば無利息となります。しかしどのローンでも、期日までに返済ができなかった場合、累積した利息が一気にかけられます。ローンを組んだときには、そのことをまったく理解していませんでした。

私たちは払い残しのないように、各ローンを少なくとも1カ月早く返済するよう徹底しました。だから、厳密にはまだ累積した利息の支払いが残っている、と聞かされたとき、私たちがどれだけびっくりしたことか、想像してみてください！　業者やローン会社などに電話して、これはなんとか解決しました。ローンの設定が間違っていたのです。もし各ローンを重点的に調べなかったら、もっとたくさん支払うはめになっていたでしょう。

支払わなければならない最低返済額が減額するたびに、リストにある次のローンの返済に可能な限りの金額を充てました。これにより以下のふたつの効果がありました。

a）**夫婦のどちらか、または両方が職を失った場合、求職期間中の必要な生活費を抑えられる。**

b）次のローンの完済が早まる。

リストの最後にある住宅ローンをついに完済したあとは、普通預金口座の残高が驚くほど早く増えました。1年以内に、これまで給与控除を受けていた401（k）口座のお金以外に、1年分の積立金が利用可能となりました。

借金返済の計画を実行する一方で、月々の光熱費を含むあらゆる支出について、減らせるかどうかの検討を始めました。もっと大きな節約を実現したこともあります。大型ディスカウントショップの会員になったことで、定期購入品にかかる出費が減り、ものによっては半分以下になりました。子どもたちが大学に進学することもあり、家族全員が携帯電話を持ち始めたため、固定電話料金の節約にも挑戦し、しばらく料金の値下げ交渉をしました。電話会社のサービス変更に伴い、インターネット接続だけの契約にして、固定電話は解約しました。おかげで通信料金が最小限に抑えられました。また、リパブリック社の携帯電話に乗り換えて、最終的には子どもたちが携帯電話代を自分で支払うようになったことで、電話代が必要最小限になりました。また、つい最近ゴミ処理業者を変更したおかげで、費用が半額になりました。

結果的に、二人とも予想より少し早くリタイアすることができました。社会保障受給資格のある年齢に達していますが、通常の退職年齢に近づくまで給付金の受け取りを保留しています。最初の雇用主から受給する、かなり少額の年金についても同様です。どちらの場合も、収入を支出に合わせることが重要です。慎重な検討が鍵なのです。

17

借金で差が出る

アンドリュー
アメリカ、モンタナ州

大人になるまでに体験したふたつの出来事によって、私はお金と人生、そしてそれらとの正しいつき合い方に興味を持つようになりました。経済的自立に関心を持つようになり、投資と貯蓄を行うようになったのは、その出来事のおかげです。最終的に、32歳の誕生日までに100万ドルの純資産を手に入れました。

子どものころ、友人や家族が、流行に乗り遅れまいとアメリカンドリームを追い求めていたのをおぼえています。景気がよかったときは、何もかも最高でした。不景気になると、家が荒れ、差し押さえられ、車も持っていかれ、ここまでひどい状況になるのか、まださらに悪化するのかとショックを受けました。

大人がなぜ何年も何十年も働き続けたあとに、ほんの数カ月間失業しただけで、いつの間にか自分たちの世界が崩壊してしまうのか、私には理解できませんでした。

もうひとつの出来事は、50歳ぐらいで早期リタイアした（見たところ普通の）人たちの何人かに会ったことです。そしてその恩恵にあずかれない、特に高収入の人たちが、うらやましいと言っていたのをおぼえています。

もちろん、最大の差は借金の有無でした。返済できなければ、すべてが崩壊します。

こうした奇妙な矛盾した出来事に影響され、私は正しい道を進むべく、できることはすべてやりました。不動産とハウスハッキングに精を出し、放置された二世帯住宅を再建し、それで得たお金で家と車のローンを完済し、学生ローンを可能な限り早く返済しました。10年間、貯蓄と利益を低コストのインデックスファンドにも投資しました。**これまでの私の唯一の失敗は、個別株選びを試した際に支払った３０００ドルの「授業料」だけでした。**

貯蓄

PART 3

Saving

投資家の父の見解

JL's View

貯蓄は絶対にすべき

「どれだけ稼ぐかではなく、どれだけ残すかが重要だ」という古いことわざがある。

このことわざには多くのバリエーションがあり、「まずは自分自身に支払え」というものもあるが、どちらもしっかり貯蓄することがファイナンシャル・ウェルビーイングのためにいかに重要かを示している。ある短い期間で経済的な自立を成し遂げるなら、積極的にお金を貯める必要がある。貯蓄率が高ければ高いほど、達成までの道のりは短くなる。貯蓄率がわずかであれば、それだけ道のりは長くなる。

高校時代からの古い友人は、年間4万ドル以上を稼いだことがない。それなのに、比較的若いうちに経済的な自立を果たした。**それは、彼が日々の生活を整えて支出を抑え、投資できる資金を確保し続けていたからである。**このあとのパート4では、年間のボーナスが80万ドル（現在だいたい1億2千万）でも生計を立てられなかったケンの話を紹介する予定だ。

私個人は昔からずっと節約家である。それがどこから来ているのかはわからない。母が昔「16歳になったら赤いオープンカーが買えるかも」と励ましてくれたからかもしれない。もっとも、当時はすでに父の健康状態が悪化していて、それに伴って家計も傾いていた。

私の貯金は大学の学費に消えてしまったので、オープンカーを買ったのは、もっとずっとあとのことである。節約することが好きなのは、単に私の遺伝子コードに組み込まれている可能性もある。いずれにせよ、この節約志向は私におおいに役立っているし、あなたにも役立つはずだ。

たとえ貯蓄が簡単ではなくても、自分の性に合わなくても、このパートで紹介する体験談を読めば、あなたにもきっとできる。本書で「借金」のあとに「貯蓄」のパートを載せているのは、貯蓄が私たちを借金（運悪くすでに抱えていても）から解放してくれるだけでなく、富を築いてくれる重要なメカニズムだからだ。貯蓄によって、ほかのすべてのことが可能になると言える。

貯蓄こそがこの旅の原動力なのだ。

50％？ 信じられん！

ヴィッツィーニには申し訳ないが、そんなことはない。

『父が娘に伝える自由に生きるための30の投資の教え』の中で、私は読者に収入の50％を貯蓄するよう勧めている（やや不評は買っているが）。これはまさに私が娘に言ってきたこと、そして私自身がやってきたことだ。

最後の一銭まで使い切ること、さらに借金をすることが一般に広く浸透しているため、私の考え方に驚きを隠せない人たちもいた。彼らはそれを単に不可能だと言って切り捨てた。しかし、もちろん可能である。私にはできたし、多くの人が実行している。**実際、「シンプルな道」を歩んでいるほとんどの人が「収入の50%貯蓄」に取り組んでいるのだ。**

皮肉なことに、私が「信じられない」ことを勧めていると声高に文句を言う人がいる一方で、ハードルを低く設定しすぎだと非難する人もいる。こうした人たちは、収入の60%、70%、80%、さらには90%を常に貯蓄している。

不可能だなんて、ナンセンスだ。絶対に可能である。これは単に、優先順位を決め、それに従って生活を体系化できるかどうかという問題である。

とはいえ、簡単にできるかと言えば、答えは「ノー」だ。しかし、このあとの体験談に出てくる難易度を下げるためのテクニックを知ったら、驚きとともに喜びがわいてくるかもしれない。

では、50%という数字は強気すぎるのか、それとも弱気すぎるのか？　それを判断するのはあなた自身だ。ただ、経済的な自立の達成が重要だと思うなら、左の表を見てほしい。どの程度の貯蓄率でいつごろリタイアできるのかについて、イメージがつかめると思う。

表内の数字は、年間8%の投資リターンを得ながら、標準的な引き出し率4%で生活することを想定したものだ（年間生活費の25倍の資産が必要だとして算出）。そのため、これらの数

貯蓄率（％）	リタイアまでの年数
10	38.3
15	32.7
20	28.6
25	25.3
30	22.6
35	20.2
40	18.1
45	16.1
50	14.3
55	12.6
60	11.1
65	9.5
70	8.1
75	6.7
80	5.3

字は絶対にこうしなきゃダメということではなく、ガイドラインだと思ってほしい。

この表は、友人のダローの著書『もうリタイアしていい？(Can I Retire Yet?)』から転載した。

ここでは、貯蓄率ゼロの状態から始めることを前提としており、借金がある場合にはリタイアまでの年数はもっとかかる。すでに貯蓄や資産がある場合は、逆にもっとリードしていることになる。

あなたの旅の道中に株式市場がどうなっているかは、意外にもそれほど重要ではない。貯蓄率のほうが株式の運用成果よりも間違いなく影響が大きい。確かに株価が上がって追い風となれば、リタイアまでの時間は短縮される。しかし、たとえ下がったとしても、株をより安く手に入れる機会となるわけで、長い目で見ればよい結果をもたらしてくれる。

50％以上の貯蓄率を頭ごなしに否定してきた人には、表にある低い貯蓄率の欄を見てみてほしい。自分の貯蓄率がどういう状況をもたらすのか、少なくとも理解できるのではないだろうか。

貯蓄率50％の生活は可能か

私が大学を卒業して社会人になった1970年代初頭には、経済的自立に関する情報はほとんどなかった。私は荒野をさまよっているような気持ちだった。50％というのは適当に選んだだけで、何となくしっくりきただけだ。

専門職として初めて就いた仕事では、年収1万ドル（2023年には最大で7万ドル）だった。年間5000ドルで生活している人たちがいることは知っていたので、自分にもできないわけがないと思った。それができれば5000ドルを確保することができ、それを投資することで、私にとって最高に価値があるもの、つまり経済的自由を手に入れることができる。そこで私は実行に移した。

生活が苦しいという感じはしなかった。私は早くから、家や車など、ほかの人たちが安易に手を出すような大きな経済的負担を避けてきた。それは快適な生活だった。私がバックパック旅行や自転車でツーリングをしている間に、豪勢な休暇を過ごしていた同僚らもいたかもしれないが、自分の選択のほうがよかったのではと思う。その後、収入が増えるにつれて投資もライフスタイルも変わっていった。年収が2万ドルのときは、1万ドルを投資して1万ドルを使った。10万ドルのときは、それぞれ5万ドルにした。年を追うごとに私の経済状態は上向き、生活も豊かになった。シンプルなアプローチだが、実に効果的なのである。

もちろん、先の表が示すとおり、収入の50％を貯蓄しなくても経済的自由を得ることはできる。その分、時間がかかるだけだ。強気の貯蓄率にしたら、ゴールはもっと近くなる。どうするかはあなた次第だ。私に関しては、50％が常に最適だと思っている。

時間こそが、投資の生命線

もしあなたがまだ若く、「シンプルな道」のほんの入口でこれを読んでいるなら、経済的自由は実現不可能なほど遠くに見えるかもしれない。しかし、今が最高のタイミングだ。あなたには明らかに有利な点がいくつかある。現在のライフスタイルをやむを得ず手放すとしても、まだその生活にどっぷり浸かりすぎていない可能性が高い（詳しくはパート4を参照）。**それに、投資した資金を複利で運用する時間も増える。複利は世界の奇跡のひとつであり、時間こそがその生命線である。**

もっと若いときに「シンプルな道」に出会っていれば……、という言葉を多くの人から聞く。70歳の人は60歳のときに出会っていれば、60歳の人は50歳のときに出会っていれば、50歳の人は40歳のときに、40歳の人は30歳のときに、30歳の人は20歳のときに、20歳の人は10歳のときに出会っていれば、と言う。10歳の子どもは、私がおなかの中にいるときに親がこれをやってくれていたら、と言う。

同感だ。この本の後半で説明する「投資」については、私自身、50歳になるまでよく理解できていなかった。資産は貯めていたので、当然、先の表で言えばリードしていた。あなたがそれなりの年齢であれば、私と同じかもしれない。また、成熟した大人のあなたは、お金を使うことが幸せの鍵ではないこと、市場の暴落は恐ろしいが、パニック売りをする必要はないことをすでに知っているかもしれない。

年齢に関係なく、経済的自由を得ることが大きな目標ならば、10年から15年の旅になる。すでに資産を持っている場合はもっと短く、借金を抱えている場合は長くなる。

一歩進むごとに、少しずつ自由になっていくのだ。

自由はどれくらい重要？

この旅はプロセスであり、電気のスイッチのようにパッと切り替えられるものではないということを、ぜひ理解してほしい。最初に小さな一歩を踏み出すと、踏み出した分だけあなたの経済状況は安定する。たとえ厳密には経済的自立と呼べなくても、何も始めなかった場合と比べてあなたの自由度は増し、もっと安定し、今より多くの選択肢に恵まれているだろう。

経済的自由という魅惑的な選択肢を前にすると、ほとんどの人は「私もやりたい！」と言う。ところが、「道」のこと、そしてそこを歩むために必要なことがわかってくるにつれ、「そんなことは不可能だ」と言い始める。しかしこのあとの体験談が、それは可能だと教えてくれる。

ライフスタイルを確立している人の多くは、「私もやりたいが、家も車も必要だし、子どもを私立学校に入れたいし、海外旅行もしたいし」と言う。まさに友人のケンが言いそうなことだ。別にそれは構わない。あなたのお金、あなたの人生、あなたの決断なのだから。

しかし、私はこれを「必需品による支配」と呼んでいる。人生で必需品と思うものの数が多ければ多いほど、経済的に自立できる確率は低くなる。実際、経済的自立の達成が第一の「必需品」でない限り、そこにたどり着く可能性は低い。それはそれでいい。万人向きの道ではないし、その道をたどる人はごくわずかというのが現実だ。

私がこの道を歩むよう説得を試みた相手は、あとにも先にも一人だけだ。娘である。その努力が実ってありがたく思っている。ほかの人については、それぞれが決めることだ。しかし、経済的な自立が可能だとわかった以上、もしその道を歩もうと決心をしたなら、先を行く私たちはあなたを大歓迎する。

道を歩むためのルール

- 経済的自由を目指すなら、高い貯蓄率が不可欠である。
- 私の場合、50%が常に最適のようだ。それ以上の貯蓄率の人もいる。
- そんな高い貯蓄率は不可能だという考えはナンセンスだ。
- 何千人もがすでにやっているし、その大半の人はあなたよりも収入が少なかった。
- 年齢にかかわらず、この旅には約10年から15年かかる。
- しかしそれは旅であって、電気のスイッチではない。一歩進むごとに、あなたはずっと強くなる。

・「必需品による支配」に気をつけよう。
・この「道」を歩み始めるかどうかは完全にあなた次第だが、少なくともその存在を知った以上、あなたにもそれを選ぶことができる。

裕福になりたければ、
稼ぐだけでなく貯めることも考えよ

――ベン・フランクリン

18

あとで楽するために今頑張る

ジョー・オルソン
アメリカ、ワシントン州シアトル

大学最後の年に、私はＭＢＡ（経営学修士）プログラムの出願手続きを始めました。大儲《もう》けするつもりでした。その後、アメリカ政府の独立機関であるアメリコーによるプログラム「ティーチ・フォー・アメリカ」の口説き文句にすっかり魅了されました。ティーチ・フォー・アメリカとは、成績優秀な大学生を低所得者が多い地域に教師として派遣し、学力格差の是正を目指す活動です。

私は「本格的なキャリアをスタートさせる前に、２年間ならできる」と思いました。そしてプログラムのメンバーに採用され、ラスベガスに配属されました。まさか教えることが大好きになるとは思ってもみませんでした。妻も教師になり、30歳までに億万長者になるという夢は破れました。

いや、本当にそうだったんでしょうか？

大学を出て最初の年、私の給料は３万１０００ドル、代用教員である妻のアリの給料は１

万7000ドルでした。まぁ、自慢できる金額ではありませんでした。

一文無しの大学生のような生活が続きましたが、出費はわずかで済みました。40平方メートル弱のコンドミニアムのローンが月339ドルで、これが月々の最大の出費でした。そこで暮らした期間全体を通してみると、年間の支出は1万8000〜2万ドルほどでした。

私たちの給料は年々増えていきました。アリは常勤の教師になりました。大不況のせいで私たちの給料は数年間は上がらなかったものの、二人とも修士号を取得したことで昇給し、その後は再び毎年の昇給が始まりました。教壇に立った最後の年には、それぞれ基本給が4万4000ドルでした。二人合わせても6桁に満たないというのは、まだすごいとは言えませんが、私たちはさらに頑張りました。

私たちは教育関連のあらゆる副業を、できるだけたくさんやりました。サタデースクールやサマースクールや部活動での指導、放課後の家庭教師、高校の能力試験の採点、有償のアフタースクール委員など可能な限り何でも、です。

モットーは「あとで楽するために今頑張る」でした。こうした活動を続けることで貯蓄が毎年数万ドル増えましたが、収入が上がっても支出を低く保つことにより、年間4万、5万、6万ドル、さらにそれ以上の貯金をするようになりました。

ネバダ州には州所得税がなく、また教師たちは社会保障費を支払わないため、税金は安く済みました。おかげで教職最後の年だけで8万ドル以上の投資ができました。働いていた8

年間、毎年数万ドルを投資していたおかげで、その期間の投資額は合計65万ドル以上になりました。30歳手前で辞めようと思ったときには、100万ドル以上になっていました。

低賃金で悪名高い公立学校の教師夫妻が、なぜこんなに早くリタイアできたのかと聞かれたら、答えはシンプルです。それは「道」がシンプルだったからです。収入を増やし、支出を減らし、余ったお金を貯蓄し、投資するだけです。

それを毎年コツコツと続けることで、早期リタイアが実現するのです。時には簡単でないこともありますが、シンプルなことは確かです。

19

100万ドル突破

ジェン
アメリカ、オレゴン州ポートランド

自分がなぜ、熱狂的な信者のように倹約と経済的自立に夢中になっていたのか、すぐにはわかりませんでした。ただ、私のこだわりの多くが、父との関係から来ていることはわかりました。

父は2000年の春に47歳で亡くなりました。私は大学を卒業したばかりでした。その後もずっと、父の死は私に重くのしかかっています。今でもまだ、自分の人生のあらゆる出来事を「父の死以前」と「父の死以後」に分けて考えています。

子どものころ、父は保険数理士として独立し、それなりの収入を得ていました。でも、私たち家族はポートランドの労働階級地区に住んでいて、乗っている車も地味でした。友人たちの父親の中で、父はただ一人、スーツを着て仕事をする人でした。

父はあらゆる方法で資産を増やそうとしました。ポートランド一帯で賃貸住宅を購入し、株式市場にも多額の投資をしました。週末には、私と4人の弟妹《きょうだい》を連れて公立図書館に行き、株について調べました。私たち子どもは、本を探しながら本棚の周りをうろうろして待っていました。父は兼業で高校バスケットボールの審判もしていました。

父の倹約っぷりは語り草になるほど徹底的でした。薪ストーブのために、ただで手に入る薪をいつも探していました。土曜の朝に聞こえてくる、トレーラーを車庫から出す音ほど、私たちきょうだいが恐れていたものはありません。なぜなら、その音がした日は一日中、材木探しと薪割りをすることになったからです。

2013年に、夫と私は二人の幼い子どもたちを11年ぶりにパシフィック・ノースウエスト（太平洋岸北西地域）に連れて帰りました。夫とはポートランドで結婚しましたが、給料は平均以下で食事はインスタント・パスタ、デートは1ドル劇場という暮らしを1年間したあとに、新しいチャンスを求めて9・11後のニューヨークにやってきました。

ニューヨークでの給料のおかげで学生ローンはすぐに完済でき、純資産が急激に増えました。この巨大な都市で多額のお金が飛び交うのを目の当たりにし、こんな生活は自分たちには合わないと思いました。お金をちゃんと管理して賢く使いたかったのです。とはいえ、何か方針があったわけでもなく、東海岸での数年間は無目的で行き当たりばったりの貯金を続けました。

シアトルに引っ越したころ、私は資産管理関連のブログを見つけ、たちまち貯蓄率のアップに夢中になりました。私はようやくお金に関するはっきりとした目標を見つけたのです。経済的に自立したくて、すぐにでも始めたい気持ちでした！　何よりも大きかったのは、父とのつながりを持ち続けるきっかけを見つけたことでした。

シアトルの都市部では車は不要なので処分し、自転車と市バスで移動する生活でした。ディスカウント・スーパーのターゲットまで車で買い物に行く代わりに、家の近くにあるリサイクルショップのグッドウィルを利用するようになりました。バイ・ナッシングのグループが近所にあるのを知ると、すっかりそれにはまりました。ご近所さんからタダでものがもらえる！　私は余分なものを人にあげて必要なものをもらうという経済システムと、それができるコミュニティが大好きでした。食料品の賢い買い方ができるようになり、健康的な食事をつくるようにもなりました。肉を使わないメニューは家族にも好評で、そのため低予算メニューが豊富なバジェット・バイツというウェブサイトによくお世話になりました。バイ・ナッシングでいいテントをもらい、家族でオリンピック半島とサンフアン諸島でキャンプをするようになりました。近くの大学では、自閉症の長男に質の高い療育を提供してくれるプログラムを見つけました。これまで民間の機関に払っていたよりもずっと低料金でした。息子が2歳のときに診断を受けて以来、この費用は大きな出費だったのです。

シアトルの経済成長の勢いはまったく衰えず、多くのチャンスが生まれました。市内全域で住宅が不足していたので、私はタウンハウスの1階の3分の1を留学生や夏期にはインターン生に貸し出して、新たな収入源としました。また、地元の小学校の放課後クラスで理系教科を教えるという、実入りのいい副業も始めました。生徒のほとんどはアマゾン社のソフトウェア・プログラマーの子どもで、親は授業料に無頓着でした。おかげで高い料金設定をすることができ、その分、ハイテク業界の親のもとに生まれるほどの運がなかった学生たちに、十分な奨学金を提供することができました。

夫と子どもたちは、この新しい徹底した倹約生活にどう慣れていったのでしょうか。**まだかなり幼かった子どもたちは気づいていませんでした。**着ている服が新品か中古かなんて気にしませんでした。はっきり言って今も気にしていません。ハロウィーンのコスチューム制作から友人や家族に贈るバースデーカードづくりまで、私の手づくり作戦をおもしろがって手伝ってくれました。現在17歳になる息子は、私が手づくりのシナモンロールを用意し、近くの湖の周りで息子と友だちのために宝探しゲームを企画した年の誕生日が、いちばんのお気に入りだったと今でも言っています。パーティー全体で20ドル以上は使っていなかったと思います。倹約は創造性を育み、楽しく親密な思い出をもたらしてくれるのです。

夫はしぶしぶながらも、倹約生活へと舵《かじ》を切る私につき合ってくれました。彼はジャーナリストとしてのキャリアばかりに時間を取られていたので、私に協力しなければという義務感があったのだと思います。文句も言わずに弁当をカバンに詰めて出勤し、副業で大学の非常勤講師をしてジャーナリズムの講義を受け持ったこともありました。

2016年初めのある日、私はさり気なくノートパソコンから顔を上げ、「バンガードの金額を確認したら、金融口座（不動産以外の資産）の残高が100万ドルを超えていた」と告げました。ついに夫の注意を引くことに成功したようで、彼は信じられないといった顔で私の表計算シートを1時間以上見つめていました。

100万ドルは以前ほど価値がありませんが、夫がイースト・ロサンゼルスの貧しい移民として子ども時代を過ごし、ゴミ収集人だった父親が食費のために給料を前借りしていたことを思うと、こんな大金を手にするなんて彼には想像を絶するほどの出来事でした。

私たちは現在、ポートランドに戻って暮らしています。書類上は経済的に自立しています。リタイアはしていませんが、自分たちの選んだ生活に合わせて有給の仕事を取り入れています。パンデミックのとき、私はパートタイムに切り替えて、特別な支援が必要な長男の通信教育を手伝いました。副業を引き受けない時期を定期的に設けて、10代の息子たちと過ごしたり、ボランティア活動をしたりする時間を優先しています。時々、私たちが築いたこの経済生活を、父は誇らしく思うだろうかと考えたりします。たぶんきっと、思ってくれるんじゃないでしょうか。

これは、高い貯蓄率が私たちにくれたプレゼントのほんの一部です。残りのプレゼントを開けるのが待ち切れません。

20

運命の質問

マーク・E

アメリカ、カリフォルニア州マウンテンビュー

あれは、私が何年間か新聞配達少年をしていたときのことです。私は当時11歳で、5000ドルほど貯金していました。父は英語の教師で、母は専業主婦でした。両親は1969年に結婚して以来、お金に苦労していました。ある日、父は私のところに来てポツリと尋ねま

した。「生活費に必要だから、貯金を全部貸してもらえないか？」

父は当時の金利と同じ13％の利息をつけて返すと言いました。嫌とは言えなかったし、利息分が稼げるのもいいと思いました。

だから、わかったと返事をしました。

最終的に、父は予定どおりに全額を返してくれましたが、この出来事は子どもの私にとって、忘れられない教訓となりました。自分がすでにお金については自立していると知ったのです。

この気づきは私を奮い立たせ、ついにジェイエルの「シンプルな道」に出会ったときに力を発揮しました。

私は常に貯蓄していました。

大学卒業後、サンフランシスコのベイエリアに引っ越しました。そして妻と同じくテクノロジー企業に就職しました。住宅費を最小限に抑えるかゼロにすることができれば、これまで以上に貯蓄できることに気づきました。

2年間暮らしたタウンハウスを皮切りに、金利の低下に合わせて6回借り換えました。息子が生まれるころには別の家に引っ越し、タウンハウスは賃貸にしていました。その新しい家に10年住んだあと、当座預金口座には100万ドルが貯まっていました。

不動産以外にお金をどう使ったらいいのか、見当もつきませんでした。株式市場は私にとってはカジノのように思えました。それで2014年にもう1軒家を購入し、今もそこに住んでいます。

2020年に、私は解雇されました。

幸いなことに、2010年以降、私は貯蓄するだけでなく本格的に経済的自立への道を歩んでいました。さらに私は妻を説得して、貯蓄率を収入の85％にまで増やしました（二人の会社のポジションをもとに決定）。そして、トータル債券市場インデックスに15％、トータル米国株式市場インデックスに85％を組み入れました。

解雇されたとき、私たちは経済的に自立しているという確信がありました。

これまでの貯蓄率を振り返ってみると、キャリアの全期間にわたって平均で約40％の貯蓄があったと考えられます。思ったより早く、48歳でリタイアしました。私の純資産は3分の2が不動産、3分の1が株式と債券です。私たちはリタイア後の生活へと見事に移行したのです。

今も子どもたちといっしょに暮らしていて、みんなであちこち旅行しています。さらに、ほかの人たちの資産管理の相談を無料で引き受けたりもしています。

21

収入の80％を貯蓄できるか

CL・ロビンソン
アメリカ、ノースカロライナ州

大学時代に、たまたま雑誌で、かの有名なミュージシャン、チャック・ベリーのインタビュー記事を読みました。彼は収入の80％を貯蓄に回す生活をずっと続けている、有名になる前に大工として働いていたときもそうだった、と話していました。

すごいと思いました。こんなに貯蓄している人がいるなんて初めて知りました。でも当時は大学生だったので、貯蓄どころか余るお金もありませんでした。そんなわけで、「貯蓄」という考えは頭の片隅にしまっておくだけにしました。

大学を卒業してエンジニアとして働き始めると、毎月の総収入の約8％を貯められるようになりました。当時、私は生活費のほかに学生ローン、車のローン、クレジットカードの借金があり、あまり余裕がなかったので、8％の貯金が精一杯でした。でも数年間働いて、クレジットカードと車のローンを完済し、貯蓄率を20％近くまで上げることができました。

そのとき、チャック・ペリーのインタビューを思い出しました。金銭的な状況はよくなっているものの、80％の貯蓄なんて達成できないと思いましたが、あきらめ切れませんでした。**ほかの人に収入の80％の貯蓄ができるなら、私にだって20％以上はできるはずだ、と。**結局、50％を目標に定めました。貯めたお金の具体的な使いみちは思いつきませんでしたが、できるだけ貯蓄するという考え方は好きでした。それに50％という数字はキリもいいし、目標としてぴったりの数字に思えました。どうすればいいのかも、まったくわからなかったのですが、何だか達成可能に思えたのです。

ちょうどそのころ、会社で３％の昇給がありました。しばらくそこで働いている同僚と話すうちに、毎年３％程度は昇給がありそうだとわかりました。もうちょっと多いときもあるようで、いずれにしても、たいてい３％は下らないということでした。そのときです。重要なことに気づいたのは。もし支出を一定に保ち、貯蓄率を年に３ポイント（または３ポイント強）上げることができれば、貯蓄率を20％から（およそ）10年以内に50％に上げることができます（正確には年３％の昇給で17年かかりますが、３％より少し多い年もあるので、その場合は多めに貯蓄できます）。

つまり、毎年のわずかな昇給を、ライフスタイルを豊かにするために使うのではなく貯蓄に回すだけで、10年以内に目標を達成できるということです。

このことに気づいた私は計画を立てました。とにかく10年間は出費を一定に保つ必要がありました。どうしたらいいかわからなかったので、出費を減らせそうなものがないか探し、借りていたアパートを引き払って安い小さなマンションを買うことにしました。住宅ローンの支払いは一定額で、マンションの維持費もそれほどかからないため、住宅費を一定に保つことができました。

車を買い替えたときは、新車ではなく4年落ちの車を選んだので、交通費を安く抑えられました。マンションが職場から車で5分のところにあったおかげで、通勤にもあまりお金がかからず助かりました（今思えば、少なくとも夏の間は自転車通勤すべきでした）。

最後にもうひとつ、私の趣味や好みにあまりお金がかからなかったことも幸いでした。サイクリング、読書、ギターを楽しんでいますが、どれもとても安く済むものばかりです。それに、おしゃれな服を着たり、高級レストランで食事をしたり、贅沢な休暇を過ごすことにもあまり興味がありませんでした。なぜか魅力を感じなかったんです。

私はただ働き、そして毎年の昇給分を貯蓄と退職口座（401（k）とロスIRA）に振り分けてきました。昇給率が3％を超える年もあったので、最終的には10年ではなく8年ほどで貯蓄率50％の目標を達成しました。

それから数年経った今、目標を達成したあとなので少し生活の質を上げて、マイホームと3年落ちの車を購入しました。**現在、私の貯蓄率は総収入の約64％です。**80％を目指すこともできますが、その必要はないかなと思っています。最初の数年間に出費を抑え、積極的に貯蓄に励んだおかげで、経済的自立への旅に必要となる大きな勢いがつきました。

22 学生流コスト管理

フルーガル・スチューデント
アメリカ、オハイオ州
froogalstoodent.blogspot.com

気温8度、冬の厳しい風が吹く中を毎日徒歩で通勤していると、みんなに驚かれます。大学4年間を携帯電話なしで過ごしていると、みんな本当にびっくりします。

さらに、年収1万2500ドルで借金もしないで生活していると言うと、みんな「信じられない」という顔をします!

だけど、あなたにだってできます——クーポンを集めるような極端な節約家じゃなくても。優先順位をはっきりさせて、経済面でのゴールを遠ざけないような習慣を確立すればいいのです。

博士課程に入学が決まったとき、将来、あまりたくさん稼げないことはわかっていたので、できるだけ出費を抑える必要がありました。

まずは家賃です。街でいちばん安いアパートを見つけました。実際には三つの候補があって、その中でいちばん気に入ったところが、たまたまいちばん安い物件でした。小さくて断熱性もいまいちでしたが、自分一人なら暮らせる広さで、荷物も全部収納できて、部屋もかなりまともな状態でした。

そこはワンルームのアパートで、居間、寝室、キッチンがすべてひとつのスペース（4×4メートル）にあり、狭いウォークインクローゼットと浴室（収納棚を含めて2・4×2メートル）がありました。

部屋にはもともと備えつけのベッド、冷蔵庫、ガスレンジ、キッチンテーブルと椅子があり、窓には夏用のエアコンが取りつけられていました。家賃は当初月365ドルだったのですが、のちに385ドルに上がりました。

友人や同僚のほとんどはもっといいアパートに住んでいましたが、私は家賃をできるだけ抑えたいと思っていました。住む場所は必要でしたが、広さは求めていませんでした。

ただしこの家賃は、全体的に物価の安い、どちらかというと地方寄りの大学街のものだったので、ニューヨーク、ボストン、アトランタ、ロサンゼルスといった大都市だったら、家賃は少なくともその3倍だったでしょう！　もしあなたが大都市に住んでいるなら、当時の私よりは稼げていますように。

次に電話です。大学院に進むために州外に引っ越すまで、私は携帯電話を持ったことがありませんでした。どうしてそれでやっていけるのか、とみんなしきりに驚いていましたが、何しろ持ったことがなかったので、なくても困りませんでした。ただ、博士課程に通うために家を離れるので、友人や家族と簡単に連絡が取れるようにするため、必要だからではなく、持ちたかったので入手しました。月額35ドルのプリペイド式のスマートフォンを選びました。テキストとデータの通信量が無制限で、300分の通話ができるなら、妥当な料金だと思ったのです。ほかの人は、同じことをするのにもっと高いお金を払っていました。

食料品については、街にはディスカウントストアのアルディやビッグ・ロッツのほか、1ドルショップもありました。果物、野菜、パスタ、グラノーラ・バー、パン、シリアル、牛乳、加工肉など必要なものはほぼすべて、この三つの店で低価格で買うことができました。クローガーも時々利用していて、特にアルディで手に入らないものはそこで買いました。食費は週に25ドルから35ドルでした。

繰り返しますが、私の住んでいたところは物価が安い地域でした。ただ、物価の高い地域にいるとしても、原則は変わりません。**有名ブランドに高いお金を払わず、必要な食品を最低価格で買っていましたが、ほとんどの場合、味は高価な有名ブランドのものと変わりませんでした。**

狭いアパート暮らしの学生だったので、洗濯機も乾燥機も当然ありませんでしたが、洗濯は必要でした。洗濯1回につき1・5ドル、乾燥機は7・5分使うと0・25ドルで（そう、

7・5分と秒割りです）、月に約10ドルの洗濯代でやりくりしました。

また、低所得だったため、健康保険で大幅な割引を受けることができました。高額免責型のプランに加入していましたが、控除免責金額をカバーできるだけの貯蓄が常にあったので問題ありませんでした。

健康保険料は毎月20ドル以下でした。20代の健康体で、早発性疾患の家族歴もほぼなかったため、保険会社が私にわずかでも保険給付することになるリスクはとても低かったのです（結局、支払われる機会はありませんでした）。なので、毎月の請求額ができるだけ低くなるよう高額控除プランを利用したのです。

さて、ここまでの出費の想定金額をすべて合計するとどうなるでしょう。家賃が月365ドル、電話代が月35ドル、食費が多い月でも120ドル、健康保険料が月20ドル、洗濯代が月10ドルです。これに、毎学期数百ドルの学費が加わります。月額で言えば平均100ドルです。

すると、総支出は月750ドル程度、年間9000ドルになります。

そう。**私は年間1万2500ドルの大学院生の給料で暮らせていたのです**。しかも、借金はゼロでした。

23

余分な出費もあるけれど

ティナ・プラムリー
アメリカ、アイダホ州メリディアン

早期リタイアを目指して支出を記録し始めた当初、私の関心は明らかに「どの支出を減らせるか」を見つけることでした。**「余分」と思われるもの（娯楽、外食、アルコール、ヘルスケア関係、ほしいけど実際にはまず必要のないガラクタなど）は、必要不可欠な支出とは分けて考えました。**

このおかげで、無駄な出費をしそうになったら、すぐに気づくことができました。とはいえ、余分なものにお金を使ってハッピーな気分になることもあったので、それらの出費の総額を減らしたり、ゼロにすることだけに集中するのは正しくないと思いました。

そこで、余分な出費の金額も含められるよう、別枠を設けました。

その際、お金を使うときにどんなことを考えているのか、どんな気持ちなのかに注意を払いました。そしてそれを以下のような数値に変換しました。

1＝持つべきでないもの
2＝義務感から使うもの
3＝意識的に使うもの
4＝人間関係のために必要なもの
5＝ヘルスケア関係のもの
9＝新しい体験のためのもの
10＝ハッピーなこと！

私は重点的に1と2に使う金額の割合を減らすこと、9と10に使うときの罪悪感を取り除くことにしました。

私にとって冒険や新しい体験は大事なことで、そのためには喜んでお金を使いたいと思っています。**一方、義務感からの出費には悩まされています。**誕生日プレゼントはたぶん「あげるのが普通」だからとか、前にランチをおごってくれた人に今度はこっちがおごらなきゃいけないからとか、そういう類いのものです。必要だろうからやっているのであって、心からやりたいと思っているわけではありません。2についての悩みは、こうした感情と出費の関係に意識を向けることで和らいでいます。

私にとっての最大のハードルは、3、4、5の出費について必ず徹底して検討してみるという作業です。この支出はどこにどう記録するべきかと予め考えるようになったことで、本当にお金を使うかどうかなどを決めやすくなりました。

今でも使うべきではないお金を使ったり、義務感からお金を使ったりすることはありますが、**そういったお金の使い方をしたときの気持ちを想像できるようになるにつれ、全体的な支出は減っています。**使ったお金を記録するようになってから、余分な支出は60%ほど減りました。

24

予算の「留め金」を見つけよう

マイケル・ヒー
アメリカ、カリフォルニア州ロサンゼルス
michaelhe.me

高校を卒業するとき、私は母とじっくり話をしました。母は私が不自由なく教育を受けられるよう何年も懸命に働き、それまで貯めてきたお金をすべて使い切りました。だから、私の大学の学費を工面するために、母が持っているものを何もかも手放すという事態は避けたいと思いました。それで、奨学金と学資援助がいちばん充実した大学を選びました。その後、奨学金が切れたあとの学費を賄うために、ワークスタディーを最大限に活用しました。それを4年間続け（特にパンデミックの時期にはアルバイトをいくつも掛け持ちしました）、そこから四つの貴重な教訓を得ました。

ひとつ目は、貯蓄をするのに早すぎるということはない、ということです。私は若いですけど、それでも初めての給料をもらってすぐにロスIRA口座を開かなかったことを後悔しました。ポイントは、負担にならない金額に設定して、自動引き落としにすることです。

ふたつ目は、出費をとことん切り詰めた暮らしは痛みを伴う、ということです。経済的に自立するために修行僧のような生活を送れる人はほとんどいないし、私もできません。私は（古）本やK－POPのアルバム（見事なコレクターズアイテム）、おいしい食事を人にごちそうすることにたくさんお金を使ってきたので、超倹約家の人たちは眉をひそめるでしょう。

でも、そういうことで私は幸せを感じるし、努力している自分へのごほうびだと思っています。購入ボタンをクリックする一瞬のスリルに終わらず、もっと長く続く喜びをもたらすものは何なのか、じっくり考えて、そして自分に正直になるしかありません。こうすることで予算に対し、状況に合わせて伸縮可能な「留め金」をつけることができ、たとえ昇進で収入が徐々に増えても、必要な予算が大幅に変化することはなくなります。

三つ目は、複利運用で時間を味方につけることです。

最後の四つ目は、クレジットカードに惑わされて使いすぎないことです。現金ベースで生活費のやりくりができないなら、信用取引なんて手に負えないんじゃないでしょうか。

25 海外での貯蓄をさらに強化

ジョアナ&トニー・キャロラ（ミートキャロラス）
ポルトガル
www.youtube.com/meetcarolas

私たちは大学で知り合ったポルトガル人のカップルです。お互いの性格はまったく違いますが、お金を節約することへの情熱と、お得な買い物をするときのワクワク感を常に分かち合ってきました。

大学卒業後に、私たちは思い切って海外で就職することにしました。そこでベルギーに移り住み、収入の60%程度を貯蓄しながら、身の丈に合った生活を続けました。

当時のベルギーには、すばらしい労働法がありました。5年働けば、雇用主に長期有給休暇を申請することができたのです。理由などは聞かれませんし、しかも月に700ドル支給されました。

この規則を知ったとき、大当たりだと思いました。私たちにぴったりだったからです。「蜜月旅行」どころか「蜜年旅行」だって楽しめます。さらに、この労働法のいちばんおいしいところは、復帰した社員を雇用主が解雇できないという点でした。仕事が待ってくれているのです。

そこで私たちは荷物をまとめ、東南アジア、ニュージーランド、南米を365日間バックパック旅行しました。知らず知らずのうちに、私たちは今でいう「プチ・リタイア」をしていたのです。

友人や家族からは、「キャリアへと向かって走る列車から30代で転げ落ちるのではないか」と聞かれました。それに対しては「新幹線に乗っているので!」と答えました。まさにそのとおりだったのです。

旅もそろそろ終わりというころ、私たちは旅の終着点をアメリカのサンノゼに決めました。雇用主がそこにオフィスを構えていたので、そこを訪ねて猛烈に人脈づくりをしました。アメリカで暮らし、アメリカで働き、野心家や起業家のアメリカ人らと肩を並べることを二人でずっと夢見ていたので、これはチャンスでした。

私たちはすでに結婚していたため、どちらかが仕事のオファーを受け、駐在員ビザを発行されれば、もう一人は自動的に駐在員家族のビザをもらえました。結局、二人ともアメリカで仕事に就いたため、収入はベルギーにいたときに比べて50%増えました。私たちは消費主義に屈することなく、貯蓄というスーパーパワーを持ち続け、今では貯蓄率70%です。

それから5年後に家を購入し、そのローンを完済し、それでも給料の70％を貯蓄に回していました。ところが、大きな盲点があったのです。

家の購入はうまくいったのですが、それ以外の投資については、二人とも目も当てられない状態でした。

私たちの欠点は、極端な保守主義と、短期間で収益を上げたがる傾向の両方を持ち合わせていたことでした。これにはストレスを感じました。**貯蓄はとても上手だったのに、お金を増やすのは苦手だったのです。**

経済的自立ムーブメントについて耳にするようになったのは、このころです。そのムーブメントに頭から飛び込んで、目についたものはすべて調べたり読んだりしました。

そしてついに、ジェイエルの「シンプルな道」を本格的に歩み始めました。偶然にも、私たちはそれに並行するようにして、道の随分先まですでに進んでいました。

私たちは会社で利用できるメガＩＲＡの乗り換え戦略であるバックドアによって、４０１（ｋ）への拠出の遅れを取り戻すことができました。また、会社のマッチング拠出を得るために年間４％しか積み立てていませんでしたが、シンプルで低コストのＥＴＦに投資することで、全部で約10万ドルまで積み立てられるようになりました。

一方、子どもが生まれ、家族のいないアメリカでパンデミックを経験した今、私たちはジオアービトラージ（物価が安い国に行く）を再び活用し、ポルトガルに戻るときが来たと判断しました。

経済的自立の達成値に到達したらすぐにアメリカに戻って、物価の安い地域で暮らすつもりです。お金の使いみちが広がり、子育てに必要な質が高くてゆったりした生活を手に入れられる場所で生活したいと思っています。

26 州をまたいで、すべてが叶った

ブレイドン&ローラ・ラーソン
アメリカ、アリゾナ州キングマン

私たちは2014年に結婚しました。ブレイドンは薬学部の卒業まであと1年半で、私はネバダ州のラスベガスで結婚式のカメラマンをしていました。彼の卒業が近づくにつれ、24万4000ドルの学生ローンのことが私たちの頭をよぎりました。そんなとき、ブレイドンはある製薬会社から仕事のオファーを受けました。

給料は期待したほどの額ではありませんでしたが、家族が近くにいて快適なラスベガスを去る必要がなかったので、彼はその仕事を受けました。数日後、同じ会社がアリゾナ州の埃

っぽい小さな町（人口3万人）に求人広告を出しました。

入社時に3万ドルのボーナスがつき、年収はそれまでより2万6000ドル上がります。私たちはチャンスをつかむことにし、家を売り、家族のもとを離れて、一家の大黒柱の役割を交代しました。夫が薬局長としてフルタイムで働く間、私は専業主婦になったのです。

二人とも経済的自由を求めていました。そして、このときに払った犠牲のおかげで、経済的に自立したいという私たちのあこがれがすぐに実現可能なものへと変わり始めました。ベガスの家を売ったあと、学生ローンのうち10万ドルを返済しました。その後、ローンの金利を上限7％から3％に変更し、2018年4月に完済しました。

ジェイエルの「シンプルな道」に出会ったのは、そのころです。ようやく株式市場についてはっきり理解できました。すぐに新しいバンガード（資産運用会社）の口座に一括して入金し、今でも毎月自動積み立てを続けています。

その何年も前に、友人が株式市場への投資を勧めてくれたことがあります。彼は時間をかけて詳しく説明してくれましたが、私には理解できなかったので、投資はしませんでした。もちろん、今はもっと早くからやっておけばよかったと思っています。ただ、何がわからないのかがわからなかったのです。

バンガード口座を開設して数カ月後、私たちは同じ町に初めてのマイホームを購入しました。年収以下の金額でした。家族6人は130平方メートルもない敷地で快適に暮らしています。**物価の安いこの町で、身分相応の生活を送れることに大きな喜びを感じています。**

現在は、401(k)とVTSAXへ大口の定期積み立てを最大にして(「道」を進み始めてわずか3年)、借金が完全にゼロになり、「いつだって会社を辞められるお金」を手に入れました。子どもたちが独立しないうちにもっといっしょに時間を過ごせるよう、長期休暇を取得できるくらい十分なお金です。

これらがすべて、家庭を築き、ほしいだけ子どもをもうけても実現できました。子どもは4人で、2015年、2016年、2019年、2020年生まれです。**これ以上家族を増やすことはないでしょうが、もし増やすとしても、私たちの経済的自立への旅には少しも影響しないと思います。**

27 柔軟性が肝心

ブルーノ・ボンテンピ
イタリア

白の死装束をまとい蘭の花に囲まれたガネーシュは、大ホールの反対側の端に横たわっていました。私は生前の彼には会ったことがありませんでした。

私の妻はイタリアン・ママズ・クラブの誇りあるメンバーで、娘たちは公園でいっしょに遊んだことがありました。クラブでは祝日や誕生日に親睦会を開いていましたが、ガネーシュはもっぱらビジネス関連のことに専念していたので、私は彼の存在をほとんど知りませんでした。

ガネーシュは尊敬されるソフトウェア開発幹部として、究極のアメリカン・ドリームとされるシリコンバレー・ドリームを体現したような存在でした。彼の目的は、社会で認められることや自分と家族の経済的安定だけではありませんでした。彼を本当に突き動かしたのは、市場を変えるようなユニークなアイデアを追求し、過去にいっしょにいい仕事をした仲間たちとの結束の強いチームワークによって、大人気のアプリケーションを開発することでした。聖歌が大きくなり、ガネーシュがホールから運び出されると、私はガネーシュに別れを告げました。

37歳のとき、私は果たせなかった夢とともにシリコンバレーをいつでも離れる覚悟ができていました。**家族と過ごす時間を増やし、妻との絆を深め、子どもたちの成長を見守り、子どもたちといっしょにバラの香りを嗅ぎたかったのです。**

そして何よりも重要だったのは、手遅れになる前に自分の命を守りたい、と思ったことでした。あとになって、ガネーシュの最後の頼みごとが何だったかを教えてもらったのです。そのとき彼は心臓発作で病院の救急治療室に運ばれている途中でした。彼は医師や看護師に、命を助けて、と懇願したそうです。「死ねないんです、娘たちが学校に上がったばかりなんです」

カリフォルニアで6回の春を経験した身としては、イタリアの春は耐えられないほど退屈でした。チューリップはどこにも咲いておらず、ポピーは赤一色で、通りは木々から落ちる白い綿毛で覆われていました。何よりも、さまざまな母国と文化を持つ人々のコミュニティを恋しく思いました。

しかし、ここで向き合った困難は興味深いものでした。フルタイムのボランティア――将来はこれが私の肩書になるかも――として、私はボローニャ近郊の丘陵地帯にある廃墟同然の建物を改装して、里親の家にする計画の責任者になったのです。最大6人の子どもたちが暮らせる家です。この仕事には、地域の福祉サービスとの日常的なやり取りや、心理学者や教育者のチーム全体との頻繁な相談業務が含まれました。

ソフトウェア開発者のときの私は、常に組織図のいちばん下にいる一般社員でしたが、今ではコスト管理を任されていました。家族の反応は軽蔑に近いものでしたが、私は自分自身を誇りに思いました。収入はゼロだとしても、適切に会計処理をして正当化されれば、家計の支出も一部経費として認められていました。

私が胸を躍らせたいちばんの理由は、人という存在がもたらす影響の大きさを改めて実感したからです。私は常に人々と接し、彼らのニーズに応えています。これに勝るものがあるでしょうか。

この10年間は、約20人の子どもたちがトラウマから立ち直るのを支え、そして所属する組織の成長に貢献できた、実に有意義な日々でした。家から働きに出るよりもはるかにやりがいがあり、意味のある活動でした。これこそ、私にとっての本当の意味での家でした。

今世紀に入ったころから、私はかなり熱心に、経済的な自立に関する情報をひたすら集めています。当初は掲示板が中心でしたが、やがて人気のウェブサイトが登場するようになり、そこでは主に、家計費を記録し、経済的自立に必要な最低純資産を算出する方法が提案されていました。あとはもう、できるだけ多くの収入を貯蓄し、その大部分を投資できるかどうかの問題でした。

自分がそれを実行したことはありません。私は手ごろな値段で高等教育が受けられるイタリアで教育を受け、給料と生活費がはるかに高いアメリカで資産のほとんどを築きました。**つまり、ジオアービトラージという言葉が生まれるずっと前から、それに取り組んでいたのです**。早期リタイアを思い描いていたときも、生活費の安い国へ移住するつもりでした。

一方、貯蓄と投資の額は収入のわずか30%でした。経済的自立の基準からすると何ともお粗末な数字です。そこで私は定期的に自分の純資産を見直し、いったい世界のどこでならそのお金でリタイアが可能かを調べました。シリコンバレーのハイテク企業で数年働き、その倍くらいの期間を収入ゼロ、支出ゼロで配当金再投資によって暮らしたあと、フィリピンでなら無理なくリタイアできることがわかりました。

そして、そのとおりに実践しました。もし純資産が大幅に増えたら、ヨーロッパのどこかの国に戻るかもしれません。もしこの先もずっと減っていくのであれば、現在の生活水準を下げる用意は十二分にあります。将来、悲惨な状況にならないように、引き出し率は標準的な4%よりもかなり低くしています。人生何事もそうですが、柔軟性が肝心です。**海の状態をコントロールすることはできませんが、舵を取ることはできるのです。**

28 富への追い越し車線

ノマディッチ
メキシコ

私のお金の扱い方は母から受け継いだものです。クレジットカードの支払いを翌月以降に決して持ち越さない、自分が持っている額以上の借金をしない、収入内で最大限に楽しめるよう常に努力する、などです。

働き始めた当初はそれでうまくいきましたが、私が失業したときは、夫婦で出費を大幅にカットしたり、支出をもっと抑えるためにジオアービトラージを取り入れなければなりませんでした。のちに二人ともスキルアップし、もっといい仕事に就いたので、物価の高いところに再び引っ越しました。生活費を抑える方法を探しているうちに（シリコンバレーでは困難）、ついに経済的自立という考え方に出会いました。

VTSAXは「シンプルな道」ですが、ジオアービトラージはそれを追い越し車線に変えます。オースティンに引っ越して、再びジオアービトラージをしました。貯蓄と予算管理のおかげでパンデミックに対する備えは万全でしたし、健康問題やロックダウンが重なって両親が職を失った際にも、彼らの面倒を見ることができました。

その後、妻は自分が起業した会社を売却して給料の2年分を手に入れ、さらに買収元の会社で高給職に就くことになりました。彼女がアクセルを緩めることなく直進していけば、20年後にはフォーチュン500に選ばれる企業のCEOになっていると思います。

買収される前に妻といっしょに働いていた仲間たちの多くは、手にしたお金で家を買ったり、不要なものに投資したりしていました。私たちは「VTSAXしてゆっくり過ごす」ことに決めました。

もう仕事の夢は見ません。最後の株式報酬が支給されたら、33歳でリタイアしようと考えています。今いる場所か、ラテンアメリカに数多くあるすばらしい都市でなら、今の貯蓄があれば十分に4％ルールでも生活していけます。もし子どもができたら、私がメインで子育てすることになります。妻が私といっしょにリタイアしたいと望めば、いつでも故郷に戻ることもできるし、仕事を辞めたあとの行き先を決めて、いっしょにゴールまで走っていくこともできます。

29 ゴールを引き寄せる

ジョン＆サラ・グラフトン
アメリカ、オハイオ州デイトン

シリコンバレーでの生活は、私たちが富へと続く道に踏み出すきっかけとなり、生活レベルを上げないようにしたことが、私たちの旅のあと押しとなりました。**でも最終的には、私たちをゴールまで導いてくれたのはジオアービトラージでした。**

私たちは生粋の中西部っ子で、２０１２年に移り住んだシリコンバレーは、初めて暮らした物価が驚くほど高い地域でした。特に住宅価格が高かったので、最初はアパート、次に小さな家を借りました。犬2匹が飼える賃貸物件を探すのは大変でしたが、家（またはコンドミニアム）を買う気にはなりませんでした。その大きな理由は、経済的自立とジェイエルの「シンプルな道」のことを知っていたからです。

2014年末に私たちは、愛着のある賃貸の住まいが改装され、分譲されると知りました。買うという選択肢もありましたが、見送りました。改装すれば家は広くなり、家賃も上がることになったでしょう。そこで、買う代わりに近くに別の賃貸物件を見つけました。

およそ2年ごとに新しい住居を探さなければならないのはストレスでしたが、長い目で見れば得でした。二人のストレスが高まるたびに、妻のサラはオハイオ州デイトン周辺の不動産を調べました。そこは私たち二人が育ち、今でも毎年家族に会いに行く町です。

夫のジョンは技術職のためにシリコンバレーに住んでおり、サラは教育関係の仕事をしていました。技術系の仕事には株価の下落とボーナスがつきものですが、教育関係者は住宅費上昇による圧迫を感じていました。私たちはカリフォルニアのふたつの顔を知ることとなったのです。ジョンは毎年秋になると、同僚がボーナスで新車やボートを買ったという話を家でよく語りました。**大手ハイテク企業で働くには有利な時代でしたが、私たちは生活の水準が上がらないよう努力し、代わりにＶＴＳＡＸに投資しました。**

生活を切り詰めている感じはしませんでした。相変わらずベイエリアを歩き回ったり、新しいレストランを試したりして楽しんでいました。ジョンは毎日の通勤を快適にするため、電気自動車の代わりに電動自転車を買いました。自転車に乗るおかげで健康状態がよくなり、交通渋滞や混雑した地域での駐車に悩まされることもなくなりました。2017年に二人目の子どもが生まれたとき、私たちはお気に入りの地域に少し大きめの家を借りました。

多くの人々と同様、私たちの生活も2020年3月のパンデミックによって一変しました。すぐに在宅勤務に切り替わり、子どもも学校の授業をリモートで受けるようになりました。いちばん下の子は当時まだ2歳で、保育園は閉鎖されていました。夫婦でそれぞれのリモートによるフルタイムの仕事を両立させながら下の子の世話をし、上の子がちゃんとオンラインで授業を受けるよう努めました。いちばん苦労したのは、この困難な時期に実家から離れて暮らしていたことです。私たちはカリフォルニアでの数年間で、幸運にも富を築き、状況に柔軟に適応できる力が身についたのだと気づきました――経済的自立とまではいかなくても。

経済的自立はオハイオに戻ることによって実現しました。2020年5月末にデイトン近郊に家を購入したのです。住宅費が大幅に安くなったことで、ようやく経済的自立を果たすことができ、しかも家族の近くで暮らせるようになりました。

その後、友人を訪ねてカリフォルニアに戻りましたが、自分たちの決断は正しかったと思っています。柔軟に、自由に動けることに勝るものはありません。ジオアービトラージのおかげで、ついにそのふたつを完全に手に入れることができたのです。

贅沢すぎるライフスタイル

PART 4

Lifestyle Inflation

投資家の父の見解
JL's View

盗賊がいる！

「シンプルな道」をここまで進んできたあなた。借金もなく、貯蓄もできている。そこへ突然、森から盗賊が現れる。あなたの旅をしつこく邪魔しようとたくらむ盗賊で、場合によってはあなたが「道」に出会う前からまとわりつき、あなたを「道」から遠ざけようとあらゆる手を尽くしていたかもしれない。**その覆面の下に隠されているのは「ライフスタイルのインフレ」[13]という顔だ。**

多くの人とは違った生き方

私がこの「道」を歩み始めたころ、同じことをしている人は、ほかにも必ずいたと思う。しかし、当時はそういう人たちとつながる方法がなかった。普段の生活の中で、私のような考え方をする知り合いは一人もいなかった。**私が収入の50%を貯蓄し、投資していることとは誰も知らなかった。**そのことを口にしなかったからである。ほかの人たちがやっていることと、あまりにもかけ離れているという自覚があった。しかし、私が少し変わった生き方をしていることに気づく人もいた。

大学卒業後の10年間を私はシカゴで暮らしたが、住まいは田舎じみた地域にあった。都会のおしゃれなエリアに住んでいた友人たちは、時々私をからかった。「いつこっちに出てくるつもりだい？」

しかし、彼らが住むアパートは家賃が高く、私のアパートは安かった。それに外観もおしゃれじゃなかったが、隣近所にはそれなりの風情があった。

私はライフスタイルのインフレを起こさなかったわけではない。**それよりも、自分がコントロールできる範囲で生活レベルをアップさせたのだ。**収入と投資に充てるべき額が増えるにつれ、生活費となる残りの50％の額も増えていった。

妻は最初から乗り気だった。結婚後、キャリアアップに合わせて、まずオハイオ州、次にニューハンプシャー州に引っ越した。その間に家と車を購入したが、同世代の人たちとは違って、いちばん大きい家や最高級の車が必要だとは思わなかった。そのお金で買えるもっと魅力的なものがあったからだ。「経済的な自由」である。

年収80万ドルだけではやっていけない

１９９０年代初めのある年のクリスマス直前のこと、私はシカゴで友人のケンといっしょにランチをした。彼は金融業界に勤めていた。この業界では年に一度のボーナスが収入の大きな部分を占める。ケンはちょうど80万ドルのボーナスを支給されたばかりだった。90年代の初めに、これは実にかなりの金額だった。

ランチで何を話したかって？ **年間80万ドルではいかに生活が回らないか、という話をしたのである。**

これを読んでいるほとんどの人は、なんてふざけた話だと思うだろう。「80万ドルを1年か2年もらえたら、それで十分じゃないか」と思うはずだ。私も同感である。

しかし、ケンが築き上げたライフスタイル（数件の家と高級車、私立学校、海外旅行）について話を聞いていると、彼が何も間違ったことを言っているわけではないことに気づく。80万ドルでは足りないのは本当だった。**だからやり方を変えない限り、ケンは莫大《ばくだい》な収入があるにもかかわらず、経済的な自立を決して実現できないと思われた。**彼は金メッキの檻《おり》をつくり上げていたのだった。

一方、パート3の冒頭に登場した私の高校時代の友人は、年収4万ドルを超えることはなかったが、経済的な自立を達成した。大きな収入は助けになるが、肝心なのは何を残しておくかである。

最大の難関

このようなライフスタイルのインフレは、早いうちから意識して（そしてコントロールして）いれば、比較的簡単に避けられる。ところが、人生の後半に入ってから「シンプルな道」にたどり着いた人にとって、これは唯一にして最大の難関となり得る。**そういう人たちはケンと同じように、自分の収入で手に入る最大限に贅沢なライフスタイルのためにお金を使い、それをさらに拡大するために借金をするというごく普通の道をたどってきた場合が多い。**彼らの配偶者や子どもたちが、今や無意味だと感じながらも、その生活に慣れてしまっているケースも非常に多い。自分たちが築き上げたものを解体すること、つまりもっと自由に「道」を歩むために重荷を下ろすことは、簡単ではない。

このような事態に直面しないで済んだことを、私はすごくありがたく思うし、実際にそれを経験し、うまく乗り越えた人たちを心から尊敬している。このパート4では、そんな彼らの体験談をご紹介する。もしあなたが現にこのような状況にあるなら、邪魔をしてくる盗賊のそばをすり抜けるのに必要な、希望と励ましを見いだせるかもしれない。

道を歩むためのルール

・あなたが人と違った生き方をしていることに気づく人がいても、別に構わない。

・ステータスシンボルやほかの人の意見のほうが、自由よりも重要かどうかを決める必要がある。
・人と違った人生を望むなら、その人生もそこに至る道も同世代の人たちとは違ったものになるという覚悟がいる。
・ライフスタイルのインフレは油断のならない敵である――最初から捕まらないようにするのがベストだ。
・もし捕まったら、それを振り払おうとする固い決心が必要だ。
・いくら稼いでも、どれだけ残すかがすべてである。
・支出が収入と同じくらいか、さらに悪いことに収入を上回るようであれば、決して自由にはなれない。

[13] 収入が増えるにつれて支出も増える現象。生活レベルを上げるために、以前は不要だったものへの出費が増えることによって起きる場合が多い。

規則をすべて守っていたら、
楽しいことをすべて逃してしまう

――キャサリン・ヘプバーン

30

幸福の探求

ただの名もない男
アメリカ
escapingavalon.com

軍隊の訓練は、人生でもっとも幸せな瞬間のひとつだっただけでなく、もっとも生活費がかからなかった暮らしでもありました。軍隊では必要なものはすべて支給されましたが、リュックサックに必需品を詰めて公共の森の中でそれと同じような生活をするとしても、年間8000ドル以下で、そこそこ快適に暮らせるでしょう。

なんといっても、睡眠はたっぷり取れるだろうし、食事も配給食の3倍は食べられるだろうし、それに加えて、大量の武器をあちこち引きずって歩くこともありません。リュックサックの重さだって18キロもしないはずです。

訓練中に何カ月も山で過ごした生活と比べれば、それはまぎれもなく快適な暮らしに思えます。

もちろんその後、結婚や子どもの誕生など、人生最大の幸せな瞬間と足並みをそろえるように、私のライフスタイルもふくらんでいきました。

退役後に私は警官になり、生活のレベルが急に上がりました。最初のうちは、この仕事で得られる充実した生活に驚き、訓練や数カ月間にわたる派遣のない日々を楽しみました。そして専門職に就いた多くの若い人が陥る典型的な生活パターンにはまりました。**いつも外食をし、週に数回飲みに行き、基本的にお金に無頓着な生活をしていたのです。**

数年後に私は未来の妻と出会いました。その後すぐに、特殊部隊のＳＷＡＴチームに入り、同時に刑事にもなったのですが、どちらの仕事も支出がかなり増えるきっかけとなりました。街頭活動にあたる警官として都心部を車でパトロールしていたころは、８時間の勤務中は区域外に出ることは許されず、何か食べるとしたらマクドナルドか、地元のまずくて汚いバーベキュー店しかありませんでした。昼食はほとんど毎日家から持っていきました。

刑事になってからは都市全域が管轄になったので、どこのレストランにでも行けるようになりました。刑事の仕事は残業が多く、ＳＷＡＴのほうも常に出動要請がありました。１日12時間以上働き、時には数時間の休みを挟んで何日も家を空けることもありました。そのうち、外食は１日２回に増えました。銀行口座には特に変わりがないように見えました。当時は出費を記録していませんでしたが、出費が増えても残業分の臨時収入が入ってきたので、残高に大きな変化がなかったのだと思います。

しかし私はそこで、ある不可思議なことに気づいたのです。街頭をパトロールしていたころは、休日にお気に入りのブリトーの店で食事

をするのが楽しみだったのですが、刑事になって稼ぎが増え、週に3回はそこで食べられるようになると、その楽しみが薄れたのです。このとき初めて、自分の生活水準は上がったものの、それによって幸福度は上がっていないことにはっきり気づいたのです。

ガールフレンドと私は資産管理に興味を持ち始めました。そして労働者階級の人が多い物価の安い地域にある、100平方メートルほどの家のローンを返済している最中に、FIRE（経済的自立・早期リタイア）のことを知りました。

私たちは経済的な自立を目指す計画に本気で取り組むことに決めて、まずあらゆる出費を記録しました。食費が急増したため、休みの日には1週間分の食事の準備をして、毎日弁当を持って出勤し、さらには残業用に置いておくヘルシーなスナックも持っていくようになりました。私たちは多少の微調整をして、毎月の私の出費が1000ドルあたりに収まるようにしました。4%ルールで計算すれば、経済的自立の達成値は30万ドル、あと4年で到達できるという見通しが立ちました。たまの休日には、例のお気に入りのブリトーの店で食事をするようになり、またそのおいしさを楽しめるようになりました。生活のあり方をほんの少し引き締めることによって、私の幸福度は高まったように感じました。

経済的な自立の道と出会ってから2年後に、ガールフレンドと結婚しました。結婚式ではうれしくて涙を流しました。人生でもっとも愛した人と結ばれたのですから。何年もつき合ってから、そろそろ子どもを持ってもいいだろうと思ったタイミングで結婚したのです。私たちは二人ともそれぞれプロフェッショナルな仕事に専念していました。妻はエンジニアとして会社でのキャリアを築き、私はさらに難易度の高い事件に次々と取り組んでいました。子どもを持つ前にプロとしての足場を固めておきたかったのです。そしてようやく二人の仕事が安定したと思えたところで、結婚したわけです。それは、私たちのライフスタイルを向上させるきっかけとなりました。

ある日、私が所属していたSWATチームが、自宅から数ブロック南にある家に出動要請されました。そこに武装して立てこもり、発砲した容疑者の対応にあたるためでした。その地域には真っ当な人もたくさんいましたが、子どもを育てたいと思うような場所ではありませんでした。そのため、結婚して1年後に引っ越しました。今までより環境のいい地域で、いちばん小さな家を購入しました。家のローンが加わったことで、私の毎月の出費は平均1250ドルになりました。資産が経済的自立の達成値の半分を超えたところで、その値が更新され、今までの額より7万5000ドル高くなったのです。

まだ子どももいなかったのに。

今までより少し広い家にも、すぐに慣れました。勤務が終わって新居に近い安全な地域に帰ってくると、以前よりもストレスがかなり減っていました。この感覚は何年も私の中に残っています。前の家の近くを通ることが時々ありますが、子どもをそこで育てなくていい幸運に感謝したくなります。たぶん私はこのとき初めて、きちんとした意図があれば、出費を増やすことで生活を向上させることはできると気づいたのです。

引っ越して数年後、ようやく最初の子どもが生まれました。「もっとも幸せな瞬間」ランキングの同率1位です。資産管理の記録表には、出費の動きはすぐには現れませんでした。ところが、数カ月後に子どもを保育所に預けるようになると、変化が出てきました。多くの親と同じく、子どもを見知らぬ人に預けることに葛藤があったし、利用料金が高い全日保育も嫌だったので、最初は半日保育から始めました。私は夜勤で妻は普通の日勤だったため、息子を保育所に預ける時間が1日4時間未満になるよう調整しました。妻が8時ごろに息子を保育所に送り、私が昼前に迎えに行きます。私は残業がなかった日は5～6時間睡眠が取れて、そのあとは妻が午後5時に帰宅するまで息子の世話に没頭しました。妻と顔を合わせるのはたぶん20分くらいで、それから私は仕事に急ぎました。

これをほぼ1年間続けました。半日保育の出費への影響はごくわずかでした。私の出費は毎月1500ドル近くまで増えて、経済的自立の達成値は45万ドルになりました。幼い息子が夜しょっちゅう目を覚ますことに加え、私は夜勤があったし、息子を保育所に長く預けないと決めたこともあって、二人とも睡眠不足が悪化しました。私は週末の半分は仕事で、妻と交代で子育てをしました。夫婦はほとんど顔を合わせませんでした。

保育所に預ける時間を増やしたくなかったのは、私が出費を抑えたかったからでもあります。私と妻はひとつの記録表にお金の動きをつけていましたが、生活費と息子にかかる費用は折半し、収入、支出、貯蓄、純資産、経済的自立の達成値は、別々に管理していました。合理的な妻は出産後に自分の貯蓄率を下げて、同僚との外食を増やしたり趣味の編み物やかぎ針編みに必要なものを思う存分買ったりできるようにしました。そのおかげで、子育てのストレスは増えても妻は精神的な健康を保っていました。私の場合は逆でした。

私たちが引っ越しをしたとき、そして親になったとき、私は経済的自立の達成値が上がっていくのをひやひやしながら見ていました。**貯蓄を増やせるだけ増やそうと、倹約を通り越して一気に欠乏状態に突っ走りました。**同僚には米と豆の食事をからかわれました。完全に外食をやめ、これまでよりもさらに残業を引き受けました。趣味もなく、数少ない自由時間にはいかに出費を抑えるかということばかり考えていました。

なにしろ軍隊にいたときは、山の中腹で冷たいチリを食べても幸せを感じていたのだから、経済的な自立に向かう道をずっと睡眠不足のままダッシュしたって、何の悪影響もないだろうと思っていたのです。

それは間違いでした。

妻の貯蓄率は収入の60%になり、私のほうはあと少しで80%でした。記録の上ではすばらしい数字に見えましたが、私は燃え尽き症候群に近いみじめさを感じていました。正気を保つためには、ライフスタイルを計画的にインフレさせることも必要だということを、私たちはようやく認めました。

息子をあと数時間長く保育所に預けるのを嫌がるなんて馬鹿げていました。息子は家にいようが保育所にいようが、午後は昼寝をするだけでした。もう少しお金を出せば、自分も必要な睡眠時間をあと数時間増やすことができます。それに、交代で育児をするという方法には二人ともうんざりしていました。私は睡眠不足とはいえ、息子と長くいっしょにいられますが、妻は仲間外れのような気持ちになっていました。子育てと忙しすぎる仕事のはざまで、私は妻との時間はおろか、自分のための時間もありませんでした。

私たちは経済的自立を達成する日を思い切って延期し、もっといい、もっと持続可能な生活の質を確保することに決めました。

そして以下のことを実行しました。

1　全日保育に切り替え、息子を朝9時から午後3時まで預けました。
2　妻は勤務時間を週40時間から30時間に減らしました。給料は25％減りましたが、結果として、妻が息子と接する時間が週に10時間も増えました。私も昇進を断念し、代わりに夜勤のないゆっくりしたペースの事務職に志願しました。
3　私は週に一度、家を離れてできるような趣味をつくるために、新しいマウンテンバイクを1300ドルで買いました。この出費は痛かったですが、気持ちを解放できる何かが必要だったのです。まだ子どもがいないとき、20年前のマウンテンバイクで何度か地元のトレイルを走ったことがあります。思い切って今回1300ドル使ったことで、近くのトレイルをマウンテンバイクで走るのがものすごく楽しみになり、ストレス解消になりました。

こうしたことを実行したため、月々の平均出費は1700ドル以上になりました。そして経済的自立の達成値は51万8000ドルに上がったのです。記録表でこの数字を見たときはがっくりきました。平均支出額が過去最高を記録した月に、私の純資産値は、かつての経済的自立の達成値であった30万ドルになりました。これはきつかったです。

それでも、二人目の子どもを持つことにしました。

今思えば、最初の子どもを持つ気になった当初、新しい家族が増えるのにどうやって出費を抑えるつもりだったのか、そこをちょっと甘く考えすぎていたようです。数年の子育てを経た今、私たちは今の状況をはっきりと把握できるようになりました。私たちのライフスタイルは拡大し続けましたが、ありがたいことに二人とも、収入の半分以上を貯蓄に回すことができました。

二人とも順調に昇給していきましたが、住居費、食費、交通費の三大支出は低く抑えるようにして、それ以外の支出も慎重に行いました。しかし娘の誕生とともに、私の経済的自立の達成値はまた変化しました。でも、それだけの価値はあったと思います。娘の出産も「もっとも幸せな瞬間」ランキングの1位に並びます。あのときは、とにかく大泣きしました。このあとの自分の生活がどうなるかを経験として知っていたというのは、おそらくこれまでとの大きな違いでした。

二番目の子どもについては、お下がりや割引などを活用することで効率的にお金を使うことができたようで、子ども二人を保育所に預けても支出は月平均2250ドルにしか上がりませんでした。その結果、経済的自立の達成値は67万5000ドルに抑えられました。娘が生まれてから1年後に私の資産がこの新たな値をクリアできたのは、見事な投資スキルのおかげだと言いたいところですが、**実際には、パンデミックの間もインデックスファンドへの投資を続けた人たちが経験した、とんでもない強気相場の恩恵を受けただけです。**

私たちは、ポートフォリオの金額が増えていくのはいいですが、それに合わせて引き出し率を安全だと思われる数値まで下げる必要があると気づきました。もう一度計算し直した結果、私には警察の仕事を早期リタイアできるだけの十分な蓄えがあることがわかりました。

2022年3月、私は100万ドル以上に相当する年金を手放しました。それをもらうためにはあと6年間警察に在籍する必要があったからです。子どもたちが日々成長していく中、あと6年もねぼけまなこでぼんやりと過ごす価値はありませんでした。仕事をするかしないかを選べるだけのお金をついに手に入れたのですから。

仕事を辞めてもいいと思った大きな理由は、ライフスタイルのインフレを経験したからです。私は大小さまざまな幸せについて快楽順応[14]を体験してきました。人生でもっとも幸せな瞬間を振り返ってみると、山腹でポンチョをかぶって冷たい食事を取りながら軍隊にいたときの幸せが、空調の行き届いた病院で、人生でいちばん大切な人たちと出会ったときの幸せと、ほぼ同じ大きさになり得ると気づいて驚きました。

　私はかつて、何カ月も山で凍えて飢えに苦しんだり、戦闘地域で従軍したりといった悲惨な経験をすれば、その後に出くわすちょっとした不便さなどたいしたことはなくなるだろうと考えていました。そうだったらいいのですが、何年も経った今でも、渋滞などのちょっとしたことでイライラしてしまいます。

　幸せは、その瞬間の苦しみの量を基準にして感じるものであって、人生全体を基準にしているのではありません。だからこそ、ポンチョをまとって10分間長く過ごすことは、新しい命に出会うのと同じくらいすばらしい経験になり得るのです。もし悪夢のように生きる人生ならば、どんなにわずかな改善でも大きなものに感じられるでしょう。でも幸運にも、私が生まれ落ちたこの人生はすばらしいもので、ここからさらに幸福度を増すためには、何か本当に考えられないようなすごいことが必要なのです。

　このことに気づいた私は、つまらないものに余計な出費をしても、幸福の針は高いほうに振れないと考えるようになりました。家族との時間、自由、心の健康など、大切なことに使うほうがいい、私はそう思います。

31 大きくて新しくていいものへの無関心を身につける

ローラ・ロジョエディ
アメリカ、テキサス州

私たちが経済的に自立するための基本的な姿勢のひとつは、アメリカ文化に根づく、よりたくさんの大きくて新しくていいものへの「飢え」に無関心だったことです。これは私が「経済的自立への道」と出会う前からでした。

私たちは昔から当たり前とされていた考え方や、よかれと思ってアドバイスをくれる家族や友人たちの言葉には耳を傾けませんでした。例えば「住宅費が払えるくらい稼げるようになりなさい」などです。こういう言葉は、稼いだお金の大半は使ってしまうのが当たり前と言っているように聞こえます。

私たちはそれをせず、家族が「スターター・ホーム」と呼ぶ家を購入しました。家の支払いはもう済んでいて、今でもそこに住んでいます。

そして、数年ごとに車を下取りに出して新車に買い替えるのではなく、中古車を買って、動かなくなるまで乗っています。ピカピカの新車にひかれないわけではありませんが、自分にとって何がいちばん重要かをはっきりさせておけば、そうした誘惑にはあまり惑わされなくなります。私たちにとってそれは、旅行なのです。隣近所に合わせていくよりも、旅行にお金を使うことを優先しています。

32 支出を意識する

バス暮らしのミセス・ディンクス
アメリカ、バーモント州
dinksonabus.com

ライフスタイルのインフレを防ぐためにもっとも重要なことは、以下のふたつだと思います。

1 目標を持つ。
2 意識的なお金の使い方をする。

私は長い間ハムスターのように、仕事と人生の回し車の上を延々と走っていました。自分の存在や個性は完全に仕事に埋もれていました。**ジェイエルの経済的自立という考え方を知ったとき、すごくいいと思いました。そのころは、回し車の上にいるのがある意味、居心地よくなっていたので、このままずっと走り続けながら、最速で経済的な自立を達成できるだろうと思ったからです。**

そんなとき突然、回し車から降りることになりました。

私は新たに従来の週40時間労働の仕事に就き、人生で初めて自分にはこんなにも時間があるのだと気づきました。仕事以外のことに情熱を見つけたのです。さらに、経済的自立をゆっくり目指すという、新しいタイプの「スローな経済的自立」という考え方に出会いました。

そこで経済的自由リストをつくって、もっと時間があったらやりたいことや新しく体験したいことを書き出しました。目標設定もしました。私の目標のひとつは、仕事を変えたり昇給を求めたりして収入を増やすことで、いずれパートタイムで働くことになってもそれなりに稼げるようにすることでした。

これがなければ、ただひたすら働き続けていたでしょう。

また、ライフスタイルのインフレを防ぐため、意識した支出を心がけました。日々の生活にも気を配り、毎日を楽しめる工夫をしていたので（スローな経済的自立のおかげ）、何に幸せを感じるか、自分でもかなりよくわかってきました。**そこで、日常生活の質をぐんと上げる**

ちょっとしたことに、予算をあまり圧迫しない範囲でお金をかけることにしました。私にとってそれは、毎月マッサージに行くこととハウスクリーニングを業者にお願いすることでした。

私はライフスタイルをインフレさせてはいますが、ほんのわずかなものだし、そのせいで預金が減ったり経済的な自立の達成が遅れるようなことはありません。

33

ライフスタイルのインフレ状況を評価する

マーク
アメリカ、ウィスコンシン州マディソン

私たちは数年前、40代後半のときに、たまたま『父が娘に伝える自由に生きるための30の投資の教え』に出会いました。私の最初の目標のひとつは、早期リタイアのための十分な資金が本当にあるかどうかを見極めることで、答えは「イエス」でした。その大きな理由は、長年にわたってライフスタイルのインフレをある程度のレベルに抑えてきたからです。

簡単だったわけではありません。30代から40代前半にかけては本当に厳しい時期でした。

妻の同僚の多くは新築の家を建てていて、中には頻繁に建て替える人もいました。私たちはその誘惑に負けませんでした（業者に頼んで家の外壁材を新しくしてもらうことはありましたが）。**私たちの収入は平均よりもかなり上でしたが、住んでいる家はこの地域の相場からすると平均的な価格で、また自宅のほとんどの改修工事は自分たちでやりました。**

また、通勤時間も比較的短く、友人たちが楽しむような車や休暇にお金をかけることもありませんでした。

何年かの間に「なぜこれを買えないのか、なぜあれができないのか」といった会話を何度かしたおぼえがあります。だいたいは現状維持できましたが、完全にではありませんでした。

家計の助けにならない選択をすることもありました。大きかったのは、子どもたちのスポーツとか、いろんな活動でした。ここで、プロからのアドバイスをひとつ。子どもがスポーツに夢中になる前に、いくらかかるかを時間をかけてしっかり理解すること。競技によっては月1000ドルを超えるものもあります。ちゃんと調べて話し合い、金額の上限を決めておくこと。私たちはそれをしなかったので、何年間も間違ったお金の使い方をする結果となり、最終的には難しい話し合いをすることになりました。

また、過密スケジュールのせいで外食が増え、私たちの懐にも胴回りにも悪影響を及ぼしました。

というわけで、私たちのライフスタイルのインフレ状況を評価するなら、C＋というところでしょう。私たちと同程度の収入がある多くの人たちがほしがるような、贅沢で不必要なものは避けました。でも、子どもたちにどんな機会を与えてやるべきかに関しては論理的に判断することが難しく、感情に流されてしまいました。特にその決断は、多くの人が3年で辞めるような会社に妻を縛りつける結果となりました。妻は「私が必死で働いているのは、あの子に〇〇を買ってやりたいから」という考えで、それはそれでよかったのですが、その選択が正しかったと今言える人は誰もいないでしょう。子どもたちにだってわからないと思います。

最終的には、子どもたちの活動にかかる出費はなくなりますが（75万ドルした家の30年ローンは残りますが）、ライフスタイルのインフレにはさまざまな意味で代償が伴うものです。

34

ふくれ上がったライフスタイルは選択肢を奪う

アメリカ、テネシー州チャタヌーガ　CW

すべてがきちんとできているわけではないですが、私たち夫婦が経済的自立に関して長年うまくやってきたことのひとつは、収入が上がってもライフスタイルのインフレを低く抑えてきたことです。

13年前に、私はビジネスパートナーとソフトウェア会社を立ち上げ、妻と私はすぐにそれまでの収入の20%以下で生活するようになりました。もしライフスタイルがふくらんでいたら、そんなリスクは冒せなかったでしょう。

2021年初めに(週7日、12年以上せっせと働いたあと)、その会社を売却しました。何年間もリスクを負いながらやってきたことが報われて、創設者として最高の気分でした。

書類上では、私たち夫婦は売却が成立したときに経済的な自立を達成しましたが、本当に実感がわいたのは、それまで賃貸だった家を現金で購入したときでした。

当時はまだ金利が低かったので、住宅ローンを組もうと思えばすぐに組めました。家の購入は資産運用としては間違った判断だ、という意見はあるでしょうが、私たちにとっては、正しいお金の使い方でした。
この1年間、家賃や住宅ローンを支払う必要もなくなりました。生活費も光熱費と食費以外はあまりかかりません。これって最高の気分です。

35 人生を変えるアドバイス

リサ・シェーダー
アメリカ、カリフォルニア州
moneyfitmoms.com

夫と私が若くして億万長者になれたのは、ある大学教授が、私たちの人生を変えたこんなアドバイスをくれたからです。

「大学を出てから最初の10年間は金のない大学生と同じ生活を続け、生活レベルを上げる代わりに投資をすること」

その教授は投資のプロとして富を築いたあとで大学教授になりました。私たちは大学卒業後も、その教授のアドバイスを忘れませんでした。

ライフスタイルのインフレを避けるのは簡単ではありませんでした。卒業後に初めて正真正銘の給料を手にしたときは興奮したし、それなりに生活をアップグレードするのは当然のように思えました。でも、車を買ったり素敵なアパートを手に入れたりする同世代もいる中で、私たちはお金をかけずに生活をしていました。

私たちは、そこそこ安全な地域でいちばん安いアパートを見つけ、お昼は弁当にして、通勤は公共交通機関を使い、家や車の修理は自分で行い（作業によっては、人にやってもらったりやってあげたりして）、古着や中古の家具を利用しました。基本的に買い物は控え、やむを得ず何かを買うときは、借金するのではなく、そのためにまず貯金をしました。

でも、安く暮らすことが重要だったのではなく、最大の課題は貯めたお金を投資することでした。

その教授のおかげで、若者がはまりがちな金銭的な落とし穴のひとつ、ライフスタイルのインフレを避けることができました。ある友人は、大学時代のインターンシップで特にまとまったお金を手にした結果、ＢＭＷを買った話をしてくれました。それが間違いだったと気づいた彼は、1年後にその車を売りました。その車を1年間運転したせいで1万ドルの損をした、とその友人は言いましたが、でもそれは額面の損失分だけです。彼は当時20歳だったので、そのお金を投資しなかったことによる機会損失は、50万ドル以上の退職金に相当しました。

まともな判断をする人なら、1年間車を所有することが50万ドルに相当するなんて思わないでしょう。**でも複利で貯まっていく金額を考えると、若いうちに生活水準を上げてしまうことで失う「投資で得られたはずの利益」は天文学的な数字になるのです。**

36 あとは時間の問題

ライキスト
アメリカ、ミネソタ州

学校を卒業して就職し初任給をもらうと、私のライフスタイルは変わりました。友人と同居することで住宅費を抑えようという決断自体は悪くなかったのですが、そこには弱点があることに気づかされました。

友人の誰かが外食したい、ビールを飲みたいと言うと、みんなそれに合わせました。もう一人前に働いているわけで、それぞれが手の届く範囲の贅沢をしているのだから、別に問題ないはずだと思ったのです。**こうした日々の決断の積み重ねが、私たちの財布と体型に響いてきました。**この体型については、ついに無視できないほどになりました。恥ずかしいことに、ひどい体型に気づいて「このままではダメだ」と思ったのは、だいぶ時間が経ってからでした。

習慣というのは、よくも悪くも積み重なっていくものです。いったん運動を始めると、せっかくの努力が無駄にならないよう、健康的な食事をしたいと思うようになりました。**よい習慣は複利のように積み重なり、悪い習慣はクレジットカードの借金のようにふくれ上がります。**私はまた、同調圧力をうまく利用しようと友人を巻き込みました。お互いに道をそれないよう声をかけ合い、毎年、年明けから3カ月間は禁酒するなどの約束をしました。長い時間がかかり、挫折もたくさんありましたが、自分に合ったバランスを見つけることができました。

飲食費は住宅費や交通費と並んで、ライフスタイルに大きく影響する三大項目のひとつです。この三つは生活の中ではとても重要です。支出の大部分を占めるし、毎月毎月繰り返されるからです。この出費をコントロールすれば、無理のない基本予算でお金の管理ができるようになります。逆にここで出費がかさむと、あらゆる贅沢を最小限に抑えたとしても、結果的に生活費が増えてしまいます。

私の場合、月々の出費の見直しから始めたのはベストでした。努力したからこそ今でも報われているのです。例えば、中古車を現金で購入すれば、数年間続く毎月の車のローンが発生しません。自炊すれば、新しい料理の技術を身につける楽しみというおまけつきで、安くて健康的な食事も取れるわけです。

経済的に自立できる日がいつになるかは、収入と支出で決まってくる貯蓄率によって変わります。私はライフスタイルと支出による生活への影響を見直すことに、最大の価値があると気づきました。倹約して今よりも貯蓄が増えれば、将来、毎月必要となる不労所得は減ります。健全な貯蓄率を確立してライフスタイルのインフレを抑えれば、経済的自立を達成するのは時間の問題なのです。

37

ライフスタイルのインフレ
——時には本物の殺人事件をきっかけに起こる

クリスティーナ・コナリー・ホンコネン／アメリカ、ノックスビル
pitchwirestudio.com

私はいつも手を汚しながらでも、お金をかけずに何でも自分でやるのが好きでした。だか

ら25歳のときに経済的自立ムーブメントを知ったとき、あっという間に夢中になりました。たまに個別株の銘柄選びに没頭することを除けば、「富へと続くシンプルな道」を順調にたどっています。夫のマットは私の考え方に共感してくれました。私たちの基本的なやり方は、不動産にかかるお金を低く抑え、できるだけ早く住宅ローンを完済してから、税制優遇のある退職口座に積極的に資金を入れることでした。

2013年に、都市部の郊外にあるレンガ造りの建売住宅で、私たちは初めての子どもを迎えました。今思えば、都心から離れすぎていたかもしれません。むき出しの犯罪行為を目にするようになったからです。覆面刑事が家にやってきて、うちの私道に駐車していいかとよく尋ねてきました。

近所で麻薬の受け渡しや口論が起きていましたが、見て見ぬふりをしていました。ところが、ある朝目を覚ますと、うちの郵便受けの両脇に黄色いテープが張られていました。

コーヒーを飲みながら居間からその光景を眺めていると、一人の女性警官がそこに近づいて、何やら大きな塊にかぶせてある広いシートの下をのぞき込んでいました。すぐに、そのシートの下にあるのは男の遺体で、麻薬の取引らしき行為の最中に隣人に殺されたらしいと知りました。被害者は、うちの赤ちゃんの部屋の窓から3メートルほどしか離れていない家の包丁で、刺されて殺されたと聞きました。

このことがきっかけで、生活費の増加は必ずしも高級車や私立学校への誘惑に負けるかどうかの問題ではないと学びました。時には、隣の前庭の死体という形をとって現れてくるのです。

マットと私は、この街でいちばん高級な住宅地区に慌てて引っ越しました。二人とも疲れ果て、恐怖に怯《おび》えてばかりいるのも嫌になっていて、わが子を明るい――しかも無料の！――公立学校に入れたいという気持ちでいっぱいでした。何よりも、怖がらずに近所をゆっくり歩きたかったのです。

それで、二人が気に入った通りのひとつにあったいちばん小さめの家を、ともかく手に入れました。最初の家よりはるかに高いものの、そのエリアでは比較的手ごろな価格でした。

それから何年もの間に、この決断をしてよかったと思うことはたくさんあります。家の価格がまた高騰する前に（すぐに上がるようです）、ここに移れたことに感謝しています。川やたくさんの公園が向かい側にあって、子育て家庭が暮らすには本当に魅力的な場所です。私たちの生活の質は向上どころか、急上昇しました。

また、最初の家のローンの支払いにお金をつぎ込んで増額していたので、売却時にはかなりの利益が出て、新しい家にほぼ25％の頭金を入れることができました。数年後に15年ローンに切り替えたら、そのころには資産も増えているので、ローンの額も下げられるでしょう。

別の見方をすれば、最初の家につぎ込んだ増額分のおかげで、51歳のときに住宅ローンがなくなるとも言えます。毎月の生活費を大きく削減するには悪くない時期でしょう。

もちろん、わが家のポートフォリオは、経済的な自立を目指して立てた私の当初の目標とは違っています。家のローンが残っているため、退職口座に積極的に投資するチャンスはありませんでした。複利が大きな力を発揮する初期のころに、もしローンの支払いがなければもっと投資できたかもしれませんが、少なくともそこまではできませんでした。今は純資産の半分弱が住宅費に相当し、4％ルールの実現を目指すのに理想的とは言えません。

でも、年齢を重ねると知恵がつきますし、ある程度気持ちにゆとりが出てきます。まだ経済的な自立には至っていませんが、経済的な柔軟性は持ち合わせていますし、何の心配もしていません。**どんなに混乱した状態になろうと、VTSAXへの投資を決してやめなければ、状況は必ず落ち着きます。**私たちの投資ポートフォリオは「惰行型の経済的自立」と呼ばれる状態、つまり早期リタイアを達成するための投資は必要ない状態にたどり着いています。

38 あとから調整もできる

ブライアン・グリースバッハ
アメリカ、ワシントン州スパナウェー

妻と私は収入に見合わない暮らしをしたことはありませんでしたが、私はものに囲まれて過ごすのが好きでした。大きな家は家具だらけで、広いガレージには工具やおもちゃがたくさんありました。数艇のボートと、オートバイ、改造用の趣味の車を持っていましたし、スキューバダイビングから自転車、ラジコンヘリコプター、音楽、木工など、思い出せないほどいろいろな趣味にも挑戦しました。

その結果、もので家があふれかえってしまい、それらを全部収納できる場所が必要だったため、無駄に大きな家に住んでいました。

経済的自立という考え方に出会ってから、たまっていたものを処分し始めました。引っ越しにこの作業はつきものなので、そういう意味では引っ越しはものの整理に絶好の機会です。引っ越しのたびにまとまった数のものを手放せるのです。

こうして生活をシンプルにすることで、限られた趣味や本当に楽しい活動に集中することができます。それに実際には、自分で所有や保管をしなくても、人から借りたりレンタルしたりできるものはたくさんあります。

このやり方は、ライフスタイルのインフレが起きたあとに調整するというものですが、それでもかなり効果があります。

経済的自立について知る前は、リタイア後の生活やほしいもののために貯金をしていましたが、それ以上の大それた考えはありませんでした。今ではお金に関する決断をするたびに、真の自立に一歩ずつ近づいている気がします。

39
ケチだった自分が恥ずかしい

ディビッド・W・ビアン
アメリカ、カリフォルニア州サンノゼ
www.linkedin.com/in/davidwbian

もうすぐ大学院を卒業して社会人になるというとき、私は予め計画を練っておこうと思いました。これから稼ぐことになる「本物のお金」をどう使うか、考えておきたかったのです。

貯蓄が必要なのはわかる、でもリタイアするにはいくら必要だろうか。

もし私が40年働き、リタイア後の生活が40年あるとしたら（そんなに長生きできたとして）、収入の50％を貯蓄しなければなりません。しかもこの数字は、物価の上昇やライフスタイルのインフレや所得増といった重要な要素を無視したものです。それだけ貯蓄することは可能でしょうが、それ以上の何かが必要なはずだと思いました。

そんなとき、ジェイエルの「シンプルな道」と経済的自立について知り、リタイアに向けた貯蓄に夢中になりました。ありとあらゆる資料を読みました。早期リタイアだけでなく、リッチなリタイアをして、好きなときに好きなことができたらどんなにいいだろうと考えました。

就職してすぐ、バンガードと401(k)の口座を開設し、VTSAXとS&P500のインデックスファンドにできるだけ投資するようになりました。そのままいけば、10年後にはそこそこ楽に、20年後だったらもっと楽にリタイアできそうでした。

でも、いい話ばかりではありませんでした。ある状況では、なかなかお金を使う気になれなかったのです。当時、ガールフレンドを映画に誘うのにためらいがありました。二人で楽しい時間を過ごせるとわかっていてもです。なぜなら、FIREをからかうジョークにあるように、「その代わりにお金を貯めれば52秒早くリタイアできる」からです。

もし、私をケチな男だったと思っているなら……、そのとおり。お恥ずかしいですが。

自分でも当時、その自覚はありました。それで、お金に関する自分の心理について考えるようになりました。私は早期リタイアのことでいたずらにストレスを感じ、人生を楽しんでいなかったのです。将来の経済的安定に執着していた私は、今ここで、好きなときに好きなことをするという生活から遠ざかっていました。

「リッチライフ」というコンセプトを掲げるラミット・セティは、自分の好きなものを特定し、そのためにお金を使う決意をすることが大事だと言っています。将来のために貯蓄をしながら、時にはそういうものにドーンとお金を使うわけです。これはいい！　それをやるお金の余裕があって、それで自分が本当に幸せや満足を感じられるなら、やらない理由はないですよね。

私にとってそれは、たまに兄弟で旅行を楽しむといった大きなことかもしれないし、ただ映画を観たいから観にいくというような小さなことかもしれません。

お金がかかるものもあれば、そうでないものもあります。新しいことを学んだり（吹きガラスとか）、ジムに通ったりするのが大好きです。ポッドキャストを聴くとか、ハイキングをするのも好きです。本当に幸せな人のライフスタイルは、ミニマリストから贅沢三昧まで、あらゆる形をしているものです。

私はリタイアまでの年数ではなく、長い目で見たときの幸せを最大化すべきだと考えるようになりました。

人生の早い段階で経済的に自立するのはすばらしいことですが、そこに至るまでの自分の人生を愛することも大切です。私はこのワイルドな道のりを歩み続ける自信をつけたいだけでなく、自分のことを見つめ、その旅を楽しめるようになりたいと思っています。

「富へと続くシンプルな道」を進むうえで、富のために幸福を犠牲にする必要はありません。自分の体験を通じてこれに気づきました。それどころか、幸せこそが「道」を進むたくさんの理由のひとつだと私は信じています。

40 よく考えることで柔軟になれる

リズ、母親業のプロ（既婚、子ども二人）
アメリカ、テキサス州大都市圏郊外

私たち夫婦は、リタイア後の備えが2万9000ドルあった30歳半ばに経済的自立を目指し始め、今では約8年が経ちました。

この旅にとって柔軟性は大きな助けになります。私たちはほぼ最初から、ちょっと脇道にそれて息抜きするのを楽しんできました。その間に子どもが二人生まれ、夫婦それぞれ3回転職しました。失業、育児の困難、収入の変動に適応してきました。

いったん経済的自立のことを知ってしまったら、もうそれを意識せずにはいられません。でもそれを達成するための枠組みにどっぷり浸かってみると、ある程度、柔軟にやってもいいことに気づきます。聖なる教えから多少外れることをしても大丈夫です。私たちの場合は、特に節税対策と支出の削減でした。税金をゼロにできたらいいでしょうけど、今後もそれは無理だと思います。

私たちは現在、生活費は夫の収入で賄い、安全のために、投資には私の収入を回しています（安定した給料に感謝！）。そのため、２週間ごとのドルコスト平均法[15]はあきらめ、その代わり、収入があるたびにロスＩＲＡと私のＳＥＰ　ＩＲＡ（簡易従業員年金制度）への拠出を最大にする必要がありました。それが限度額に達したら、課税口座に少し移します。私は基本的に、20年後、30年後の税制環境がどうなっているかはわからないという考えです。今より税金が下がることはないでしょうけど。いろいろな資産の形をそろえておくことで、選択肢が増えます。

経済的な自立を達成する方法が柔軟なおかげで、わりと簡単に自分たちの価値観に合わせて行動できるようになりました。何かを決めるとき、いちばんお金がかからないことを基準にはしない、というのもそのひとつです。私たちは幼少期が大事だと思っているので、１年間シッターを雇いました。また、子どもたちを私立学校に通わせています。**これをライフスタイルのインフレだと言う人も多いでしょうが、実際のところ、こうした選択は私たちにとっては、絶対に譲れないものでした。**子どもを持つ前に経済的自立への旅を始め、支出はかなり増えましたが、収入も増えました。私たちは増えた分すべてを貯蓄できてはいませんし、１ドル単位で見ると節税効果が最大とは言えないかもしれません。でも、それで構わないのです。

41

その欲望は、お金で解決できるか

ジェイソン
アメリカ、テキサス州オースティン

私が学んだ重要な教訓をひとつ挙げるとすれば、ニーズと戦略の違いです。多くのアメリカ人と同じく、支出するかどうかを決める際に使われる「ニーズとウォンツ」[16]の枠組みにはなじみがありました。

それほど裕福ではない家庭で育った人なら、誰もがどこかで自問自答したことがあるでしょう。何かを買うときに「これは本当に必要か？」と。この昔からある枠組みは、支出をコントロールするのには役立ちましたが、私にはもの足りなさが残ったし、やる気を保つのも大変でした。**物質的なミニマリズムが苦じゃない私は、自分の根底にあるニーズをほとんど意識していませんでした。**

私が初めて「ニーズと戦略」という考え方を知ったのは、サラ・ニューカムの『ローデッド（Loaded）』という本を通してでした。この本を読んで、ニーズについての新しい枠組みを知りました。この本では、人間の欲望はすべて根底にあるひとつのニーズから生じ、人間の行動はすべてそれを満たすための追求であると仮定しています。**ウォンツを不要なものとして捨ててしまうのではなく、その根底にあるニーズが何なのかを見極めるのです。**それは身体的なもの、感情的なもの、精神的なものかもしれません。

戦略というのは、私たちのニーズを満たす方法のことです。戦略は本質的に、金銭的なものであることもそうでないこともあります。金銭的な戦略は、食料、住居、安全のニーズといった基本的な身体的ニーズを満たすためにのみ必要で、それ以外のニーズを満たすのには必要とは限りません。多くの場合、感情的、精神的ニーズには金銭的でない戦略のほうが効果的です。

自分のニーズと、それを満たそうとやっている誤った努力について深く理解できたことで、経済的な自立を目指す取り組みに大きな変化が訪れました。外食や友人との飲み会にたくさんお金を使っていたのですが、この習慣のせいで体も心も懐具合もひどい状態になっていました。

友情や人とのつながりを求めるニーズを、金銭的な戦略で満たそうとしていたことに気づいていなかったのです。そこで、ランニングクラブに入会し、持ち寄りパーティーを企画するというふうに戦略を変えました。こうした金銭的でない戦略によって、私は社交的になり、貯蓄も幸福感もアップしました。

こうしたニーズと戦略のモデルを参考にして、自分が人生で何を大切にし、何を楽しんでいるのかに注目するようになりました。今では出費を抑えながらも、もっと効果的に自分のニーズを満たせる新しい戦略を立てることができます。これは計画的に人生設計を行ううえでの貴重な練習にもなります。経済的自立への「道」を歩みながら、すでにその恩恵を受けているのです。早期リタイアする際にも活用して、幸福感を高め、ポートフォリオへの影響を最小限に抑える戦略を立てるつもりです。

42

急がないアプローチの威力

ライキスト
アメリカ、ミネソタ州

大きな買い物をするとき、私は2日か3日考えてから決めるようになりました。それでも買いたいと思ったら買い、後悔はしないようにしています。この方法に価値があることは、店側が逆のことをさせよう、衝動買いをさせようと懸命なことからも明らかです。あちこちで期間限定セールだ、在庫残りわずかだと言って、買うなら今しかないとアピールする商品を見かけます。

これに対しては、「急がないアプローチ」を取ることです。きっとあなたを正しい方向に導いてくれるでしょう。


［14］快楽や幸福感が時間の経過とともに薄れていく現象。

［15］価格が変動する金融商品を常に一定の金額で、かつ時間を分散して定期的に買い続ける手法。

［16］生活に必要な支出（ニーズ）と、生活の質を向上させるための支出（ウォンツ）を区別して考えるアプローチ。

投資

PART 5

Invest

投資家の父の見解

JL's View

インデックスファンドは個人投資家への最大の贈り物

1975年5月1日に、ジャック・ボーグルはバンガード・グループを設立し、同年の12月31日には「ファースト・インデックス・インベストメント・トラスト」を創設した。**これはのちに「バンガード500インデックスファンド」と呼ばれる世界初の個人投資家向けインデックスファンドで、現在も運用されている。**このファンドはまた、「ボーグルの愚行」とも呼ばれ、当時のフィデリティ・インベストメンツの会長だったエド・ジョンソンは、インデックスファンドを揶揄《やゆ》する一連の広告を出したが、とりわけ「アメリカらしくない」と言ってけなした。ボーグル氏はその広告を額に入れて、オフィスに飾ったと言われている。

インデックスファンド投資の誕生は、個人投資家にとって史上最大の贈り物である。私がボーグル氏を財務の聖人と呼ぶのはこのためだ。しかし同時に、彼のアイデアが生まれるや否や、投資業界の大手が必死でそれをつぶそうとした理由でもある。彼らは個人投資家に課している高額の手数料が危機にさらされることを認識していたのだ。

まったくの偶然だが、1975年の春は私が初めて株を購入した時期でもある。テキサコとサザン・カンパニーの株だった。私はその後25年間、株式の銘柄選択者として、さらに言うと、銘柄選択者らが経営するアクティブ運用型ミューチュアルファンド（アメリカで一般的なタイプの投資信託）の銘柄選択者として過ごすことになった。私はその仕事でかなり腕を上げた。

これは私にとって、ちょっときまりの悪い事実である。実を言うと私は、インデックスファンドを使うようになる以前に、この方法で経済的自立を達成したのである。これを打ち明けるのは、大事なことを知ってもらいたいためだ。株式銘柄の選択がうまくいかないとは言っていない。上手にやればうまくいく。ただ、インデックスファンドに比べれば、ほとんどいつも標準以下の成果しか得られないのに、手間と費用はもっとかかるのだ。

投資で犯した最大のミスは何かとよく聞かれるが、それはインデックス型の投資を始めるのが遅すぎたことである。 投資を始めて最初の10年間は、その存在すら知らなかった。しかし、もし知っていたとしても、それを受け入れるほど私は賢明ではなかっただろう。どうしてそう思うかって？　インデックスファンドという概念については、１９８５年に友人のアナリストから聞いていたのだが、そこに光を見いだすまで、さらに15年かかったのだ。自分の古いやり方を守るために、私は思いつく限りの議論を展開した。実際、今日耳にするインデックスファンドへの反対の声は、自分の頭の中に響く自分自身の声なのである。

あの失われた年月を思い出すのはつらい。ときどき夜にこう考える。たいていは一人寂しく、冷たく暗い雨が窓を叩《たた》く部屋で憂うつな気分に浸りたいときだ。投資計算機にログインして、あれこれ調べたり考えたりする。もっと早くインデックスファンドを受け入れる賢さがあれば、今ごろどれだけ先に進んでいただろう、「道」を進むのがどれだけ簡単だっただろう、と。

投資の役割

これまでのパートで話してきたように、貯蓄率は「シンプルな道」を歩むあなたの旅の原動力となる。しかし、それは目的を達成するための手段だ。貯蓄があるおかげで収入の一部を投資に回すことができ、やがてこの投資があなたのためにお金を稼いでくれる。そのお金にできる限り頑張ってもらいたいなら、賢く長期的に資金を投入する方法を学ぶ必要がある。そのお金がもたらす稼ぎで生活できる状態になれば、経済的自立を達成したことになる。

インデックスファンドが強力な理由

ジャック・ボーグルがインデックスファンドを世に送り出す前は、投資をしたければ自分で個別の株式や債券を選んで買うか、それらをアクティブ運用のミューチュアルファンドを通じて買うかのどちらかだった。それには高額な手数料や報酬を請求され、それ自体が運用実績を左右する足かせとなっていた。

ボーグル氏は、個別銘柄選びや、それを生業《なりわい》にする人が運用するミューチュアルファンドの成果が、市場全体の平均リターンを上回ることはほとんどないと指摘した。これはその後も数十年にわたる調査で繰り返し証明されている。このことから、単純にインデックス全体を購入するファンドが投資家にとっては最適だとボーグル氏は考えた。料金の高い運用会社や高額な手数料が不要になるというメリットは、「ケーキにかけるアイシング（砂糖衣）」、つまり、付加的なものだった。このアイシングというおまけは、投資会社ではなく個人の投資家を潤したのだが、しかしまあ、ここでは、ボーグル氏のこのアイデアについての話はもう十分だろう。

はっきり言って、今では数え切れないくらいたくさんの種類のインデックスファンドが存在しており、その一つひとつが想像し得るあらゆる指標を追跡しているのだ。しかし、ここで話題にしているのは、低コストの幅広いインデックスファンドのことである。**S&P500インデックスファンド、トータル米国株式（債券）市場インデックスファンド、トータル・ワールド株式（債券）インデックスファンドなどのことだ。**

インデックスファンドの何がそんなに強力なのか、もう少し詳しく見てみよう。

１　単一銘柄を買うということは、ある特定の会社の所有権の一部を買うということだ。理由はどうあれ、あなたはこの会社の業績がよくなると考えている。その予想が正しければ株価は上がるはずだ。しかし、正しくない可能性もある。実は、市場で優良株を選ぶのは非常に難しいのだ。今日の大企業が明日のエンロン[17]になるかもしれないし、そこまで劇的でないとしても、シアーズ[18]になるかもしれない。そして今日低迷している企業が、明日のエキサイティングな業績回復ストーリーを物語るかもしれない。

２　企業にはライフサイクルがある。１９６０年代のゼネラルモーターズは圧倒的な強さを誇り、ほかの自動車会社は太刀打ちできないと考えられていた。政府が真剣に同社の解体を検討したくらいだ。もちろん実施はされず、ほかの自動車会社が、それはたまたま日本企業だったのだが、この大会社を打ち負かした。シアーズ、ポラロイド、ゼロックス……。私の青春時代の巨大企業は、今ではほとんど思い出されることもない。１９７０年代の初めには「ニフティ・フィフティ」という概念があった。ニフティ・フィフティとは当時の少数優良企業のことで、こうした会社の株を買ってずっと持っていれば大丈夫、という考え方だった。問題は、どんなに優れた企業も永遠には続かないことだ。もっと簡単でいい方法があるはずだ。

３　インデックスファンドでは、そのインデックスを構成するすべての企業を少しずつ保有することになる。S&P500インデックスファンドに投資すれば、アメリカの上場大企業500社の一部を所有することになる。トータル米国株式市場インデックスファンドを保有している場合（私はこちらが好みだ）、あなたはアメリカの事実上すべての上場企業の一部を所有していることになる。最近ではその数は約4000社だ。

4　インデックスファンドは「時価総額加重型」である。つまりシンプルに言うと、大企業であればあるほど、ポートフォリオ全体に占めるその企業の割合は大きくなる、ということだ。私たちが所有する株の中で、成長し繁栄している企業の割合が増えるのだ。失速した企業は、業績が回復しない限りその割合が小さくなるか、完全に消えてしまい、代わりに新たな新興企業が入ってくる。会社に起こり得る最悪の事態は、完全に失敗して100%の損失を出すことであり、逆に最高の事態は、100%、200%、1000%、10000%、あるいはそれ以上の利益を出すことである。私たちにとっては好都合だ。

5　こうした一連のプロセスを私は「自浄作用」と呼んでいる。インデックスファンドを買って保有し続けるのがいいのは、この作用があるからだ。

6　アメリカが強力で生命力のある資本主義経済を持ち続ける限り、このプロセスに終わりはないだろう。もちろん永遠に続くものは何もないし、アメリカだっていつかはローマと同じ道をたどるだろうが、個人的にはすぐにそうなるとは思えない。しかし、もしその時が近いと信じている人もいる――現にそう思っている人もいる――「シンプルな道」はあなたには向いていない。缶詰や弾薬を備蓄したほうがいいだろう。

7　投資家に対して、自国市場の株だけ持っていればいいと私が勧められる国は、アメリカだけだ。海外の読者は自分の国の外に目を向けるべきである。私はトータル・ワールド・インデックスファンドをお薦めする。

8　市場全体を上回る成果は出せないという見方は、ちょっとピンと来ないかもしれない。確かに私もそう思った。そのせいで長らく個別銘柄選びを続けていた。本当に優れた会社をただ何社か選べば結果が出せる、あるいは明らかに業績の悪い会社をただ避ければいい、というのは疑いの余地もないように思える。しかし、ここでは「ただ」という言葉が重大な意味を持っている。数十年にわたる調査によれば、どの年を見ても、アクティブファンドの運用会社の中で市場平均を上回る成績を上げるのは、多くて25％程度に過ぎない。続ければ続けるほどその割合は低くなる。30年後には1％以下、つまり統計的にはゼロになる。

9　個別株を買う場合、いつ売るかを考えなければならない。しかし、インデックスファンドは常に中身が刷新され、更新される。私個人はバンガードの株式市場インデックスファンドであるＶＴＳＡＸを保有している。ポートフォリオで生活しながら数株を売却する以外は、ずっと持ち続けるつもりだ。この売却は年間で最大２％程度で、４％の引き出し率の残りを配当で賄うことになる。それだけだ。いたって簡単である。

10　アクティブファンドは、インデックスファンドよりめったに成績が上回らないのに、その運用努力には多くの費用がかかる。ファンドのマネージャーは非常に高給取りで、形勢を逆転させようとアナリスト軍団を抱えている。しかし、ジャック・ボーグルがかつて言ったように、「ファンドの成績は上下するが、費用は永遠につきまとう」のだ。インデックスファンドはアクティブファンドを上回る傾向があるだけでなく、手数料に足を引っ張られることもない。そのお金はあなたの懐に残る。

というわけで、インデックスファンドのほうが強力で、間違いなくずっと簡単なのだ。いや、話がうますぎるのでは？　投資みたいなものは難しいはずじゃないか？

そんなことはない。複雑な部分は、あなたからお金を引き離すためだけに存在するのだ。ウォール街が投資を複雑にしているのは、そのほうが彼らの言葉に私たちが耳を傾けやすいからだ。彼らは言う。「そんなことで頭を悩ませなくていいですよ。われわれはこういうことに精通していますから。手数料を払ってくれれば、あとはお任せください」。しかし、２００８年から２００９年の金融危機の際に見られたように、時として彼らは自分たちも理解できないような事態をつくり出す。それだけでも十分問題だが、もしそんな彼らがあなたには必要だと言われたら最悪だ。でも、そうではない。

実は、成功する投資というのはシンプルさの極みなのだ。

変動性をどう考える？

インデックスファンドは簡単で強力かもしれないが、スムーズな道のりは期待しないことだ。株価は変動する。一定の期間で見た場合、そのうちせいぜい75％の期間は上昇するが、逆に言えば、少なくとも25％の期間はうれしくない動きをするということだ。

最近では市場が急落しても私は気にしない。しかし、ずっとそうだったわけではない。

１９８７年10月19日月曜日、私は普段どおり出勤した。忙しい一日だった。その日の終わりごろ、私はストックブローカーのウェインに電話することにした。ただ久しぶりだなと思ったからだった。電話に出た彼は慌てた様子だった。

「調子はどう？」と私は明るく言った。

「おい、本気で言ってるのか？」。彼の声は沈んでいた。「人生最悪の日だよ。怒鳴り散らす顧客から、ひっきりなしに電話がかかってくる」

「ブラックマンデー」と呼ばれる運命となったこの日に、市場は22・6％下落した。たったの一日でだ。一日の下げ幅としては過去最大だった。息をのむような恐ろしい事態だった。

私は自分が取るべき行動を知っていた。何もしない。じっと踏ん張って「航路を守る」、つまり道をそれずに現状を維持することだ。**市場は必ず回復するから、それまで待つ**。しかしわかっているからといって、必ずしもできるとは限らない。

相場は下がり続け、ついに12月のある日、怖気《おじけ》づいた私は株を全部売り払った。完全な底値ではなかったが、底値同然だった。その後、傷口に塩を塗るかのように、相場はすぐに向きを変えて上がり始めた。私は株価が以前の最高値を超えてさらに上昇する様子を、なすすべもなく見守っていた。それは厳しく、高くつく教訓だった。

代わりにこの教訓はしっかり身についた。**今の私は、市場の下落はたとえ異常なほどの暴落であっても、正常なプロセスの一部に過ぎないということが、頭だけでなく直感的にわかる**。市場が提供してくれる桁外れの利益によって富を築きたいのなら、下落による損失は参加費みたいなものだ。

もちろん、口で言うのは簡単である。次の暴落時には、いつものようにパニックが起こるだろう。メディアは気をもむ投資の達人たちの姿で埋め尽くされるだろう。しかし、そういうものはすべて雑音に過ぎない。無視するのがいちばんである。このような下落は、ニューイングランドのブリザードやフロリダのハリケーンのように普通のことなのだ。恐ろしいし危険なこともあるが、必ず過ぎ去る一時的なものである。

市場を予測して当てるのは宝くじのようなもの

まあ、市場は変動しやすいんだから、高いときに売って下がったら買い戻す、これを繰り返せばいいんじゃないか？　そうすれば、たちの悪いあの急下落を避けられるし、ただ持っているより、そのほうがいいに決まってるのでは？

おっしゃるとおり。そのほうが絶対にいいだろう。もしそれができるならば。しかしできない。**これを一貫してできる人は誰もいない**。いったいどうして私にわかるのかって？　簡単なことだ。もしできる人がいたら、その人は想像を絶するほど強力な財政的優位を誇っていることだろう。そのような人物は、投資の神様と呼ばれるウォーレン・バフェットよりも１００倍裕福で、はるかにもてはやされていることだろう。

ことわっておくと、たまにだったらできるという人は存在する。しかしちゃんと利益を得たいなら、それを一貫して続けることで初めて違いが出てくる。１９８７年10月19日の暴落に話を戻そう。

暴落のわずか7日前の10月12日に、シェアソン・リーマン・ブラザーズ社に勤めるエレーヌ・ガルザレリというアナリストが、ケーブルテレビのニュース番組に出演し、暴落を予見した。これは大胆な予想だったが、見事に的中した。彼女の名声は急上昇した。彼女が運用するファンドには資金が殺到したが、その後3年の間にS&P500指数をマイナス43%という惨憺《さんたん》たる成績で下回ることになった。

これはガルザレリ氏が大ポカをしたと言っているのではない。そのような予想を一貫して行うことは不可能だと指摘したいだけだ。

こう考えてみよう。**市場がどうなるかを予想する人は巷《ちまた》にあふれていて、そのうちの誰かの予想が当たるに決まっている。宝くじみたいなものだ。**たくさんの宝くじが発売されれば、誰かは当選番号を持っていることになる。だからといって、その番号を持っている人のことを「わあ、あの人は当たりくじの選び方を知っているんだ！」とは決して言わない（もしやそんなことを言う人がいる？）。いやいや、誰に当たってもおかしくはないが、当たったその人はとてもとてもラッキーだったのだ、と私たちはちゃんとわかっている。市場の予想を正確に行った達人が賞賛されるときも、これと同じなのだ。

2020年初めに起きた、新型コロナウイルス感染症の影響による株価急落のさなか、市場がいかにこの先も下落し続けるか、どれだけ長く低迷する運命にあるかについて、人々は動揺しながらも確信を持って語り始めた。「今回はまさにどこがどう違うのか」と。私はツイッター（現X）に「新型コロナの新症状を発見した。千里眼だ」と投稿した。そしてもちろん、市場はすぐに以前の高値を超え、記録的な速さで反騰した。それは私の投稿のせいではなく、かつてどこかの誰かが言ったように、「市場は最大多数の人々を困らせるためなら何でもする」からである。

市場の予測を有効だと言えるほど一貫して正しく行うことは不可能なのである。その時々の市場の動向によって、投資が影響を受けることはないのだ。私にもまったく影響はない。投資すべきタイミングはいつかと言えば、それは投資するお金があるときだ。

考えすぎないこと

投資について考えなければ、それだけいじくり回すこともなくなる。いじらなければ、その分よい結果が得られる。いくつかの簡単なことをきちんと実行するだけでいいのだ。**借金を避け、収入より少ない金額で生活し、余ったお金を幅広く低コストのインデックスファンドに投資する。**航路を守り、雑音を無視する。かつてジャック・ボーグルが市場の暴落時に言ったように、「何もせず、ただそこに突っ立ってればいいのだ！」

いつもどおりの投資スケジュールを継続し、定期的な下落のときに株が「特価」になって買いやすくなるのを祝おう。投資を続ければ、この下落はあなたの友となる。

みんないつも決まって異議を唱える。「ファンドはひとつだけ？　分散投資はしなくていいのか？」。分散投資というのは私が投資を始めたばかりのころに、分散度の高いポートフォリオを構築するためのアドバイスとしてよく勧められた方法だ。「セクターを七つか八つ選び、各セクターにつき銘柄をひとつかふたつ選ぶ。すると合計で10社から16社ほどになる。これは会社の動向を注視できる最大の、しかも妥当な数であり、分散もしっかりされている」

ＶＴＳＡＸを通して私は最大４０００社を所有している。銘柄分散の面でも抜かりはない。

アドバイザーの中には、株式が１００％という配分はあまりにも積極的（アグレッシブ）すぎると思う人も多い。彼らは間違っていない。確かに積極的だ。この配分では、ほかの資産クラス（株式、債券、不動産といった資産の種別）への分散投資はできない。でも私はそれで構わない。目的は富を築くことであり、株式は長期的に見たときに最高の成果を発揮するからだ。

ただし、変動性の高い運用になるため、少しでも変動を抑えたいのであれば、トータル債券市場ファンドで債券を追加すればいい。しかしその代償として、長期的な成績は悪くなることを理解してほしい。債券を増やせば増やすほど、道のりは快適になり、長期的なリターンは小さくなる。

当然のことながら、私に対して積極的すぎるという反論があるかと思えば、次のような文句も同じだけ飛んでくる。「保守的すぎる！　あれこれ手を加えれば、もっといい結果が得られるだろうに。暗号資産！　金《ゴールド》！　コモディティ！　プットオプション！　コールオプション！　ペニー株！　ミーム株！　ビーニー・ベイビーズ！　投資にレバレッジをかければ、どれだけ資産が増えることか！」[19]

私が提案する方法より積極的になるのも保守的になるのも自由だ。あなたが判断すればいい。しかし私の経験ではこのやり方がいちばんうまくいっている。かなりよい成果を出しつつ、リスクがとんでもなく高いわけではない。だからこそ娘にもこの方法を勧めているし、「シンプルな道」で推奨している投資アプローチにもなっているのだ。

私のアドバイスに従ったあなたが道端で血を流す可能性は？

私の投資アプローチを採用すると決めたら、市場の調整（10％の下落）や下げ相場（20％以上の下落）や市場の暴落（35％以上の下落）があったとしても航路を守る覚悟をしなければならない。恐ろしいと思うかもしれないが、あらゆる専門家が「今回は違う！　売りだ！」と叫んでも、そんな雑音は無視しなければならない。頭で、そして直感として、こうした出来事はごく普通のプロセスの一部であり、避けられない代償だということをわかっておく必要がある。**市場が下落するおかげで訪れるすばらしい購入チャンスを喜んで受け入れ、ひたすら株を買い続けなければならない。**

確信を持つこと。間違えないこと。この方法はパニックになって売ってしまってはうま、くいいかないい。それをしてしまうと、道端で血を流すことになるのだ。

道を歩むためのルール

・広範なトータル米国株式市場インデックスファンドを保有しているということは、アメリカ国内の事実上すべての上場企業の一部を所有しているということだ。CEOから工場労働者までの全員が、あなたを今よりもっと金持ちにするために働いているのと同じだ。
・トータル米国株式市場インデックスファンドは約4000銘柄で構成されているため、幅広く分散して投資できる。
・アメリカ国外で暮らしている人には、トータル・ワールド株式インデックスファンドをお薦めする。
・個別銘柄選びはうまくいくこともあるが、このほうが難しくコストがかかり、ほとんどいつも成績が劣る。
・インデックスファンド投資のほうが、簡単で安上がりで強力である。
・効果的な投資はシンプルさの極みだ。
・複雑な投資は、それを販売する人間を金持ちにするために存在する。

・下げ相場、調整、暴落はすべて想定内である。これらを普通のプロセスの一部として耐え抜くことは、株式から長期的な成果を得るためには避けられない代償である。
・これらが起きた場合、周囲がパニックに陥っていても気にせず航路を守ることが重要だ。
・市場の下落は贈り物である。おかげで「特価」で株を買うことができる。
・誰も市場の頃合いを測ることはできない。
・投資をいじくり回さずにほうっておけばおくほど、よい成果が得られる。
・苦境に立たされても絶対に航路を守れる自信を持てるまでは投資しないこと。パニック売りをしてしまったら、私のアドバイスに従った末に道端で血を流すはめになる。

［17］アメリカの総合エネルギー会社。2001年に巨額の粉飾決算が発覚し史上最大の規模で経営破綻した。

［18］アメリカの小売業を象徴する歴史ある会社。業績不振により、2018年に経営破綻した。

［19］プット（およびコール）オプション：オプション取引（特定の資産を一定の期日に予め決まった数量、価格で受け渡しする権利を売買）における売る権利（プット）と買う権利（コール）のこと／ペニー株：米国市場で数ドル以下で買える株／ミーム株：SNSやネット掲示板上で注目され短期間で株価が急上昇する銘柄／ビーニー・ベイビーズ：90年代の終わりごろにアメリカでバブルになったぬいぐるみ

干し草の山の中から針を探すのはやめて、
干し草の山を買うことだ

――ジャック・ボーグル

43 20年間投資したのに、なぜリッチになれなかった？

ジャスティン・ホール
アメリカ、バージニア州アーリントン
LivingTheFIghLife.com

妻と私は自由で豊かな生活を手に入れるために、やるべきことはすべてちゃんとできていると思っていました。借金はしない——実行済！　収入より支出を少なくする——実行済！　余ったお金は投資する——実行済！　それなのに、20年近く投資を続けてきた私たちが、なぜリッチになれなかったのか、なぜ惜しいところまですらもたどり着けなかったのでしょうか。

投資を始めて19年後に純資産を計算したところ、それまでＩＲＡに10万３０００ドルを投資していたのに、その価値はたったの9万２０００ドルしかありませんでした。なんと損をしていたのです！

さらに、課税対象のミューチュアルファンド口座に投資した5万ドルのうち1万５０００ドルと、個別株に投資した５０００ドルを全部失っていました。下調べはしたつもりでした。投資に関する本や記事を読んだり、友人からアドバイスをもらったりもしましたが、ジェイエルの「シンプルな道」に出会って初めて、自分の投資の何が問題かを理解しました……。

それは私自身でした。

私は昔からずっと倹約家で節約が大の得意でしたが、お察しのとおり投資家としては最悪でした。**将来のために頑張って投資していましたが、まったくうまくいかず、市場が暴落するたびにいつもパニックになって売却し、市場が回復したあとは、かなり経ってから慎重に再投資するという具合でした。**

ここで、私の問題だらけの投資の中でも、いちばんひどい例を紹介します。

１９９７年に、私はボストン・チキン（のちのボストン・マーケット）の株を１０００株購入しました。私たちは当時ボストンに住んでいて、近所にあるボストン・チキンのレストランが大好きでした。中食産業が成長トレンドだったので、最高の投資先だという自信がありました。残念ながら、ボストン・チキンはおいしいチキンをこしらえていただけじゃなかったのです。私がその株を買うほんの数週間前（私が知らないうちに）、この会社はフランチャイズ加盟店に新店舗の建設費用を貸すことで資金を回し、まずい財務状況の実態を隠していることがわかりました。なんと巨額の借金を抱えていたのです。

ボストン・チキンは、まもなく破産を申請しました。

その財政破綻の過程で、私は株価が１株あたり約５ドルから数セントに下落するのを目の当たりにしました。自分にはただ株式投資の知識が足りないんだと思った私は、『モトリー・

フール投資ガイド（The Motley Fool Investment Guide）』を読みました。チキンがおいしいからといって投資先としておいしいとは限らない、という彼らの指摘は少しも間違ったものではありませんでした。**このことで、個別銘柄の選択は非常にリスクが高いということは学びました。**

それでもめげずに3年間市場を注意深く見守り、前年と比べて増えたことを確認すると、よし、ハイテク株ブームに乗り遅れるわけにはいかないと思いました。そこで、Y2Kの不安は去ったものの、いよいよドットコム・バブルが崩壊するという2000年1月に、純資産の4分の1（5万ドル）をミューチュアルファンドに投資しました（半分はハイテク関連のファンド、半分はS&P500インデックスファンド）。

そう、高く買ったのです。

私の株の価値はバブルとともに崩壊しました。4年間しか持っていませんでしたが、ほとんど回復の見込みがなさそうだったので売却し、1万5000ドルの損失を出したのです。

株を手放さずに回復を待つというやり方を、まだ理解していませんでした。実際、アマゾンやイーベイなどの生き残った企業の多くは最終的に完全に回復し、大儲けしたのです。

幸い、私たちは唯一残っていたIRAへの投資はそれぞれ放置していたので、それは増え続けました……。あの大不況に直面するまでは。

2008年9月に大不況が本格化して株式市場が大幅に下落したとき、私はIRAの投資を安全な場所に引き揚げ、さらなる「損失」を回避する必要があると、妻と自分自身を納得させました。そこで悩んだ末、IRAをマネー・マーケット・ファンド[20]に移し、夫婦それぞれ約25%の損失を出す結果となりました。不況の影響で私は市場に対して警戒心を持つようになり、マネーマーケットアカウント[21]にお金を入れておきました。でも2014年2月に、自分たちが参加していないのに市場が上昇することに、もう耐えられなくなりました。そのころには市場はとっくに回復していましたが、私は不安を拭い切れず、多くの専門家のコメントを信じ、市場は必ずまた下落すると思っていました。

そして2018年初めに、ついに経済的自立ムーブメントに出会い、将来の資産の築き方について新しい視点を得ることができました。今は広範なインデックスファンドに投資して、手数料を抑えることの大切さを理解しています。**でも何よりも重要なのは、市場が下落しても株式を持っておき（さらには買い）、上昇しているときに売る（リバランス——相場の上下に伴い変化した投資配分の比率を修正する）方法を学んだことです。**

私の最初の大きな試練は、パンデミックが発生して市場が急落した2020年3月でした。以前なら、急落したら資金を引き揚げていたところですが、このときは売りませんでした。それどころか、投資可能な資金を迷わずいちばん効果的なやり方で活用し、もっと多くの株に移しました。いずれは市場が再上昇すると信じられるようになっていたのです。2022

年1月の初めに、私はポートフォリオのリバランスを行い、ピーク時に株式を売って国債を買いました（金利が上昇していたため、債券については売却を見送る必要がありました）。市場が15%下落した2022年6月初旬に、私は国債から「特価」で株を買うために資金を移動しました。株価がさらに下落して弱気相場に入ったとき、私はもっと多くの株式を割安で購入しました。もし25%、あるいは30%下落しても、また同じことをするつもりです。

ジェイエルの「シンプルな道」に出会ったあと、私たちの株式のポートフォリオは資産が60%増加し、経済的自立を達成しました。私はもう不安だらけで投資をすることはありません。機会損失とはおさらばです。市場はいずれ回復すると確信しながら、地平線をじっと見すえ、じっくり考えて投資しています。20代前半の二人の子どもたちは、賢い投資人生に向かってすばらしいスタートを切ろうとしています。

44

高い手数料は必須条件じゃない

ブライアン
アメリカ、ペンシルベニア州

私は昔からちょっとした表計算オタクです。わが家では何かを決めるときは、大きいものから小さいものまで、すべて数字を使った評価システムを活用してきました。ところが、お金に関わるもっとも重要な「投資先」については盲点で、この方式では決めていませんでした。

20年近く投資をしてきた私は、実はアドバイザーに手数料を支払うのは必須条件だと思い込んでいました。そんなとき、２０１９年夏にジェイエルの「シンプルな道」に出会いました。

その夏の終わりに、私は投資のほとんどを低コストのインデックスファンドに移しました。４％ルールというものを知って、それをもとにわが家の数字を計算してみると、妻と私は望めば40代前半でリタイアできることがわかりました。小学生の子どもが三人いるのにです！

そのあとは、おなじみのストーリーです。２０２０年には住宅ローンを完済しました。２０２２年には家族有給休暇を取って、ヨーロッパで3カ月間過ごしました。

私たちは借金のない健康な経済生活を送るために、経済的自立に向けた計画と知識を今でも活用しています。

45 本当に役に立つファイナンシャル・アドバイスとは

ネイサン・マクブライド
アメリカ、ユタ州

物心がついたときから、私はずっとお金に魅了されてきました。子どものころ、自分の部屋のあちこちに隠しておいたお金をたびたび取り出し、ベッドの上に丁寧に並べてきれいに積み上げ、いくらあるかを数えました。お小遣いと、誕生日やクリスマスなどにもらった金額を集計して、達成感みたいなものを感じていました。

子どものころからずっと貯金をしていたし、大学進学のために家を出たときも基本的な予算をオーバーしないように暮らしていました。お金のことは何でも理解しているつもりでした。でも、金融業界で実務経験を積んで初めて、自分がいかに無知だったかを思い知らされました。

大学2年のときに、大手ファイナンシャル・プランニング会社でインターンシップをしました。そこでの9カ月間で、生命保険についてのあらゆることや、その販売方法、どんな売り方だと電話を切られてしまうかなどを知りました。

投資についても少し学びました。

あとでわかったのですが、私が学んでいたファンドの多くは、高額なフロントエンドロード（販売時手数料）がかかるミューチュアルファンドでした。もちろん、売ったらいくら手数料がもらえるかを聞かされたときは、すごい！　と思いました。

それから数年経って初めて、ファイナンシャル・アドバイザーの役割に疑いを持ち始め、お金や金融全般に対する自分の理解についても疑問を持つようになりました。

賭けてもいいですが、ファイナンシャル・アドバイザーを探す理由を尋ねられたら、ほとんどの人は「それが当たり前だから」とか「投資についてなんてほとんど何も知らない、何から始めればいいかもわからないし！」と言うでしょう。

しかし、アドバイザーが自分の利益を最優先することであなたの将来を決めていく方法では、たちまち間違った方向に進んでしまいます。

そのため、私は違うアプローチを取ることにしました。ファイナンシャル・アドバイスを、例えば家庭教師から微積分を教わるようなものだと私は考えるようにしています。

最初のうちは何もかもが難しく、まるで外国語のように思えます。そこで、家庭教師とか教授とか、勉強を手伝ったり問題を出してくれたりする友だちとかを見つけます。最終的には、基本を理解して数問なら取り組めるようになります。そこから先はもっと難しくなってきます。概念の上に概念が積み重なっていくので、今まで以上の助けが必要になります。

ファイナンシャル・アドバイザーもそれと同じで、財務について教える一種の家庭教師だと言えるでしょう。

しっかりした基礎固めをするために彼らに導いてもらいますが、いったん基本的なことを十分に理解したら、あとはあなた自身が主導権を握ることができます。何か新しい問題が出てきたら、彼らにまた相談すればいいのです。

幸運なことに私は、インターンシップ中に先輩の一人と友だちになれました。今ではたまに連絡を取って意見交換をしたり、これからの私の人生に起きることに対応できる資金計画について、見直し相談などができたりする存在です。それこそ、私が必要としているものなのです。

46 必要なのはアドバイスじゃなくて主導権だった

グレッグ・ウィンザー
ニュージーランド、クライストチャーチ

2020年の半ばに、父は私と二人の兄弟に向かって「別荘を売却するつもりだ、その代金をお前たち三人に早めに相続させたい」と言いました。相続の結果、私は15万ドルを手にしたのですが、そのお金をどうしたらいいのか見当もつきませんでした。

当時、銀行の定期預金の金利はそれほど高くありませんでした。インターネットでいろいろ調べて、ファイナンシャル・アドバイザーに相談するのがいちばんだと思いました。投資については不安があって、株式市場に資金を投じるのはギャンブルみたいなものだと思っていました。

アドバイザーは、15万ドル程度しか投資しないのなら、最初はニュージーランド市場に限定されるだろうと言いました。私の資金が25万ドルの大台に乗れば、アメリカなどの国際市場にも投資先を拡大できるとのことでした。

結果的に約1年間、この投資会社に運用を任せていました。この期間に追加の投資は一切しませんでした。ドルコスト平均法について何も理解していなかったからです。私は市場が下落すると、資金が減るだけでなく持っている株数も減るのではと思っていました。下がるのは株の価値だけだとは知りませんでした。

配当が何なのかも知りませんでした。

ニュージーランドで評判のいい運用会社を通じて15万ドルを投資していたのに、投資に関するアドバイスは何ひとつもらえませんでした。株式市場を毎日見て、「市場にとって最高の一日」とか「市場にとって悪い一日」というニュースを聞き、どれだけストレスの多い日々を過ごしたことか。

このストレスだらけの投資の旅を始めて10カ月ほど経ってから、ついにジェイエルの「シンプルな道」に出会いました。そして、配当金、ドルコスト平均法、インデックスファンドという言葉を聞くようになりました。そのどれもがシンプルで、ストレスがなさそうでした！

もう少し調べてみると、ニュージーランドでもアメリカの株式市場に簡単に投資できることがわかりました。特に、バンガードのＳ＆Ｐ５００ ＥＴＦを追跡するファンドに興味を持ちました。ニュージーランドの場合、そのファンドの手数料は、私がファイナンシャル・アドバイザーに支払っていた手数料の約４分の１でした。

もうこのときには、４％ルールをしっかりと心に刻んでいました。

このことを知る前は、ファイナンシャル・アドバイザーに毎年１・５％程度を支払うことは、彼らが将来私のために稼いでくれるかもしれない額を考えれば、ずっと安いと思っていました。今になって、実は１・５％という手数料は将来の収入の４分の１以上になるということに気づきました。

「富へと続くシンプルな道」に出会って学んだ最大のことは、株式市場に投資するときの精神的なことでした。10カ月続いた投資ストレスの日々を経て、資産を積み上げる段階では、市場の調整や下げ市場、あってほしくない市場の暴落にだってプラス面があることを知り、私の人生は変わりました。

こういう状況のときは、株式を「特価」で買うことができるのです。

私はファイナンシャル・アドバイザーからお金を取り戻し、自分の力でやっていく自信がつきました。**それで結局、S&P500のみに投資することにしました。**このファンドに2週間ごとに自動口座振替をして、配当金はすべてポートフォリオに再投資しています。今では下げ相場とその割引価格を楽しんでいます。

47 私を金持ちにするのがアドバイザーの仕事だと思っていた

ジェイソン・マーティン
アメリカ、マリコパ郡

私はあと数年で市役所から年金がもらえる、幸運なアメリカ人です。ただ残念ながら、年金をもらえるとわかっている分、投資生活に関するほかのいろいろなことに、やや無関心になっていたと思います。

仕事に就きたてのころ、退職したばかりの同僚たちに、もし過去に戻れるとしたらどうするかと尋ねたことがあります。みんな口をそろえて「課税繰延退職口座にたくさん資金を投入する」と答えました。この退職口座は公的機関向けの「457プラン」のことで、民間企業でいう401(k)のようなものですが、退職後の年金支払いを補う目的があります。私はちゃっかり彼らの言うことを聞き、少なくとも小切手のごく一部をひたすらこの口座に入れていきました。そのお金がどこに行くのかすら知らなかったのですが。

その口座の残高は時間とともに徐々に増えていきました。昇給の一部もそこに入れました。やがて貯蓄はかなりの額になりました。

2015年に、「公共安全」に携わる職員に対して退職に関する助言をするファイナンシャル・アドバイザーが訪ねてきました。そのアドバイザーは、市が導入している限られたプランよりも、私たちはもっとよいリターンをお約束します、と言いました。この人は実はアドバイザーを副業している同僚で、そのことにも背中を押されました。この同僚を信用しない理由があるでしょうか?

私は彼の会社の担当者らと面談し、リスクに対する自分の許容度を記した書類にサインをしました。彼らは私が将来いかに金持ちになれるかについて説明しました。そして、私のお金を市の457口座から個人で管理するシュワブの口座に移し、さまざまなミューチュアルファンドや株式などを購入し始めました。ほかにもいったい何を買ったかわかりません。すごくややこしそうでしたが、私が金持ちになるのを手伝ってくれている、とただうれしく感じました。

そして2020年になり、「ロビンフッド」などの投資アプリが登場したことで、株式市場への人々の関心が一気に高まりました。私の友人たちも、まるで新しいタイプのビデオゲームでもするように、携帯電話で株を売買していました。もちろん私も興味をそそられ、その種のアプリをひとつダウンロードして少額のお金でちょっとやってみました。損をしたり儲かったりしましたが、株と投資の世界について、もっともっと知りたくなりました。

ある日、自分の457口座の履歴を確認したところ、何年間も途切れることなく手数料が引き落とされていたことがわかりました。損失が出たときもです！

私は例のファイナンシャル・アドバイザーの同僚に電話をかけ、投資対象を決めるときに自分ももっと積極的に関わりたいと伝えました。その後、私が投資したい対象を見つけ、その要望に彼らが従う形になりましたが、そのやり取りがとても面倒なため、私はだんだんイライラしてきました。自分のお金をコントロールできていないような気がしたのです。

2020年後半には、私は手当たり次第に投資関連のオーディオブックやポッドキャストや動画を視聴していました。そしてこの追究の末、ついにジェイエルの「シンプルな道」にたどり着いたのです。

学べば学ぶほど、投資というのは実は簡単なものなのだと実感しました。私のお金を管理している人たちは、それを必要以上に複雑に見せていたのです。**インデックスファンドや経費率や手数料について学び、そうした手数料がいかに私のポートフォリオの足を引っ張っていたかに気づきました。**

その後、思い切ってアドバイザーを解約して自分のお金を自分で管理し始めるまで、約3カ月かかりました。そんな大金を自分の責任で管理することが最初は少し怖かったのですが、新しい知識のおかげで安心感が高まった私は、高値のミューチュアルファンドや株式を売却し、バンガードのトータル株式市場ETF（VTI）に移行しました。

VTIにしたのは、VTSAXに比べて経費率がやや低いことと、勤務先を通じてシュワブの口座を使わざるを得ないため、シュワブを通じてVTSAXを買うには追加の費用がかかるからでした。

リタイアまでわずか数年となった今、私は不安もなく、自分で主導権を握っているという実感を持てています。**経済的自立に向かう中で、市場の低迷時には自分の体を船のマストに固定し、「富を増やすなら今がチャンスだ」と思える規律と精神的な強さを身につけることができました。**ありがたくて仕方がないです。年金はもらえますが、退職口座のお金は、家族にとって次世代に残せる財産となるでしょう。

48

売るときの問題

ベン・シャーロン
日本、仙台
retirejapan.com

私は15年の投資歴があり、日本在住者向けに個人資産管理に関するウェブサイトを8年間運営してきましたが、自分の投資の一部が目的に合っていないことに気づきました。がっかりです。

つい最近まで、私は自分のポートフォリオにかなり満足していました。私たちはインデックスファンドを中心に、配当のある株式ポートフォリオをおまけで保有しています。

私のこれまでの投資哲学は、株式などを購入しても絶対に売らず、配当があれば再投資するというものでした。

このアプローチはかなりうまくいっていました。これまでは。

このところ、リタイア後の生活とはどんなものなのか、生活資金を得るために将来どうやって投資商品の売却を始めるか、うまい判断を助けるためにどんなルールがつくれるかについて考えています。

その結果、自分は投資商品を買う効果的なルールは知っていても、売却をどう考えるかについては、何もわかっていないことに気づきました。

個人資産管理や投資に携わる人のほとんどが、低コストのインデックスファンドに投資し、できるだけそれを自動化したら、あとは投資のことは気にしない、と口をそろえて言います。

もし私たちもそうしていたら、今ごろもっといい経済状況にあったでしょう。

なので、投資を始めようという人や毎月の投資額を増やしたいと思う人は、基本に忠実に従って、株式ファンドと債券ファンドをひとつずつ含む低コストの分散型インデックスファンドを検討しましょう。そして、どう投資してどう使うのか、自分ではっきりとしたルールをつくってください。

そうすれば、私みたいな目にあわないで済むと思います。

49 2000ドルの悪夢

レイチェル・ヘルナンデス
アメリカ、テキサス州
www.mobilehomegurl.com

不動産投資家として駆け出しだったころ、私は2000ドルでトレーラーハウスを買いました。これはお買い得だと思いました――とても安かったからです。**でも、これこそが問題で、価格が安いからといってお買い得とは限りません**。私はこの教訓を身をもって学びました。

そのトレーラーハウスの情報をくれたのはトレーラーパークの管理人でした。彼はその家(トレーラーハウス)のこと、売り主のこと、その売り主が早めに売りたがっていることなどをすべて教えてくれました。売り主はシングルマザーで、そこに住み始めてまだ1年も経っておらず、パークの借地料を滞納しているとのことでした。

私は売り主に連絡して、内見の日取りを決めました。その物件は寝室がふたつ、浴室がひとつの、1980年代につくられた小さくて古いトレーラーハウスで、移動式住宅が集まるトレーラーパークにありました。私が過去に購入したことのあるハウスと違って、セントラルヒーティングもエアコンもありませんでした。

売り主は4000ドルで売ると言いました。私たちは何度も話し合い、最終的に2000ドルで交渉が成立しました。私は有頂天になりました。お買い得に聞こえるでしょう?

この家を売るのがどれほど難しいか、私はわかっていませんでした。今の自分なら売買しようとも思わないような低級なパークにありました。当時の私は青臭い新米で、儲けのことしか考えていませんでした。簡単に売って次に行けると思ったのです。

それは間違いでした。

場所柄、集まってくる購入希望者は、信頼できなそうな人たちばかりでした。パークの管理人は、オーナーファイナンシング[22]で売ればいいと主張しましたが、その場合、もし買い手が私への購入代金とパークへの借地料を支払わなければ、ピンチに陥るのは私です。これでは振り出しに戻ってしまいます。

その管理人には問題が見えておらず、「買い手が支払わないなら家を取り上げて、ほかの買い手を探せばいい」と言いました。でも、そういう商売をするつもりはありませんでした。家を売って終わりにしたかったのです。

私はちゃんと購入能力のある買い手を求めていました。残念ながら、あのパークではその可能性は決してないとわかりました。そこで、もっといい地域で買い手を見つけようとしました。ある購入希望者は、母親のために家を探している素敵な家族でした。私は別のパークでその家族に家を売ったことがありました。彼らは例のトレーラーハウスを見にくると、ほかのパークの物件はないですかね、と丁寧に尋ねてきました。

こうして私は不動産における立地の重要性を学びました。**家はいつでも変えられますが、住んでいる地域を変えることはできません**。いや、もしかしたらできるかも？

私はいい買い手が現れるまで待てるだけ待ちました。そのトレーラーハウスは空き家のままで、私は毎月借地料をドブに捨てていました。あるときなど、窓に取りつけてあるエアコンを誰かに盗まれました。何とかしなければなりませんでした。

そこで、安く売る決心をしました。ある投資家が現れて、そのトレーラーハウスを現金で買い取ったあと、それに乗ったままパークを出て、別のパークに引っ越していきました。場所の問題は、これで一件落着みたいです！

50 インデックスファンドがくれた解放感

ジェン・シン・チャン
台湾

私は国立台湾大学で金融学の学士号を取得していますが、学生時代にはインデックスファンドやパッシブ投資という言葉は聞いたことがありませんでした。このエリート大学の同級生たちもそうですが、株式の銘柄選びは簡単で、市場に勝つのは朝飯前だと信じていました。

大学卒業後、私は個別株に投資し、手数料の高いミューチュアルファンドを買っていました。投資成績はよくありませんでした。簡単に儲かることもありましたが、市場の頃合いを測ろうとして、すぐに損をしました。何もかも予測不可能でした。テクニカル分析にはまってグラフやパターンを研究しましたが、投資成績は上がらず、もう疲れ切ってしまいました。

2014年に、ついにパッシブ投資とインデックスファンドのことを知ったときには、ほっとしました――苦痛と混乱から解放されたからです。それ以来、私は台湾市場を象徴するインデックスファンドであるユアンタの台湾50（銘柄コード：0050）に投資しています。これは台湾証券取引所の台湾50指数の企業を追跡するものです。そのほか、バンガードの全世界株式インデックスファンドも保有しています。

パッシブ投資を選ぶ最大の利点は、フルタイムの仕事に集中できることだと思います。市場やメディアの評価を毎日気にする必要がなくなるからです。自由になれます。優れたリターンを求めつつ、自分の人生を送ることができるのです。

市場の知恵が結集されたインデックスファンドだけで自分は十分だと心底そう思います。私には内部情報もなければ、並外れたテクニカル分析のスキルもありません。収入を得て、給料の70～80％を貯蓄し、インデックスファンドに投資しています。**もうすぐ40歳ですが、リタイア後の生活への不安はありません。人間の向上心と価値を創造する原動力の集合体が味方となって、私のポートフォリオを支えてくれているからです。**

51 投資はワクワクするためのものではない

キングスレイ・エゼンワ
ナイジェリア、カラバル

最近まで私の国（ナイジェリア）では、株式投資は簡単にできるものではありませんでした。エリートだけがするものだと思われていました。ありがたいことに、この状況は急速に変わってきています。自分も株式投資に加われると思うと、とてもワクワクします。

経済的自立を目指す私の旅は、決して楽なものではありませんでした。軽はずみな決断も後悔もたくさんしてきました。でも私の体験談をきっかけに、ほかの人たちが行動を起こしてくれたらと思います。

幼いころからお金に興味があった大きな理由は、父のお金の使い方がまずかったからかもしれません。父から間違ったお金の使い方をじかに学びました。基本的な金銭管理能力がないと悲惨な結果につながるし、それはすぐに人生のほかの部分にも影響します。

だからそうならないよう、子どものころは常に頑張って貯金していました。でもそのうち、もっと早く目標に到達したければ、貯蓄を増やす必要があると気づきました。これが株式市場のことを知ったきっかけです。

ナイジェリアでは、インデックス型の投資よりも個別株（特に成長株）が好まれます。そのため長い間、私はアクティブ型の運用ばかりして、周りにも勧めてきました。**ところが20年に、大学進学のために貯めていたお金をすべて失ってしまいました。**

人生でいちばんつらい時期のひとつでした。でもこのころ、すばらしいことも起きました。ジェイエルの「シンプルな道」に出会ったのです。

私のポートフォリオは、ナイジェリアやもっと遠い国の人たちから見れば、信じられないほど退屈なものでしょう。VOOとBND（バンガードのトータル債券市場ETF）だけですから。でも今ならわかります。本当の投資とは、興奮の波が押し寄せるようなものではないのです。もしそうなっているとしたら、何かがおかしいのです。

これまでよりも経済状況がよくなっている、そう言えるのは誇らしいです。私の代わりにインデックスがいちばん難しい仕事をしてくれているので、夜ぐっすり眠れます。おかげで航路を守るのがずっと簡単になりました。

52

怖がりながら、やってみる

リサ・シェーダー
アメリカ、カリフォルニア州
moneyfitmoms.com

バンガードに電話をしてロスＩＲＡを開設したとき、自分が狭いアパートのどこに座っていたのか今でもおぼえています。とても緊張していました——馬鹿みたいですが。税務会計の修士号を取得し、公認会計士試験に合格したばかりだったのに！

きっと、インポスター症候群[23]のせいだと思います。投資口座を開くなんて、私はいったい何様なんだろうと感じました。ほとんど無一文だったからです。

電話の向こうの女性は本当に親切で、最低投資額から買えるファンドを考えてくれました。神経がすり減りそうでした。**でも、アメリカの作家グレノン・ドイルの「恐怖に勝てないなら、怖がりながらやればいい」という言葉が大好きなので、不安で混乱しながらも、やってみました。**私たちはそれぞれ、ＩＲＡと４０１（ｋ）の両方で投資を始めました。

若くして投資を始めたことは、長い目で見ると人生を変える結果となりました。大学を卒業してほぼ10年後に、私たちの純資産は100万ドルに達したのです。

53 市場の下落を楽しむ

アンディ・リヨン
イングランド／アラブ首長国連邦
ツイッター（現X）@mrlyonresources

私はあと20年ほど働く予定ですが、ジェイエルの「シンプルな道」に出会う前だったら、今の市場の下落にびくびく怯えていたでしょう。**それが今は怯えるどころか、ワクワクしています**。数年間は続いてほしいです。そうすれば、バンガードを通じてインデックスファンドをもっと買って、市場がいずれ上昇したときに資産をぐっと増やすことができます。

友人や家族は残念ながらパニック売りをしてしまい、このチャンスを逃しています。

54

直感で変だと思った、だから論理的に考えてみた

MB――MYFICAPSULE
アメリカ、ミネソタ州

妻と私は、ファイナンシャル・アドバイザーとはもう縁を切ろうと決めました。経済的自立コミュニティを見つけたので、これからは自分たちでお金を管理してもいいだろうと思ったからです。それに、ミューチュアルファンドにかかる高い手数料や、市場が活気づいているのに利益を出せていない投資に、うんざりしていました。

アドバイザーに電話したら留守電になっていたので、メッセージを残しました。彼は私の声の調子から、いいニュースの電話ではないと気づいたと思います。とはいえ、もともとその電話で解約を告げる気はなく、7割がたそのつもりだと伝えるつもりでした。彼に自分の役割の重要性を説明させてあげたいと思ったのです。軽はずみなことはしたくありませんでした。

ところがその後、このアドバイザーと連絡が取りづらくなりました。いつもならメールや電話ですぐに返事が来るのに、このときは丸2日かかりました。やっと連絡が取れたと思っ

たら、「すごく忙しくて、でも近いうちに時間を決めて話しましょう」と言われました。私はあきらめて、こちらの計画を伝えるボイスメモを携帯電話に録音し、そのファイルをメールで送りました。

次にやっと連絡が取れたのは4日後でしたが、彼はメモを聞いていなかったと主張しました。私たちは自分たちの考えを要約して伝えました。それでも、まだ3割は考え直す余地を残していました。向こうの言い分を聞きたかったのです。

彼は延々と長い話をしました。最初の部分はこの先も忘れないでしょう。「インデックスファンドでリターンを追いかけ回したいのなら、どうぞご自由に」

インデックスファンド投資がそんなふうに説明されるのを聞くのは初めてでした。私は「インデックスファンドは単に、市場に連動するもののはずですが」と丁重に伝えようとしました。追いかけ回すことはできません。一方、アクティブ運用をして高い手数料を取るタイプのミューチュアルファンド投資なら、当然アドバイザーが常に私たちのファンドを出し入れするので、そっちのほうが「追いかけ回す」イメージにぴったりです。

私たちはお互いに意見が合わないことに同意しましたが、彼のあの言葉があまりにも馬鹿馬鹿しく、それについて考えれば考えるほど、もう潮時だという実感が増しました。私はリターンを追いかけ回していたのではなく、市場平均にさえ到達できればよかったのです。

そのアドバイザーとは保険契約もいくつか結んでいて、それは継続したかったのですが、このやり取りのあとで全部解約したいとメールで伝えました。返事はありませんでした。短いお礼の言葉すらありませんでした。

私はバンガードに移行し、貯蓄率を上げ、純資産を増やしました。結局、アドバイザーの沈黙に耐えかねて、そのときまだ彼に預けていた大型の保険を解約しました。そのせいで保険料6000ドルを失うことになりましたが。

彼と縁を切ったおかげで、肩の荷が下りました。**論理的に考えて何かが変でしたし、直感的にも何かがおかしいと感じました。その感覚はもうありません。最高の気分です。**

55

副業は株式ほど簡単ではない

スワルナディップ・チャタルジー
インド、コルカタ

株式は、本当の意味で「パッシブ（受動的）」な収入を得ることができる唯一の手段です。お金を稼ぐためにお金が働いてくれるわけですから。**ユーチューブなどの副業も、いわゆる**

パッシブ収入が得られる仕事だとされますが、実際には、やる気、エネルギー、時間といった膨大な投資が必要な場合が多いです。特に「時間」は限られた貴重な資源です。

個人的には支出を減らして投資を増やすほうが、休みなく週末も働いて複数の仕事をこなし、いつか仕事が減ればいいなと思いながら過ごすよりも、もっといい生活につながると思います。時間を多く取られる副業は一時的にはありかもしれませんが、あっという間に身動きが取れなくなります。人生とはほかとの関係性なのです。

56 船を燃やそう

マット
アメリカ

今は2016年です。私は政府関係の多忙なオペレーションセンターで働いていますが、順調とは言えません。

四人目の子どもがもうすぐ生まれます。どの子もかわいいですし、子どもたちの幸せと健康を願っていますが、この仕事を一生続けたいとは思いません。私より年上の同僚がいて、

30年以上ここで働いています。おそらく仕方なくでしょう。

私はそのような生活は遠慮したいです。

こういう仕事をしていると、国に対する献身、詳細まで人に話さない配慮、トラブルを避ける能力が求められます。年金があれば生活には困らないでしょうが、私の場合、それ以上の何かがなければ十分とは言えない気がします。**借金や家計上の致命的なミスを避けるのが私の務めですし、その甲斐あってクレジット・スコアが高いとはいえ、それが貯蓄の知識にはつながらないのですから。**

そのいい例を挙げましょう。２０１１年に公務員になったとき、私はアメリカの連邦公務員向け確定拠出型年金ＴＳＰ（Thrift Savings Program）について、Ｃ、Ｓ、Ｆ、Ｉ、Ｇの５種類からファンドを選ぶことができました。当時、Ｃファンドの株価はＧファンドの株価とほぼ同じでした。ＣファンドはＧファンドより変動性が高いと説明された私は、こう思いました。「自分のお金のことなんだから、Ｇファンドのほうが安全で1株15ドルしかかからないと知っていて、どうしてＣファンドとやらに17ドルも払う必要があるのだろう？」

そう、私がどこにお金を入れたかわかりますよね。５％のマッチング拠出を受けるだけのＧファンドでした。数年間にわたってです。

私には投資アドバイザーがついていました。資産管理について誰かに方向性を示してもらう必要があると薄々気づいていたので、投資先を教えてくれる人を雇ったっていいだろうと思ったのです。安心感のためなら、少しぐらい手数料を払っても構いません。自分には知識がないので、今よりもいい計画を思いつけないことだけは確かでした。拠出をやめてしまっていたので、アドバイザーはたまに電話をかけてきては10分ほど話をし、私が何を見逃しているか、いかに真剣に投資に向き合う必要があるかを強い口調で説明しました。押しつけがましい感じがして、気に障りました。

賢者の言葉にあるように、チャンスは心構えができている人に訪れます。忙しいオペレーションセンターの職場で、私は新しい同僚に出会いました。彼は表計算シートとcFIREsim(cfiresim.com)というウェブサイト、そして私には理解できない用語をもとにして、自分が仕事を去る時期を決めていました。リタイア(retire)ではなく、もう十分だと立ち上がり、自ら去る(leave)時期のことです。

そんなことができるとは、ましてや公務員の給料で可能だとは思わなかったし、そもそも私が政府で働いているのは、年金のためだったのでは？　彼の話は一見すると愚かな夢物語に思えましたが、この同僚は馬鹿ではありませんでした。彼にしてみれば、私のほうが明らかに愚か者だったようで、ジェイエルの「シンプルな道」を紹介してくれました。

大人になると、頭からあふれ出した情報や知識を、完全に整理し直せる機会はそんなにありません。

ジェイエルの「道」は、私たちの状況でも実行できそうでした。育児費の負担がものすごく大きく、裕福な地域にそれなりの家を持ち、車のローンもありました。私は終身保険に加入していて、以前勤めていた州の年金制度に投資してある資金、さらに投資アドバイザーが管理するロスＩＲＡや、それに関連する見直しが必要なものもいろいろありました。ここで決定的だったのは、私自身がやる気満々で、一刻も早くガラリとやり方を変えたいと思っていたことです。そして行動に移しました。

車のローンを支払い、保険を現金化し、出費を抑えました。でも誤解のないように。こんなのはまだ序の口でした。本格的に取り組むには、山ほどの不安を乗り越える必要がありました。もし何もかもでたらめだったとしたら？　いいカモにされているのだとしたら？　気まぐれや流行につられて、これまでに多くの人が道を踏み外してきました。でも私は自問しました。どっちにしろ、もともとそうやってきていたのでは？

私はもっといろいろ調べてみました。アメリカのドキュメンタリー番組『フロントライン』で放送された、リタイア後のギャンブルに関する話は参考になりました。イギリスのコメディアンのジョン・オリバーが話した、リタイアにちなんだ笑えるエピソードはグッドタイミングでした。そう、インデックスファンドは効率的で、複利は奇跡のようなものでした。私が以前から望んでいた場所にたどり着くには、これしかできる方法がありませんでした。すでに出遅れていた私は、自分を縛っていたロープを一本残らず切ることにしたのです。

まず、もともと持っていたインデックスファンドであるＴＳＰから取り掛かりました。私は「セーフG」ファンドを100%保有していると言われました。セーフとは、いったい何を防ぐ安全でしょうか？　インフレと最大成長の複合効果を防ぐということでしょうか。私は自分自身に「まだ年金も社会保障もある。それがこれからの私にとってのGファンドになるはずだ」と言い聞かせました。そしてCファンド100%に切り替えて、給与の5%以上の金額を拠出するようになりました。TSPのファンドの種類を色分けで示したカラーチャート上で、私の色はGの明るい黄緑色からCの黄土色に変わっていきました。このダイナミックな変化は、このチャートの色の順や幅と合っていなかったので、いっそう自分の行為が型破りなものに思えました。

次に取り掛かったのは州営の年金です。6万ドルほどあることがわかりました。この金額から考えると、将来的に月800ドルの年金を受け取れそうです。悪くない額です。年金制度の担当者は、積立金を引き出すなんて、確実に手に入るお金を捨ててしまうのかとでも言わんばかりの様子でした。でも800ドルは、この先必要になりそうな額にはまだまだ足りない感じがしたのです。今の私にはもう、その800ドルをTSPに追加できる必要な枠組みがあります。自分に理解できる形で何年間も複利で増えていくCファンドです。そこに新しい資金が加わると、TSPの黄土色の貯蓄が増えていくのがわかりました。

最後に、アドバイザーが管理するファンドに取り掛かりました。このファンドとの縁切りがもっとも難しいことはわかっていました。このアドバイザーは私という顧客と自分のファンドを手放さないことが最大の関心事で、そのためにはこれまで何年も提供してきたサービスのことやお互いの信頼関係などを、私をつなぎ止めるための錨《いかり》として利用してきていました。でも、戦うつもりのない銃撃戦に負けることはありません。そのお金はバンガードVTSAXに投資する必要がありました。

そこで、逆にその方向から働きかけようと思い、アドバイザーを解雇するのにバンガードの力を借りることにしました。バンガードの口座を開設して資金がそこに移るのを待ったのです。お金が動いたら瞬時にアドバイザーから連絡が来るはずだからです。思ったとおり、私の無作法に対する非難のこもったメールが明け方に届きました。

私は怒りの長文メールを送り返すこともできましたが、その代わり、彼の長年の貢献に対して感謝を伝えました。実際、彼は私にたくさんのことを教えてくれました。それは、私が知りたかったことではなく、知らされなかったためにもっといい方法を選べなかった、という教えでした。私はシンプルなものを求めていましたが、彼は専門知識を抱えて迫ってきました。そのギャップを突くように、チャンスが心構えのできていた私に訪れたのです。

私は今でも同じ職場で働いています。いくつかの重要な面で前よりずっと状況がよくなっています。

「FIRE達成」と言いたいところですが、もしも純粋主義者が私の状況を名づけるなら、格下げして「でき損ないFIRE」でしょう。というのも、「道」の途中でちょっとした贅沢を許してしまい、惚《ほ》れ込んだ少し大きめの家に買い替えたりしていたからです。私たちはまだ、のんびりした火曜日に10代の子どもたちといっしょに過ごしたり、仕事漬けの人生に中指を立てておさらばしたり、そんな経済的自立を成し遂げるまでには至っていません。

いやもしかすると、こう言い換えるほうが近いかもしれません。毎年私はCファンド、妻はロスIRAの拠出額を最大にしています。出費は抑えられています。十分な貯蓄があるので、住宅ローンも予定より早く完済できるでしょう。昇進を必死で求める必要もなく、火曜日は子どもたちと遊ぶために休みを取ることもできます。辞めたりクビになったりしなければ、最低年齢でそれなりの年金と老後も使える医療保険、それに毎年3・5〜4%を引き出せる十分な資金を手にして、「お金がいつまでもつだろう」と心配することなく職場を立ち去ることができるのです。

私は市場とそれを取り巻く金融騒ぎを、まるで禅師のように興味もなく困惑しながら眺めています。複利の魔法を見守り、その知識を子どもたちと分かち合っています。保証はないですが、そろそろ最終局面に近づいている気がします。そう思うと、お金が足りるだろうかという将来の不安が消えていきます。食べていけるかどうかという命の心配がひとつ減ったことで、今ここにある時間を家族のために思う存分使うことができます。幸運にも長生きできたとしたら、そのときは愛する人たちの重荷にならずに日々を過ごしていけるでしょう。

ここで私からのアドバイスです。変化に向けて全力で取り組みまし

よう。船を燃やして退路を断つような、絶対主義的なアプローチは過激に聞こえますが、あなたがたどり着く岸辺はそんな場所ではありません。**結局のところ、行き着く先は低コストのインデックスファンドなのです。**そしてそこにたどり着いたとき、あなたは一人ではないのです。

57　7年で100万ドル

アレックス
オーストラリア、シドニー

7年間で100万ドル。不可能に聞こえますか？　そうですよね。でも私はやり遂げました。

計画していたのかって？　いやまったく。計画を立てられるかって？　たぶんね。やり遂げられると思っていなかったのは確かです。それを目指し始めたあとですら。

思いがけず30代で億万長者になったので、理論上は標準より40年早くリタイアができます。

私は裕福な家庭の出身ではありません。親から受け継いだのは健康な体と、子ども時代にすばらしい国に引っ越した幸運だけです。

商売を手掛けたことはないし、大学にも行っていません。銀行、ハイテク業界、法律、医療といった高給取りのキャリアもまったくありません。実のところ、私は優秀な生徒ではありませんでした。学校はあまり楽しくなくて、できるだけ早くに辞めました。

投資の運がよかったわけでもありません。実際、ひどい投資をしてしまったこともありました。世界金融危機のあとの２００８年から２０１２年までは、投機的な株の売買のために借金をしました。持っていたお金もそれ以上のお金も、すべて失いました。だけどありがたく思っています。まだ若かったし、人生を立て直す以外に選択肢がなかったからです。

一文無しは本当につまらないと思ったので、三つのシンプルな目標を設定しました。**借金から抜け出すこと、お金を貯めること、適切な投資の仕方を学ぶこと。**大変だったし時間もかかりましたが、自分にとって重要な土台となりました。

私は早いうちに定職に就くことができ、借金もなく、ある程度の貯金がありました。そしてすでに、「適切な投資」とはレバレッジ取引[24]ではなく、ジェイエルの「シンプルな道」のようなものだと知っていました。

それで１００万ドルを目指すことにしたのです。実際に達成したと思うと、今でもちょっと感動してしまいます。何よりもうれしいのは、達成するまでの道のりは楽しかったし、貯蓄のためだけに20代や30代を犠牲にしたとは感じなかったことです。

私は次のことを学びました。

1　本当に重要なことに集中する、つまり「お金をもっと稼ぐ」。より多くのリスクを取ることで、いかに多くのお金が稼げるかを、あなたはたぶん過小評価しています。**借金の危険性に比べれば、若いうちに仕事でリスクを取ることの危険性なんてごくわずかなもので、プラス面のほうがすごく大きいのです。**

経済的自立を達成したいなら、テイクアウトのコーヒーを我慢したりキャンピングカーで生活したりするよりも、今まで以上に稼ぐことをもっと優先しましょう。

出費を減らすのはいいことですが、自分の価値を高めることのほうがはるかに効果的です。ライフスタイルのインフレを避けるいちばん簡単な方法でもあります。支出を切り詰めるのではなく、支出を安定させ、収入を増やしましょう。

2　学ぶだけでなく、行動に移す。幸せと生きがいが感じられる目標や価値観をしっかり持つ必要がありますが、さらにそれを行動に移さなければなりません。誰もが夢を持っていますが、ほとんどの人はそのために何もしません。**知識だけでは決して結果は得られません。行動あるのみです。**

3　キャッシュフローを把握する。よく言われるように、人は測定できるものしか管理できません。お金の行き先がわからなければ、どうやって物事を最適化すればいいかわかりません。

さらに、最適化について考える場合、目標と価値観が混同されがちです。経済的自立は目標であって、価値観ではありません。しかし出費を把握すれば、何が自分の価値観に沿っているのかがわかります。特に次のように自分に問いかけることで見えてきます。

- 私は何をしたいのか。
- なぜそれらがほしいのか。
- どうやってそこにたどり着くつもりか。
- そこにはあるが、私がまだ見つけていないものは何なのか。

もし出費の中身が自分の答えに沿ったものでないなら、それを削りましょう。

4　銘柄選びをしたり市場の頃合いを測ったりして、時間を無駄にしないこと。と言うのも、それをやって私自身が何もかも失ったことと、もうひとつ理由があるからです。もし短期間で経済的に自立したら、どうなると思いますか？　投資リターンはほとんど無意味になっていいるでしょう。複利は強力ですが、その効果が本当に発揮されるのは、数十年経ってからです。いい給料をもらって高い貯蓄率を保つことが、経済的自立へと続く道です。

短期的に考えると、収入を倍にすることは投資リターンを倍にしようとするよりも、はるかに簡単で安全です。

5　**金持ちとしての実感は、収入そのものではなく比率から得られる。**私の銀行口座には100万ドルありますが、そのことで自分が金持ちだと実感するわけではありません。それを実感したのは、1万ドル稼いだのに5000ドルしか使わなかったときです。収入と支出の比率こそが、裕福さを感じるもとなのです。実際のところ、純粋に数字の問題なのです。

もし収入の半分で生活できるのなら、わずか1年後には丸1年間休みを取って働かずに過ごせます。ところが、10％しか貯蓄しないとすれば、そんな長期休暇を取れるようになるまでには何年も貯蓄を続けなければなりません（9年はかかりません。投資に対するリターンを多少は期待できるでしょうから[25]）。

6　**多くの人は60歳になっても、支出の20倍の貯蓄はできていません。**なので、経済的自立を追い求める人で早くにこの数字に達している人は、十分に誇りを持っていいでしょう。でも結局のところ、ほとんどの人はお金が尽きるのではなく、時間が尽きるのです。旅の途中を楽しんでください。

7　**「いつだって会社をやめられるお金」はいろんな意味で、経済的自立よりもいい気分にしてくれます。**最初に10万ドル貯めたとき、これでもう何があっても大丈夫だと思いました。その後、何度も10万ドルは貯まっていますが、その度に感じる安心感は薄れています。

突き詰めれば、私の言いたいことはこういうことです。経済的自立の達成のために、一度きりの人生を台無しにはしないでください。たった10年でそこにたどり着けるとしても、その10年が地獄のような自己犠牲の日々だったらと想像してみてほしいのです。

経済的自立に、10年間分のひどい思い出をつくったり青春を犠牲にしたりする価値はありません。それよりも、借金を避け、適切な決断をして、市場での自分の価値を高めてください。経済的自立を目指すなら、それからです。

58 始めるのに遅すぎることはない

リタイアしたての人
アメリカ

私は最近リタイアしたばかりの67歳の既婚女性です。ファイナンシャル・ウェルビーイングについては、人生の大部分をよくわからずに過ごしてきました。もちろん、夫婦ともに雇用主がマッチング拠出する限度額まで403（b）に拠出し、定期的にその資金をチェックしていました。でもそれだけでした。

生活は常に質素で、借金はまったくないか、あってもごくわずかでした。今はゼロです。

数年の間に、たまにファイナンシャル・アドバイザーと面談することもありました。403（b）を管理している会社が派遣してくるアドバイザーもいました。**たいていの場合、面談はものすごく大変で複雑で、ストレスを感じました。二人とも何をするにも後回しにしがちでした。考えない方が楽だったんです！**

同じ職場で働いていた夫が障害を抱えたときに、私たちは初めて自分たちの経済状況に以前よりも関心を向けるようになりました。とはいえ相変わらず、お金の話はとにかく複雑でストレスです。私たちにはまだ時間がありますし。

これまでに出会ったファイナンシャル・アドバイザーで、心から信用できる人は一人もいませんでした。私たちは確かにこの種のことについての知識はありませんでしたが、彼らは私たちのためにたいしたことをせず、しかも、こちらのなけなしのお金をほとんど無駄にしているという感覚がどうしてもありました。

とうとう、私には時間がなくなりました。リタイアが近づくにつれ、現役時代にずっと無視してきたことに向き合う必要が出てきました。できるだけ本を読んで、自分で学ぼうとしました。ウォーレン・バフェットがインデックスファンドについて書いた記事を見つけたときには、何もかも納得がいきました。それからジェイエルの「シンプルな道」に出会いました。経済的自立を目指す仲間たちの姿を見て、自分たちでお金を管理することが前ほど怖くなくなりました。とてもシンプルだったので、最後まで航路を守れるという確信が生まれました。

その確信は、リタイア生活と同時に起こったパンデミックの発生で、試されることになりました。でも、私たちは何とか乗り越えました。

私がこれを書いているのは、若い人たちに（うちの子どもたちも含めて）、私たちのように投資を恐れたりせず、早いうちから自分自身で学んでほしい気持ちがあるからです。私たちの最大の過ちは、当時あまりにも保守的すぎたことです（無知だったことと、間違ったアドバイスのせいです。私たちのポートフォリオは、20代のころからすでに株式と債券が半々でした！）。

資産管理の世界を完全にわかっているふりをするつもりはありません。でもジェイエルの「シンプルな道」は、まさにシンプルです。理解すべきことはそんなに多くありません。自分たちの資産を最大限に賢く投資できている、今なら自信を持ってそう言えます。

「最後に一言。もっとも賢い投資とは……早めに始める投資です」

59 アメリカの未来の億万長者を見分けるには

グレゴリー・エドワード・ブレナー
アメリカ、テキサス州ヒューストン

1996年の春に、私は2年間の短大生活を経て初めて4年制大学に入学しました。広い講堂に着席し、経営原則の基礎コースを受講している学生の多さにちょっとびびってしまったことをおぼえています。最初の授業で、教授は私たちの将来のお金の話をし、学期末にかけて取り組む課題を出しました。生徒は一人にひとつIRA（個人退職口座）を開設する必要がありました。

それから数週間、私はこの課題について調べ、普通預金口座から引き出した200ドルで、フィデリティ・インベストメンツに基本的なIRA口座を開きました。ごくごく簡単でした。21歳にとって200ドルは大金でしたが。

基礎コースの最終回の前の授業で、教授はIRAの課題を確認するために、課題を終えた学生全員に起立するよう言いました。私はすぐに立ち上がりました。ほかの200人以上の学生たちもそうするだろうと思いながら。

でも立ったのは全部で10人くらいでした。

私は顔が真っ赤になって、一刻も早く座りたいと思いました。ところが、教授は複利の力について説明したあと、「アメリカの未来の億万長者たちへ」と言って、私たちに向かって学生全員に拍手をさせました。

あれからちょうど25年後に、当時つくったフィディリティの口座の残高は（ティー・ロウ・プライス社を通じて401（k）プランに移されていますが）、ありがたいことに7桁の大台に乗りました。こんなことが実現するなんて驚きでした。

勇気を出して母校の恩師に連絡を取ろうとしましたが、うまくいきませんでした。教授にはどれだけ感謝しても足りません。あの基本課題のおかげで、将来の経済的な道筋を描くことができたことを、先生に知ってもらえたらなあと思います。


［20］高格付けの外貨建の短期証券などで運用を行う投資信託。MMF。

［21］預金口座に似たもので安全性が高いが、金利や最低残高、取引制限などの要件に違いがある。

［22］売り手が買い手と直接ローンの契約を交わして融資を提供すること。

［23］人が思うほど自分は有能ではないと感じ、自分がペテン師だとばれるのではないかと恐れること。

［24］証拠金を担保にして、その何倍もの額の取引が可能になる仕組み。

［25］例として、収入が1000万でその10%を貯蓄する場合、1年目は貯蓄が100万（生活費900万）、2年目は貯蓄が200万、3年目は貯蓄が300万……となり、貯蓄が1年分の生活費である900万に達するには9年かかる。ただし、投資のリターンを考慮すると、もう少し短期間で達成できる可能性がある。

会社から逃げるための緊急資金
――「F-Youマネー」

PART 6

F-You Money

投資家の父の見解
JL's View

早期リタイア（RE）はなしで、経済的自立（FI）だけでも

私は長らくFIRE（経済的自立・早期リタイア）という表現に違和感を持っている。とてもうまい言い方だし、確かに記憶に残る。ただ一方で、経済的な自立を達成すれば、おのずと早期リタイアもついてくるという含みも感じられる。私にとっては決してそんな感じではなかった。仕事が楽しくて働くことが好きだった。ただ、いつもいつも働いていたくはなかった。2012年に、ミスター・マネーマスタッシュからゲスト投稿として記事を依頼されたとき、そのタイトルは「リタイアのためじゃない」だった。

それから、いささか筋の通らない、こんな馬鹿げた話もある。

定職を離れて、ブログ、ポッドキャスト、大工仕事、執筆、ボート製造など何か違うことをすれば、ミスター・マネーマスタッシュが「リタイア取締まりインターネット警察」と命名した連中に絡まれることになるだろう。そして詐欺師のレッテルを貼られる。彼らにとっては、ゴルフをしたり、ビーチに座ってピニャコラーダを飲んだりすることだけが、唯一許されるリタイアの形なのである。もしそれをあなたが望むなら、それでも構わない。

しかしこの10年間、私は数え切れないほどの「リタイア」した人々に出会ってきた。彼らは一人残らずおもしろいことや有意義なことをしていた。中には、（なんと！）お金になる

ものだってある。

そういうわけで、私は経済的自立の部分だけに関心があり、早期リタイアについては関心がない。

経済的な自立を達成するとは選択肢を持つということである。つまり、自分の時間の使い方を選べるということだ。それが、ピニャコラーダやビーチやゴルフを楽しむ早期リタイアの場合もあれば、エキサイティングでためになり、もしかしたら収入も得られる何か新しいことをする早期リタイアの場合もあるだろう。

しかし、ここでクールなことがある。完全な経済的自立を手に入れる前に、今言ったような選択肢の多くを楽しめる中間的な段階があるのだ。私はそれを、いつだって会社を辞められるお金、「F－Youマネー」がある段階と呼んでいる。

「F－Youマネー」との出会い

先に書いたように、私が旅を始めたとき、道しるべはひとつもなかった。インターネットはなく、志を同じくする人々を見つけてつながっていける方法はなかった。私はたった一人で荒野をさまよっていた。父の体が衰弱し、それに伴い家計が傾くのを目の当たりにした。この世界は経済的に非常に不安定だと知った私は、できる限りそのリスクから身を守ろうと心に決めた。

経済的自立や早期リタイアとかいう概念なんて、まったく意識していなかった。ただ、いつまでも働ける、ましてや仕事を持てる（または望める）と思い込むのは間違いだとは思っていた。**私の解決策は、収入の50％を貯蓄して投資することだった。**このやり方に名前がついているかどうかはもちろんのこと、どんな名前だろうなんて考えたこともなかった――『ノーブル・ハウス』を読むまでは。

『ノーブル・ハウス』は、『タイパン』（1966年）の続編として1981年に発表された小説である。この中で作者のジェームズ・クラベルは、「F－Youマネー」を手に入れることを目標に掲げる女性を描いている。**彼女の場合、その額は1000万ドルであり、いつでも、どこでも、誰にでも、必要とあらば「F－You（ふざけんじゃねぇ、あばよ！）」と言ってのけられるだけのお金である。**

この考え方、ましてやこんなにも辛らつで印象的な表現を目にしたのは初めてだった。当時はまだゴールについては意識していなかったが、私が目指していたものを明確に言い当てる言葉だった。経済的自立のコミュニティもなければ、二度と働かなくて済むためにはいくら必要かという公式もなく、「シンプルな道」も存在しなかった。自力で少しずつ切り開いた道筋があるだけだった。しかしこのとき、少なくとも目的地に名前だけはついたのである。

仕事をしていると、ついそればかりに集中してしまう。これにはいい面もある。生産性も効率性もがぐっと上がるからだ。**あなたの雇用主やビジネス・パートナーは、そんなあなたのことが大好きだ。しかしこれは持続不可能である。**バランスが崩れて燃え尽き症候群になってしまう。振り返ってみれば、私も最初の4〜6年ぐらいは順調だったように思う。その後、仕事を離れたが、もしそんな賢明な判断ができなかったとしたら、働きぶりは悪くなり、雇用主は次第に何があったのかと思い始めるだろう。

私が「F-Youマネー」をして取ったもっとも短い休職期間は3カ月で、その夏に私たちは、北はハドソン湾まで旅をしたのだった。もっとも長い休職期間は5年間で、これは当初望んでいたよりも少し長かったが、新しい仕事のオファーが来るまでに時間がかかったのだ。また、結果的にはうまくいかなかったが、ほかのビジネスにも手を広げた。それから妻が妊娠し、娘が生まれた（時間があるといろんなことが起こるものだ）。妻は仕事を辞めて学校に戻り、卒業した。そして二人で話し合い、妻は専業主婦になることにした。収入はまったくなかったが、うまくやっていけた。

クラベルの小説の登場人物にとって、「F-Youマネー」は最終目標だったが、私は常にそれを中間段階だと考え、次のようにとらえている。

- 「F-Youマネー」：大胆な決断を下すには十分だが、一生それで食べていくには不十分な額のお金。

- 経済的自立：お金が稼いでくれる分＋αだけで十分食べていける状態。（現在の標準的な計算式では、この金額は年間支出額の25倍、つまり支出額を運用資産の４％以下にした場合に十分実現できる状態）

「Ｆ－Ｙｏｕマネー」の活用

私が「Ｆ－Ｙｏｕマネー」という言い回しを知らないながらも、初めてそれを使ったのは、パート１の中で触れた５０００ドル（最大は２０２２年の３万ドル）を使ったときだ。このお金は帰国後に再就職するための資金を余分に残しつつ、ヨーロッパ旅行をするのに十分だっただけでなく、旅行のために仕事を辞めるという決断をあと押ししてくれた。この決断が、旅行に行くだけでなく仕事を続けるための交渉ができるほどの強い立場を私に与えてくれた。

年を追うごとに経済力がついてくると、人生の選択肢も増えた。数年の間に何度も仕事から離れる期間があった。あるときは旅行のため、あるときはほかの趣味を追求するため、あるときは、ただ潮時だと思ったためだ。

本書を執筆していていちばん楽しいことのひとつは、ほかの人たちの驚くほど多様な「Ｆ

－Youマネー」活用法に触れられることだ。**あとの体験談で紹介するように、このお金を活用することで、経済的にも心理的にももっと報われる仕事や状況を手にできることはよくあるし、6桁の給料に背を向けて立ち去り、十分すぎるほどの生活を送れる場合もある。**何か違うものを探したり新しいことを探求したりする間、そのお金で生活費を十分に賄えることもある。

「F－Youマネー」をしなくたっていい場合も多い。そのお金があると知っているだけで、強気で世の中をわたっていける。借金を抱えている人は、単純に自由が圧倒的に少ない。おそらくほとんど意識されていない最悪の状況のひとつは、借金を返済しなければならないために、いかに多くの制限に縛られるかということだ。ひどい職場環境などに対処することはおろか、人生のより多くの喜びを求めて、ささやかなリスクを取ることさえままならない。

道を歩むためのルール

・経済的自立を達成するとは、選択肢を持つということだ。早期リタイアはその選択肢のひとつに過ぎない。

・自由が訪れるのは、「シンプルな道」のゴール地点で経済的自立を手にしたときだけではない。
・その道の途中で「Ｆ－Ｙｏｕマネー」が着実に心の中で培われていくと、それに伴って自由と選択肢も手に入るだろう。
・「Ｆ－Ｙｏｕマネー」をするだけでは、二度と働かない生活をするには足りない。
・しかし、このお金があるおかげで、必要に応じていつでも仕事から離れることができ、強気で世の中をわたっていける。
・もっと自由で大胆に行動できるようになり、発言力が増し、リスクを背負うことができて、今まで以上に自立することも可能になる。
・「Ｆ－Ｙｏｕマネー」を決断することで、驚くほど少額で驚くほどの力を発揮する。
・あなたが「道」に沿って踏み出す一歩一歩は、これまでに踏み出した一歩の上に築かれる。
・「Ｆ－Ｙｏｕマネー」で、あなたの自由と選択肢は広がり、必然的に完全な経済的自立へと導かれる。

金欠は諸悪の根源である

――ジョージ・バーナード・ショー

60

「ヤバいとき用資金」

ライアン・J
アメリカ、ニュージャージー州

私は「F－Youマネー」にひとひねり加えた、「Sh*t Hit the Fan（SHTF）マネー（ヤバいとき用資金）」とでも呼びたいお金について話したいと思います。これは単なる緊急資金ではありませんが、助けになります。言うべきことを言えるだけでなく、自分がヤバい状況になったときにもするべきことができるだけの、十分なお金を持つということです。「ヤバいとき用資金」があれば、「富へと続くシンプルな道」の上で立ち止まることなく、現状をチェックする時間を持つことができます。窮地は誰の人生にも訪れるものです。不景気と同じで、単にいつ来るかという問題です。

全体的に見ると、私はたくさんの幸運に導かれてジェイエルの「シンプルな道」にたどり着きました。その名前すら知らないときからです。私は貧しくもなく裕福でもなく、よい両親に恵まれ、きちんとした教育を受けました。大学では幸運なめぐり合わせが何度かあったおかげで、資金管理の面でいい影響を受けました。例えば、市場の頃合いを測ったり適切な銘柄を選んだりするよりも、できるだけ早く、そして長く市場に参加することがいかに重要かを知りました。また、私はもともとお金が余れば、投資や借金の返済に回すなどしてお金を最大限に活用しようとする傾向がありました。

こうしたことや卒業後すぐにエンジニアの仕事に就いたことなどから、経済的自立コミュニティの人たちのほとんどは、私がすぐにリタイアするだろうと思っていたでしょう。

ところがある出来事によって、すぐに軌道修正せざるを得なくなりました。

私は、婚約者と自分の学生ローン（5年間で合わせて17万ドル）を返済しながら、効率的に家計を管理することに必死でした。私は「お金というのは、緊急資金として必要な分以外は、現金で置いておくべきではない」と考えていました。ローンをすべて完済してすぐに、私たちは二人のＩＲＡ、４０１（k）、ＨＳＡ（医療積立口座）のそれぞれに対し、最大限の拠出を始めました。そして資金を貯めて準備していた二人の結婚式の約半年前のこと……。私は妄想や幻覚などを伴う躁病《そうびょう》エピソード（躁的な症状が続く期間）とのちに診断される状態に陥りました。

その数週間後の母の日、私は再びその症状にみまわれました。そして、双極性障害Ｉ型と診断されました。

要するに、私は「クオーターライフ・クライシス」[26]を経験したのです。どうしてそうなったかは重要ではありませんし、正直わかりません。症状はあっという間に現れたし、引き金になるようなものもなかったと思います。その1年半後、私はさらに2回、もっと深刻な症状を経験し、さらに長期の入院と8週間の通院をしなければなりませんでした。

これらの多くは（少なくとも部分的には）、仕事と生活のバランスが取れていなかったことが原因だという気がします。この6年間は一度も症状が出ていません。今から6年前と言えば、ちょうど私が転職した時期と重なります。

2回目の症状が出たあとに診断を受けてから、私は決められた薬をきちんと服用し（いちばん効果的な処方が見つかるまで数回見直しながら）、現在も続けています。驚いたことに、私は精神的にバランスを崩すほどになって初めて、薬を試したのです。今はメンタルヘルスのコミュニティでボランティアもしています。

このようにたびたび悪化する時期があったために、結婚式は何度か延期になりました。**私たち夫婦にとって役に立ったアドバイスは、「大きな人生の変化に完全に適応するには約1年かかる——結婚することやこの病気に慣れることは、かなり大きな人生の変化だから、まずはメンタルヘルスの管理に集中するのがいい」というものでした。**

私たちは最終的には結婚しました。そして結婚して1年後、健康そうに見えた30歳の妻がステージ3の結腸ガンと診断されました。妻は大腸の手術、6カ月の化学療法、腎臓の手術（スキャン検査で腎臓の異常も疑われたため）を受けました。また、化学療法を受けることで、将来、子どもを持つときに健康保険が適用されるかどうか心配だったため、卵子を凍結保存しました。

今は二人とも元気にやっています。実は、1年ほど前に最初の子どもが生まれたんです！私たちは新型コロナウイルス感染症が流行する前に、友人や家族のサポートを受けながら、このような試練を経験していました。そのおかげで、パンデミック時に求められたセルフケアの習慣だけでなく、心と体の健康管理においても、ほかの人より心構えができていたと思います。

このような自分の苦労話を持ち出すのは、注目されたいからではありません（ほとんどの友人や同僚は、私がメンタルヘルスに困難を抱えていることさえ知りません）。そうではなく、実はあるとき弟から重要な質問をされたからです。「あの当時、いろんな出費をどう賄っていたの？病院代って高くないか？」

そう、確かに高いです。私たちは高額自賠責付医療保険（HDHP）の自己負担限度額である1万ドルに何度か達しましたが、二人世帯で一人分の給料を全額貯蓄に回せば、選択肢はあります。正直なところ、医療費のことで心配することは一度もありませんでした。電話で金額などいくつかの確認をしたことはあったかもしれませんが、支払いは問題なくできました。緊急資金用の貯蓄口座には手をつけず、課税対象の投資貯蓄と、たしかマッチング拠出が受けられる範囲で、401（k）への拠出を減らしただけだと思います。

もし本当に「リタイア」することになれば、私たちは約3万ドル分の医療費の領収書を持っているので、厳密には、引き出し可能年齢の59・5歳になる前でも、ＨＳＡから非課税でお金を引き出すことができます。

経済的自立はしていなくても、そこへと続く道を歩んでいるおかげで、お金が必要となるときの余計なストレスを感じることなく、自分たちの生活と治療に集中する自由と時間を持てています。私たちが直面した危機は、実は私たちにとってはセルフチェックのようなもので、貯蓄がうまくいっていることが確認でき、自信を持つきっかけとなりました。

嵐を乗り切ったあとは、経済的自立に向けて、さらに意識的に進路を決めることができました。「ヤバいとき用資金」は安心感を、「Ｆ－Ｙｏｕマネー」は自信を与えてくれました。

私は経済的自立をゴールだと思ったことはありません。バランス感覚を身につけることを目指してきました。今日という時間を楽しみながら、何が起きるかわからない明日のために貯蓄をし、備えておく必要があるのです。

61 今は尊敬する雇用主のためにだけ働いている

ダニー
アメリカ、ニューヨーク

２０１３年の末に結婚した直後、私たちは車のローン（最大1万５０００ドル）と住宅ローン（最大15万ドル）の返済に取り組む決心をしました。フルタイムの仕事以外に、私は子どものころやっていた仕事（ゴルフのキャディー）もすることにしました。

意外なことに、そのことを友人や（優秀な）家族からいちばん批判されました。「なぜ副業しようなんて思うの？」「ダニー、どうしてそんなに責任感が強いんだ？　借金はそのうち返済できるよ」などと言われました。

まあ、最終的には２０１６年後半にすべてのローンを完済しましたが、それは単に支出が収入を超えないように生活していたからです。その3年間の貯蓄率は50～60%で、大部分を借金の返済に充てました。さらに仕事でも昇進し、昇給も2回ありました。

その後の数年間は、借金がなくなったことの恩恵をものすごく感じました。２０１８年末には私たち夫婦に第一子が誕生し、２０１９年6月ごろには、私は職場で三度目の昇進を果たしました。普通の人なら大喜びするでしょうが、私は違いました。職場の打ち解けられない上司の下で、より多くの責任と時間を要求されるはずだとわかっていたからです。

何とかしなければと思いました。

幸いなことに、借金を完済したあと、「F－Youマネー」をすることで銀行の残高はかなり増えていました。私個人の貯蓄率は70％強までアップしました。私たちの状況はまさに、困難な事態に対処するのに理想的だったのです。

2020年2月に会社を辞めると上司に伝えると、彼はショックを受けたようでした。それから一気にまくしたてました。「君は6桁の給料を手放し、次の仕事にありつける当面の計画もない。本当にそれでいいのか」

もっと自由度の高い勤務形態に変えられないかと交渉してみましたが、お互いの考え方があまりにもかけ離れていました。

同じ会社に勤める妻が解雇されたとき、例の上司は私に再就職の提案をしてくれましたが、言い終わる前に断りました。私が彼を必要としている以上に、彼は私を必要としていたのでした。

2020年2月以降に、私たちは億万長者になりました。妻は家でできる仕事に就くことにしました。尊敬できる人のもとでしか働かない自由を手にした私は、これまでに4回転職しています。
私が会社を去って8カ月後に、その上司はクビになりました。

62 ストレスで倒れる寸前だったとき

ローラ・C
イギリス、ロンドン

私は長年、「F-Youマネー」をするためにせっせと貯めてきました。パンデミックが始まった当初は心配で、1年分の生活費が貯まるまで貯蓄を続けました。資産管理としてもっとも合理的なやり方ではないだろうとはわかっていました。通常は3カ月から6カ月分でいいとされると思います。

まさか自分がストレスで倒れる寸前だったとは思いもしませんでした。

生まれて初めて精神的に不安定になりました。仕事を休まなければならなかったのは2週間でしたが、段階的に復職できたのは半年後のことでした。

頭では納得できない不合理な心配事がある一方、お金のことで夜眠れないとか絶望するということはありませんでした。友人や家族は、私が経済的にどうやって生きていけるのかと心配していました。「住宅ローンがあるし、収入源はひとつだけでしょ！　どうするつもり？」

でも「働かないで経済的に大丈夫だろうか」という心配だけは、唯一、思い浮かばなかったことでした。人生の中でお金だけは、自分でコントロール可能だと思えるものでした。

少しずつ、また働き始めています。もし仕事があまりにも大変になったら？　私はまだせっせと貯めたお金が半年分あるし、それを使うのは怖くありません。

それだけの金額を貯められた私は恵まれていますが、そのために頑張って（今思えば頑張りすぎなほど）働いたからです。そうやって貯めたお金を体調回復のために使えたなんて、最高じゃないですか。

63

究極のストレス解消法を発見

ブライアン・グリースバッハ
アメリカ、ワシントン州スパナウェー

２０１５年に私と妻は、シアトル都市圏で仕事をするチャンスを求めてアメリカを約４０００キロ横断しました。常に貯蓄に励んでいた私たちには、二人目のファイナンシャル・アドバイザーがついていて、標準的な65歳以上ではなく60歳での早期リタイアを希望していました。

約1年半後、４０１（ｋ）の運用成績がファイナンシャル・アドバイザーの管理する少額の課税口座の運用成績を上回っていることに気づきました。アドバイザーはロスＩＲＡと４０１（ｋ）に最大限の拠出をするよう勧めてくれていたのですが、私たちが毎月送金していた小切手はマネー・マーケット・ファンドに預けられていました。

私は、自分たちで金融資産を管理するという段階へと飛躍するための選択肢について調べ始めました。「Ｆ－Ｙｏｕマネー」という考え方には共感できました。仕事に情熱は感じなかったし、自分の興味を追求したいと思ったって長期休暇も取れませんでした。

２０１７年にファイナンシャル・アドバイザーを解約し、何もかもバンガードに移行しました。いざ経済的に自立するという具体的な目標ができると、こんなにも貯蓄が進むのかと驚きました。途中、紆余《うよ》曲折はありましたが、ライフスタイルを縮小して貯蓄と投資をコツコツ続けることによって、私たちの純資産は大幅に増えました。

もう少ししたら働くのをやめて、１年間ゆっくり旅をする予定です。標準的なリタイアの時期より20年も早く、こんな柔軟な生活を手に入れられるとは夢にも思いませんでした。ただ、もっと早くこの道に出会っていればよかったとは思います。

将来どうなるかなんてわかりませんが、経済的には大丈夫だろうと思える安心感があるので、かなりストレスが軽くなりました。もっと多くの人が自分の将来の経済状況をコントロールし、幸せを追求できるようになるといいなと思います。

64 競争社会から抜け出すチケット

チャドとフローレンと三つ子たち
アメリカ、カリフォルニア州

2008年の住宅ローン危機は連鎖反応を引き起こしました。解雇されたり自主的な自宅待機をさせられたりする人もいました。通りには差し押さえの看板が並んでいました。私の夫は、最終的に配属が決まった地域で研修を受けるために、よく家を離れていました。請求書、住宅ローン、ふたつの自動車ローン、学生ローン、クレジットカードの借金の支払いは私に任されていました。

いつ景気が回復するかわからなかったので、嵐の中で水に潜っているような気分でした。心の健康を保つために、私は借金をなくす方法に関する資産管理関連のブログを読むようになりました。無駄な出費を減らすというやり方はスタートとしてはよかったのですが、十分ではありませんでした。ある日の午後、経済的自立に関するブログを読み始め、「Ｆ－Ｙｏｕマネー」という考え方を知りました。

そのとき痛感したのは、自分は忠実な従業員としてやってきたつもりだったが、実はただの会社の歯車に過ぎないということでした。わが家の純資産が赤字のこともあり、私は雇用主に所有されているような状況でした。

突然、私はどうしても経済的に自立する必要があると感じました。

夫と話し合った結果、ロスＩＲＡ、普通預金、マネーマーケットアカウントをＶＴＳＡＸに移しました。私たちが浪費家から投資家に転向すると、お金は複利のおかげでゆっくりと、でも着実に本当の意味での富を築き始めました。

「Ｆ－Ｙｏｕマネー」は、積極性、立ち直る強さ、解放感をくれました。２０２２年に景気は再び悪化していますが、私たちはもうそんなに弱くありません。幼い三つ子は「Ｆ－Ｙｏｕマネー」の恩恵を満喫しています。**このお金の呼び名は単なる言い回しではなく、競争社会から抜け出すチケットなのです。**

65 思いがけず貯まった「F－Youマネー」を使ってみた

ミスター・ニューファーマー
オーストリア

「F－Youマネー」は、キャリアの道筋を完全に変えられる自由、自分の好きなことを追求する自由、より環境に優しい世界をつくる自由、そして自分が自分のボスになる自由を私に与えてくれました。

私は20代をキャリアアップに没頭して過ごし、世界的なコンサルティング会社で週60時間労働をしていました。その期間は幸い、生活費をたまたま学生並みに抑えられていました。十分に満足のいく生活だったので、それ以上お金を使う理由がなかったのです。だから経済的自立という考え方を知ったときには、すでに先を行っていました。とはいえ、あれだけ働いて獲得した地位から離れるのは不安でした。でも、思いがけず「F－Youマネー」を決断できたので、それを使うことができました。

今は個人経営で小規模のオーガニック食品店をやっています。私たち夫婦は週の大半を離れて過ごす代わりに、共同経営者としていっしょに事業もしています。私生活でもビジネスでも、いっしょに苦楽をともにする仲です。

私たちはまだ経済的自立の達成値には行き着いていませんが、経済的自立への道に沿った生き方をすることで、すでに多くの恩恵を受けています。ここでアドバイスです。経済的自立の達成値に到達するまで相変わらず残業をし、ある日突然仕事を完全に辞める、というのはやめましょう。

そうではなく、経済的自立を連続体としてとらえましょう。

経済的に自立したら何をしたいですか? 日常生活の何が変わるでしょうか? 自立する前から生活に取り入れられそうな活動がないか、よく考えてみましょう。自立に至る旅の「まだほんの途中」にいるとしても、です。そして前に進みながら、スケジュールの柔軟性をさらに高めていくこと。そうすれば、オーストリアのことわざにあるように「幸福を未来に先送りする」のではなく、今日を精一杯生きることができると思います。

66

会社に2年前からリタイアを知らせた

ウィリアム・R
アメリカ、ミネソタ州

私は「F－Youマネー」のおかげで、夢にも思わなかったようなチャンスに挑戦する自信が持てました。 例えば、少しずつ早期リタイアを試してみることができました。週休2日では次の1週間働くための充電時間としては足りないと思い始めていたので、金曜日を休日にできないか会社に頼んでみることにしました。どうせほとんど職場では仕事にならない曜日でした。みんな形だけは仕事をこなしましたが、頭は週末のことでいっぱいだったので。

私はその職場で10年近く働いていて、信頼できる社員と評価されていました。会社側と話し合い、3カ月間試してみようということになり、週4日勤務が始まりました。何もかもが順調に進み、週5日勤務に戻ることはありませんでした。自分のために使える日が週1日増えるなんて信じられないことでした。じっくりガーデニングをしたり、いろいろ用事を済ませたり、家を掃除したり、休息と回復のためだけに使ったりできました。心の底から解放されるような、忘れられない感覚でした。

30代前半でリタイアを実現したとき、私は普通とは違うやり方をしたいと思いました。一般的な2週間前の退職通知では、やり残した仕事の多くがほかの社員にのしかかります。彼らもすでに自分の仕事で手一杯なのに、です。こうしたことがいつも職場の大きなストレスとなり、冷静さを欠いた意思決定につながってしまうことを、自分の経験からよくわかっていました。

会社という環境には不満がありましたが、同僚と仕事をするのは好きでした。私がいなくなることで、その影響をまともに食らうのは彼らです。

だから、会社には2週間前でなく2年前にリタイアを知らせました。最後の安全確認の機会も設けました。退職届を出す際、早期リタイアがどんなものかを体験するために、1カ月間の無給の休暇を申請したのです。そうすることで、この決断が自分にふさわしいかどうかを確認できるし、会社側はこの機会に、私がいなくなったらどんな穴埋めが必要になるかを評価できます。

仕事から離れたその1カ月は、まさに私が必要としていたものだと確信が持てました。それから2年経ちますが、この決断を疑ったことは一度もありません。

こんなに柔軟に対応してくれる会社は、たぶんほとんどないでしょう。でも、「F－Youマネー」を決断して思い切って尋ねてみるまでは、私もあの会社を融通の利かない会社だと決めつけていたと思います。**「F―Youマネー」は、真実を知る力を与えてくれるのです。**

67 「F―Youマネー」を何度も活用する方法

ディアンドラ&ブラッド
アメリカ、ウィスコンシン州
www.thatsciencecouple.com

経済的な自由への道を歩み始めて4年ほど経ったところで、私たちは一朝一夕にはそこに到達できないことに気づきました。格別に高い給料を稼いだことがなかったからです。

二人ともバイオテクノロジー分野で働いていて、ちゃんとした福利厚生はありましたが、昇給はインフレとやっと肩を並べるくらいでした。私たちは借金を返済し、401(k)でたったの10%を超えるくらいの貯蓄をし、6カ月分の生活費を賄えるだけの現金を貯め始めました。

現金の山に座っているのはいい気分ですが、機会を見逃していると感じるようになりました。お金が道具なのであれば、なぜ使わないのでしょうか。**私はストレスの多い環境で働きながら過小評価されていて、キャリアに行き詰まりを感じていました。**

だから、会社にとどまるのではなく、もっと充実感が持てるものを見つけられるかどうか、思い切って試してみたっていいじゃないかと思ったのです。

「F－Youマネー」を作動せよ：2018年5月。元同僚が転職した小さな新興企業で、仕事のチャンスがありました。彼女は「『科学者』の肩書きがほしいならそれも可能だし、稼ぎも増える」と言いました。今の仕事にとどまるほうが安全な道を進めたでしょう。会社の上層部からは「その仕事を引き受けたら、君の資格では二度と今のような収入を得ることはできないだろう」と言われました。確かにリスクは高かったのですが、私にはうまくいかなかったときのためのセーフティネット（「F－Youマネー」）がありました。

その新しい会社の面接を受けたら、断れないほどいい条件が提示されました。一気に給料が1・5倍になり、ずっとほしかった「科学者」という肩書きも手に入れたのです。いつその会社が潰れても大丈夫なように、それから数カ月はできるだけ多くの現金を貯め込みました。私はきっちりと投資を続け、401（k）を初めて満額にしました。中古車を購入するために貯金もしました（不滅の低価格車、プリウス）。でも、この転職でもっとも重要なことのひとつは、「F－Youマネー」の力を信頼できるようになったことでした。

「F－Youマネー」を投入せよ：2018年7月。数カ月後、しばらく修士号取得に取り組んでいたブラッドは、最終研究プロジェクトに集中するために、仕事を休むか卒業をあきらめるかという状況でした。彼は「F－Youマネー」を信じていたので、パートタイム労働に切り替えられないかと上司に頼みました。答えは「ノー」で、「君にはフルタイムで働いてもらう必要がある」ということでした。

もちろんこれを残念に思う人もいると思いますが、私たちはこれをチャンスに変え、「F－Youマネー」を使うことにしたのです。フルタイムかノータイムかなら、ノータイムを選べばいいじゃない、と。

ブラッドは辞表を提出し、その学期は研究に没頭しました。彼が数カ月後に修了証明書を手にしたとき、私たちは彼の決断が正しかったことを確信しました。卒業後、彼はアメリカ合衆国国立公園局（彼の夢の仕事のひとつ）で働くチャンスまで手にしたのです。彼が貯めていた緊急資金の現金のおかげでした。

「F－Youマネー」：2019年2月。「F－Youマネー」はもうひとつ、私が学校に戻るうえでも大活躍してくれました。新しい高給の仕事を楽しんではいたのですが、その一方で心の中でむなしさを感じていました。世界を変えたい、個人個人の人生を本当に変えたいと思っていましたが、そのためには博士号が必要だと感じていました。

そこで博士課程に出願し、お金を貯め続けました。合格した私は、パンデミックが起きる前にすでにパートタイムの仕事に切り替え、部分的にリモートワークも取り入れていました。自分の時間を取り戻し始めたのです。

「F－Youマネー」のおかげで、ブラッドは短い有給休暇を8カ月間取ることができました。ちょうど私の博士課程のために8月に転居する予定でしたが、すぐに仕事が見つかるかどうかを心配する必要はありませんでした。今、彼は自分にとって過去最高の給料を手にし、再び「F－Youマネー」をしようとしています。

この原稿を書いている現在、私は博士課程の最終学年に在籍し、食事とライフスタイルに関する研究をしています。エビデンスに基づいた栄養指導事業も自分で始めました。そのどれもが「F－Youマネー」がなければ不可能だったでしょう。

私たちは貯蓄し、投資し、人生の進路を変えたのです。あなたの「道」での健闘を祈っています。もしマンネリした生活に陥っているなら、「F－Youマネー」の力を借りられることを、どうぞお忘れなく。

［26］　人生（約100年）の4分の1を過ぎた25～35歳の人が、人生について思い悩む時期を指す表現。

航路を守る

PART 7

Staying the Course

投資家の父の見解

JL's View

普通とは違う「道」をひたすら歩む

本書ではすばらしい体験談をたくさん紹介しているが、このパートでは特に感動的なものをいくつか取り上げてみよう。

どんな目的地でも、到達するためには前進し続けなければならない。道を間違えたり、悪風にあおられて脇の草むらに飛ばされたりしても、もとの道に戻ってそのまま進んでいく必要がある。

このあとに出てくる体験談では、パンデミックの最中に最前線の医師として働きながらも職を失いかけた人や、不幸にみまわれた人、自分の国が敵対する国の軍隊に侵略された人、逆に侵略国となって世界からのけ者にされた人、数十年間にわたって何もかもがうまくいかなかった人などが、こうした逆境の中でもひたすら航路を守り続けた姿を描いている。

ありがたいことに、多くの人はそこまで凸凹のない「シンプルな道」をたどる。私の場合も間違いなくそうだ。しかしだからといって、誘惑や不満がないわけではない。**何しろ、外の世界全体が私たちに向かって、「そんな生き方は間違っている」と告げているのだから。**「頑張っているあなた、今日は一息つきましょう。弊社の簡単な資金調達を利用すれば、こんなものも手に入るかもしれません。この香り、この車、この服、この酒があれば、あなたはきっと魅力的になります」

「道」を歩むあなたは珍しいユニコーンのような存在だ。周りの人たちはあなたの選択に対し、戸惑うだけならまだいいほうで、場合によっては敵意を抱くことさえあるかもしれない。

私はよく「FIREムーブメントは世界を支配することになるのか？」と尋ねられる。「道」を旅する私たちにとっては、この生き方はとても快適なものだ。しかし、私の声も体験談を寄せてくれた人たちの声も、広大なマーケティングという文化の海においては、ほんのひとすくいの存在に過ぎない。**FIREムーブメントの考え方が広大な文化の海に大きな影響を与えるよりも、逆に私たちのほうが誘惑に負けて、「道」から外れてしまう危険のほうが大きい。**

いつも簡単ってわけじゃない

もしあなたが「シンプルな道」を歩み始めたばかりで、経済的に自立した自分を思い描き、前向きな気持ちと興奮と夢で胸がいっぱいなら、その「道」を踏み外すなんて笑い話に思えるかもしれない。何といっても「道」はシンプルなのだから。「道」に関する概念、考え方、利点、方法などのすべてを読んできたあなたは、シンプルと言うだけあって、軽くて本当に必要なものだけを詰めたリュックを肩に担ぎ、旅に出る準備ができている。計画もはっきりしているし、あとは実行に移すのみだ。一歩、また一歩と。シンプルである。

確かにそのとおりなのだが、地図は地図であり、人生は人生である。人生には邪魔が入ることもある。予期せぬ障害物が現れ、回り道に誘われ、小川を渡らなければならないこともある。気を抜くと道に迷ってしまう。ちょっと疲れてひと休みし、目が覚めたら冷え込んでいて辺りは真っ暗、なんてこともあるかもしれない。

それでも構わない——誰にでも起きることだから。立ち上がって、もう一度荷物を背負って動き続ける限りは。

それを可能にしてくれるのは、粘り強さだ。航路を守ることである。

人類の寛容性の極み

私の好きな本のひとつに、ユヴァル・ノア・ハラリの『サピエンス全史 ~文明の構造と人類の幸福』(柴田裕之訳、河出書房新社)がある。私たち人間がなぜおかしな生き物なのか、なぜおかしなことを信じてしまうのかを理解したいなら、これはぴったりの一冊だ。

人類が種としてこんなにも繁栄している主な理由は、物語を紡ぎ出すという驚くべき能

力を持っているからである。私たちは今日まで長い時間をかけて、お互いに協力し合い、この世界を形づくるために物語を用いてきた。ハラリ氏は、このような物語（神話と言ってもいいだろう）の中でもっともパワフルなものは、おそらく「お金」についての話だろうと主張している。

彼の本には次のように書かれている。

「貨幣は人類の寛容性の極みでもある。貨幣は言語や国家の法律、文化の規準、宗教的信仰、社会習慣よりも心が広い。貨幣は人間が生み出した信頼制度のうち、ほぼどんな文化の間の溝をも埋め、宗教や性別、人種、年齢、性的指向に基づいて差別することのない唯一のものだ」（ユヴァル・ノア・ハラリ、『サピエンス全史 上 ～文明の構造と人類の幸福』柴田裕之訳、河出書房新社、２０１６年、２３０ページ、13～16行目）

具体的な説明のために、彼はこんな話もしている。

「イスラミックステートがシリアとイラクの広大な範囲を占領したとき、何万もの人を殺害し、遺跡を取り壊し、彫像を倒し、それまでの政権や西洋文化の影響の象徴を計画的に破壊した。だが、戦闘員たちが地元の銀行に入り（後略）」（ユヴァル・ノア・ハラリ、『21 Lessons

〜21世紀の人類のための21の思考』柴田裕之訳、河出書房新社、2019年、143ページ、8〜10行目）

さて、戦闘員らが目にしたのは、まさしく大悪魔の恐ろしいプロパガンダが書かれた紙片の山だった。その紙には過去の指導者の絵や、宗教的、政治的な言葉が書かれていたのである。だからもちろん、彼らはすぐさまそれらを燃やした！　そりゃそうだろう？　おっと。申し訳ない。つい調子に乗ってしまった。ここからは、ハラリ氏に語ってもらおう……。

「（前略）アメリカの大統領たちの顔が描かれ、アメリカの政治的理想と宗教的理想を称賛する英語のスローガンが印刷された、そのようなアメリカ帝国主義の象徴を、彼らは焼きはしなかった。ドル紙幣は、政治的な溝や宗教的な溝を超えて、世界中で崇められているからだ。ドル紙幣は食べたり飲んだりできないので、本質的な価値はまったくないのにもかかわらず、ドルと連邦準備制度理事会の叡智に対する信頼は絶大なので、イスラム原理主義者やメキシコの麻薬密売組織の首領、北朝鮮の圧制者も、全員がその信頼を共有している」（同143ページ、10〜15行目）

市場とは時々暴落するもの

「シンプルな道」から人々を引き離す力としてもっとも一般的なのは、おそらく恐怖心だろう。 株式投資につきものの変動性に関する恐怖心がほとんどだ。すでにこの本で説明したので繰り返さないが、非常に重大で危険を伴うことだから、もう少し触れてみようと思う。

市場が大暴落したときに一般に広がる見方は、「今回は違う」というものだ。人々は言う。「これまでは確かに市場が回復したが、今回のこれは恐慌だ。でなければ住宅市場の崩壊だ。スタグフレーションだ。戦争だ。銀行の取りつけ騒ぎだ。あるいはパンデミックだ。でなければ、でなければ……」

このような人騒がせな主張は、むしろ市場の新たな急上昇の始まりとなりやすい。**1979年の『ビジネスウィーク』誌の表紙を飾った、今となっては悪名高い「株式の死」という見出しのあとには、著しい強気相場が続いた。**

市場は時々暴落する。そういう動きをするのが普通だからだ。これに耐えることは、長期的に富を築くために支払う代償である。きっかけは違うかもしれないが、さまざまな商業活動が組み合わさって生まれた結果が、予期せぬ情報に基づいて再評価されるという現象は、バグではなく仕様である。私たちの資本主義体制は動的であり、常に新しいアイデアや状況に合わせて変化する。個人は問題に対する解決策を生み出すことができるし、そうすることを勧められてきた。そして成功すれば報われる。資本主義体制は私たち全員が恩恵を受けることのできる世界を築いてきたのである。

もちろん、世界は完璧ではない。しかし、あまりにも広くはびこり、絶え間なく聞こえてくる悲観論の餌食になる前に、ここで思考実験をしてみよう。歴史上、いつでも好きな時代に生まれ落ちることができると想像してみてほしい。もし現代以外を選んだなら、歴史と世界の現状についてもっと勉強することをお勧めする。手始めにハンス・ロスリングの『FACTFULNESS（ファクトフルネス）〜10の思い込みを乗り越え、データを基に世界を正しく見る習慣』（上杉周作・関美和訳、日経BP）を読むといいだろう。

一度投資したらさわらない

この経済的自立の分野には、私のほかにも自説を展開している人がいる。そいつはいいやつだし頭もいい。私がVTSAXなどの単一のトータル株式市場インデックスファンドを推奨しているのに加えて、彼は自分が特定したファンドを数個追加することで、運用成果を若干向上させることができると主張している。そのあとで、彼の推奨どおりの配分比率になるよう、必要に応じてこれらのファンドのリバランスを行う。数十年間続けると、このわずかにアップした成果が最終的な結果に重要な影響を与えることになる。検証実験を行った彼の研究では、これが事実であると示された。私は彼を尊敬しているので、この結果については彼の言葉を受け入れている。では、なぜ私はこの一見もっとよさそうな方法を採用しないのか。

いちばん明確な理由は、検証実験では将来を正確に予測できない可能性があるからだ。確かに事実だとは示されたが、ちょっとまやかしのような気もする。それに、もっと重要な理由もある。四つか五つのファンドを保有して必要に応じてリバランスを行うほかは、何も変更を加えずに数十年間おいておける人など、ほとんどいないだろう。それはなぜか。

その理由は、このような複雑な方法は投資をいじることを奨励する、いや、必要とするものだが、先のパートで書いたように、いじればいじるほどうまくいかなくなる傾向があるからだ。さらに、この場合のいじくり方は、資産の種類にかかわらず、保有する資産の価値が下がっている間はそれを手放さず、それどころか好調な資産から不調な資産へとお金を移すよう求めるのだ。人間の性《さが》からすれば、普通はその正反対のことをしたくなるものだろう。

市場が少し下落するたびに、私のもとにはパニックに陥ったコメントが届く。**ひとつのファンドだけを保有して航路を守ることが、人間にとっていかに難しいかを示す証拠だ。**

だからこそ私は、投資に興味を示さない娘の特質を「スーパーパワー」と呼んでいるのだ。スーパーパワーのおかげで、彼女のような人たちはいじくり回す傾向が低い。

理論的には、よくある方法のほうがよい結果を生むことだってなくはない。しかし、物事が複雑であればあるほど、失敗する可能性は高まる。私が「富へと続くシンプルな道」を勧めるのは、現実の世界ではシンプルなほうがより強力で、簡単で、安定しているからだ。この道を歩むのは必ずしも簡単ではない。わざわざ複雑にして難しくする意味はないのである。

道を歩むためのルール

・私たちは、まったく異なる方法を奨励する広大な文化の中で生きるユニコーンである。
・「道」を歩み続けるのは、必ずしも簡単ではない。
・予期せぬ障害物が現れ、回り道に誘われ、小川を渡らなければならないこともある。冷え込んで辺りが暗くなることもある。
・粘り強さは不可欠だ。
・押しのけられたり誘惑に負けたりして道を外れたら、もとの道を探して旅を続けなければならない。
・お金は、私たちがつくり出したこの複雑な世界に対処するための唯一にして最強のツールである。
・「貨幣は人類の寛容性の極みでもある」。
・市場の下落は普通のことだ。前回もそうだったし、次回もそうだろう。変わるのは、きっかけだけだ。
・現代ほど生きるのに最適な時代はない。
・理論的にもっとよい結果を得ようと複雑な方法を取っても、現実の世界では長期的に機能する可能性は低い。
・「道」はシンプルなので、いじくり回す傾向は低く、航路を守り通す可能性が高まる。
・「シンプルな道」は実にシンプルだが、それでも航路を守り、旅を続けるには努力が必要だ。雑音を遮断し、迷ったら戻り、根気強く続けなければならない。

蚊について考えてみよう。
蚊は歌いながら働き、永遠にそれを続ける。
彼を止めるには殺すしかない

——ジェイティ・フィッシャー

68

航路を守るのに役立った四つのこと

ヘマニ&タヌジ
イギリス、ロンドン

航路を守るうえで役に立った四つの大事なステップがあります。

ひとつ目はライフスタイルのインフレを最初から避けること。私たちは必要以上に豪華すぎない家を買い、毎日の生活費を抑えることに焦点を当てて取り組みました。例えば、借金が収入の2倍を超えないようにするとか、用事はすべて徒歩圏内で済ますとかです。おかげで車にかかる費用はかなり低く抑えられたし、近所をあちこち歩き回るので健康になりました。

ふたつ目は貯蓄率を重視すること。最初は50%でしたが、パンデミックのときのロックダウンの間は出費の多くがゼロになったので、最大90%まで上がりました。もっと給料のいい仕事を見つけたり、副業になるフリーランスの仕事を探したりして、収入を増やすことに集中したおかげでもあります。

三つ目は賢く行動し雑音を無視すること。私たちはニュースに振り回されないようにして株式市場のインデックス投資を自動引き落としにしています。ほかの人から株式市場の下落について聞かされると、密かにワクワクします。株を特価で、しかもすでに自動購入できているからです。

最後の四つ目は「F－Youマネー」をたまに活用すること。資産管理をしっかりできている自信があるおかげで、良くない仕事や環境から距離を置き、気持ちを立て直せるようになりました。そしてその度に、別のもっと楽しくて給料のいい仕事が見つかりました。

また、ほかの人たちの根本的な変化の手助けもしています。当の本人たちはたいてい気づいていませんが、これもすべて、自分たちの資金力、いろいろなものに価値を見いだしてきた経験、柔軟な時間の使い方のおかげです。

69

戦時中でも航路を守る

ロマン・コショフスキー
ウクライナ、リヴィウ州
www.youtube.com/c/RomanKoshovskyy、mykrp.com.ua

私はウクライナで経済的な自立を目指す30歳です。この国が戦争状態だということを思えば、今これを実践するなんて興味深いでしょうね。でも、もともとこの国はちょっと変わっていました。

2017年に規制が変更されるまでは、世界中の経済的自立コミュニティでいちばん人気の投資手段と似たものを見つけるのは困難でした。今でもアメリカに比べれば、利用できる手段はずっと少ないですが、それでもアメリカやヨーロッパを拠点とする証券会社に口座を開設することはできるようになりました。

実際、そうやっている人はたくさんいます。でも今回の戦争が始まる前は、やらない人がまだ多く、彼らは環境とか経済とか汚職を批判しました——それで何の意味があるんでしょうか。物事には、ちょっとした考え方や習慣の変化といった身近なところから始めなければ改善されないものもあります。少なくとも私の経験ではそうです。彼らはそれを理解していなかったのです。

もちろん、戦争のせいですべてが台無しになりました。でも、ジェイエルの「シンプルな道」からできるだけ外れないようにしています。

経済的な自立を達成するために、常にリサーチとデータ分析をしていますが、何でもシンプルで楽しくなるようにも心がけています。分散投資をする、長い時間軸で考える、世界中の企業を所有していると考える、借金を避ける、収入より支出を少なくする、残りを投資するなど、自立への道の基本原則はすべて守っています。

多少自分の好きなように変えてみたり、新しいことを身につけたりするのも好きです。この先も100%完璧にはできないでしょうが、15年とか20年後には平均よりもずっといい暮らしができていると思います。ウクライナ人の仲間たちも経済的に自由になれるよう、自分なりにできるだけのことを教えてあげるのは楽しいです。

ここで、ウクライナで経済的自立を目指す中で学んだ重要なことをいくつか紹介します。あなたがどこで、どんな道を歩んでいようと、航路を守るのに役立てばうれしいです。

・分散投資とは、単に耳ざわりのいい言葉というだけではありません。今これを書いている時点では、ウクライナの債券市場と株式市場は正常に機能していません（取引が認められているのは戦時国債だけ）。なので、私の一部の資本は凍結されていて、そのまま消えてしまうか、今後の支払い条件などが変わる可能性があります。これが、ほかの国と取引するうえで私が取ったリスクです。幸い、全資産をひとつのものに投資してはいません。戦前に開設した海外資産とアメリカの証券口座のおかげで、市場価格が低迷している現在でも、年金のポートフォリオへの拠出と優良な資産の安値での購入を続けています。

・災害は起こり得るものであり、保険やバックアップ・プランで守れるものには限界があります。人生の究極の変化球に対応できるよう、手持ちの現金と流動資産を確保しておかなければなりません。どんな悲惨な状況になっても必要にならないお金、おそらく20年間は手をつけなくても大丈夫だと言い切れる額だけを投資しましょう。

・すばやく行動するのはいいが、**落ち着いて考えましょう。**困難な時代には、ほかのみんなに合わせたいという衝動に駆られます。生鮮食品を買いだめしたり、恐怖心が原因で為替レートがおかしくなっているときに両替したり、周りの人に合わせて空襲警報を無視したりして、お決まりの罠にはまるのです。選択肢を見極めてから行動しましょう。

・経済的なことよりも、はるかに重大なリスクは存在します。自分の人生や愛する人との時間は、あなたがこれから稼ぐ全財産よりもずっと貴重です。

戦争は新しいものの見方をもたらし、優先順位を変化させます。

もし戦争が本当に始まると知っていたら、私はもっと資産を海外に移していたでしょうか。わかりません。祖国を愛しているし、友人たちと同じく、この国が現在も将来も繁栄してほしいと思って働いています。この先の人生がどうなっていくかはわかりませんが、私は経済的な自由へと続くジェイエルの「シンプルな道」からそれないよう、コントロールできることはすべてやるつもりです。

70 自分の国が世界ののけ者になったら

アルテム・ボロノフ
ロシア、タタールスタン共和国、ナーベレジヌイェ・チェルヌイ
www.voronov.net

私は妻と9歳の娘といっしょに、ロシアの中心部で暮らしています。私が小学生だった1991年にソビエト連邦が崩壊して、いくつかの国に分裂しました。その後の10年間で、新生ロシアは痛みを伴いながらも、市場経済、そして国際社会との統合へと移行しました。

民主化への流れと政治改革、そしてたしか1998年に起こった初めての経済破綻が、結果的にはいろいろな分野で、これまでにない経済回復をもたらしました。国際的な企業が地域産業を開拓し、賃金が上がり、一般の市民が今まで手の届かなかった日用品や新車や、もっと快適な住宅を買えるようになりました。この黄金時代に私は大学を卒業し、自動車業界で働き始めました。

収入が増えるスピードはだんだん落ちていきましたが、支出は常に収入の範囲内でした。私は両親に起きたことを忘れていませんでした。両親はソ連崩壊後のハイパーインフレのために銀行預金の価値が下がり、その後の経済的チャンスをすべてつかみ損ねました。現在は

社会年金をもらって完全に国に頼った生活をしています。私は彼らとは違い、年を取ったときにもっといろんな選択肢のある生き方をしたいといつも思っていました。例えば、「F-Youマネー」を使って暖かい土地に引っ越すとかです。25万~35万ドルもあれば十分でしょう。そこで、貯蓄をどう投資しようかと考え始めました。

最初ははっきりした計画もなく、ちょっと浪費しすぎたり、逆に節約しすぎたりということを続けていました。私はだいぶ前から株式市場には詳しくて、アクティブな取引や個別銘柄への投資を試してきました。でも何の戦略もないままに多額の投資をするのは不安だったので、時間を無駄にするだけで何の成果も得られませんでした。

その一方で、政府は国際関係や地理的な要因を考慮した大胆な方策をいくつも実施していて、インフレの進行と自国通貨の下落によって私の収入はどんどん減っていきます。生活が悪化すればするほど、プロパガンダは活発になりました。**反対意見が封じられ、民主的な制度が計画的に解体されていくのを目の当たりにしました。**こんな状況だったので、経済的自由と財産権がちゃんと守られた資産に対してグローバルに分散投資する必要があるのは明らかでした。当時のロシアでの私の生活はまだ快適で、国を愛する気持ちはありましたが、将来については悲観的でした。遅かれ早かれ経済政策は失敗するだろうと思っていました。そうなる前に、軍事的大惨事が起きるなんて想像もしていませんでしたが。

２０１４年ごろに、ジェイエルの「シンプルな道」に出会い、そこから私はインデックス投資家になったのです。知ったかぶりをして自己流でやろうとすると、いつも悪い結果に終わりました。私の最大の間違いはたぶん、バンガードへの投資がよいというアドバイスをあまり重視しなかったことでしょう。代わりに、アイルランドに本社があってロシアのブローカーを通じて購入できる、幅広い米国株式市場のＵＣＩＴＳ ＥＴＦを選んだのです。

ロシアの株式市場を通じて投資することにしたのは、何よりもロシア居住者に対する税制上の優遇措置があったからで、外国のブローカーを通して口座を開設するには多額の資金が必要だったこともあって、当然の判断だと思いました。それに、ＩＲＡに似た投資口座も持てて、拠出金の税金も控除されて、３年後には株を非課税で売却できます。税制優遇がファンドの手数料（総経費率＝０・９％）を上回っている間は、数年間でこのファンドに15万ドルほど積み立て、それを海外のブローカーに移し、そこで低コストのバンガードのインデックスファンドを購入するというのが私の計画でした。

しかし、これは実現しない運命にありました。

ロシアとウクライナの武力衝突の勃発は、私を含めてほとんどの人にとって予想外のことでした。その後の国際社会からの激しい反発により、株式市場間のコミュニケーションが途絶え、ほかの国との経済関係においても混乱が続きました。その結果、私だけでなく経済的自立コミュニティの人たちも想像さえしなかったような状況になりました。できるだけ犠牲者を出さずに人類がこの時代を乗り越え、教訓を学び、悪い人たちが処罰されることを願っています。

現在、ロシアにいる私のETFの取引は完全に凍結されています。外国人投資家のロシア株へのアクセスも同様です。国境を超えた投資の真のリスクが現実のものとなりました。いつかは資金を取り戻せるでしょうか？　だといいです。その一方で、ほぼ全財産と言える4万7000ドルのポートフォリオは、そのままにしておく必要があります。現在の資産配分は、ウォーレン・バフェットが推奨しているS&P500を90%と米国債10%という有名な組み合わせとほぼいっしょです。もしかしたらリタイア後に、娘や私が何百万ドルもの資産を使えるようになるかもしれません。もちろん、この国の権威主義的な政府が変わらない限り難しいと思いますが。

パニックを起こさない、売らないというルールをしっかり守りすぎたのは間違いだったかもしれませんが、金融パニックのときの心理的な抵抗を克服するには有効で、2020年3月の新型コロナウイルス感染症による株価の急落のさなかにも、航路を守ることができました。**ただそれによって、国際間のコミュニケーションが回復するまでは、自分の資本を自由に動かすことができませんでした。**

このダメージから気持ちを立て直すのには時間がかかりました。でも今はまた緊急資金を貯め始め、まだ利用できる投資方法に少しずつ資金を回しています。

今では海外ブランドは生産を中止して、この国からどんどん撤退しています。自動車産業の生産高は80％減少しました。私にはまだ仕事があって妻も小さな事業をやっているので、自宅で借金をせずに暮らしています。

私は、人類には物事に対処する力や繁栄する力があり、市場はいずれ回復すると確信しています。この15年間で、金融危機、気候災害、パンデミック、戦争など、ありとあらゆる脅威を経験した気がします。エイリアンがやってきてもちっとも驚かないでしょう。世界は相変わらずそこにあり、S&P500は私が始めたころよりも上がっています。

自分の国の将来のことは心配ですし、娘がまともな生活ができる見込みもないまま、世界から孤立した病んだイデオロギーのもとで育つのは嫌です。最近、移住についてよく考えますが、まだ決めかねています。今、ロシアのパスポートを歓迎する国はほとんどないからです。

でも前に進み続けています。ジェイエルの「富へと続くシンプルな道」をたどるには、開拓者のような力強い足を持ち、足元には舗装された道が必要だということを、前よりももっと理解できるようになりました。

今でも最高の未来を願っていますし、いつかそれを目にする日が来ると信じています。

71

パンデミックの最前線の医師として航路を守る

エドワード・キム
アメリカ、コネチカット州

私は6年間の遠距離恋愛のあと、プロポーズをして仕事も新しく始めました。離れて暮らしている間、婚約者と私はミシガンとニューヨークでそれぞれ研修医と専門医をしていました。そしてやっとのことで二人でコネチカット州に引っ越すことができ、今は、新しい生活に慣れつつあります。自分の403（b）に最適なファンドを調べていたときに、ジェイエルの「シンプルな道」を見つけました。

私は拠出率を上げて、403（b）の口座からS&P500インデックスファンドに投資しました。また、バンガードで証券口座を開設してVTSAXで積み立てを始めました。そんなとき、新型コロナウイルス感染症のパンデミックが起こり、私はいわば台風の目に放り込まれました。

感染症専門医だった私は、病院で新型コロナと診断された患者全員を診察しました。一方、病院は一時解雇を行い、給料をカットしました。緊急でない手術と新型コロナ以外の患者が急に減ったからです。パンデミックの真っ只中だというのに、病院は私を一時解雇するとまで言って脅しました。

株式市場は弱気相場に入っていて、株価は34％下落しました。私は経済的自立に関する情報をしっかりと身につけ、航路を守り、投資の撤回や変更はしませんでした。

その間、同僚の何人かの医師は患者の診察を拒否し、在宅勤務を続けました。別の同僚と私だけが、病院と診療所で新型コロナの患者全員を診ていました。本当に困っている患者を一人でも多く助けることが医者の義務だと思っていましたが、結局、7人の医師で分担するはずの仕事量を、いちばん若手の医師が二人だけでこなすことになったのです。

最前線で2年間働き、燃え尽き、周りに支えもないと感じた私は、新しい職に応募しました。そのころにはワクチンも開発され、入院患者数もやっと減ってきました。退職口座の投資額は元どおりに回復していました。航路を守ることで、不安なくワークライフバランスのとれた仕事を探すことができたのです。

72 すべてがうまくいかないとき

トム
アメリカ

1947年から1969年まで、私は兄弟といっしょに実家で暮らしていました。両親は厳格なカトリック教徒で、大恐慌の経験者でした。私たちの生活は、倹約家という言葉ではおそらく足りないほど質素でした。

子どもたちは節約しろと教えられました。私は13歳のときに保養所の食堂で働き始めました。そして給料は一銭残らず地元の貯蓄貸付組合に貯金しました。預金が少しずつ増えていくのはうれしかったです。

小学校はカトリック系、高校もカトリック系の男子校で、どちらもお金がかかりました。

1965年にウェイン州立大学に入りました。親からの援助もありましたが、書籍代や交通費や昼食代などは自分で払いました。大学へは実家から通っていました。

毎年夏には働いて、次の学年に必要なお金を貯めていました。デートしたり友人と遊んだりして、活発で楽しい大学生活を送りました。たとえ寮からアイビーリーグに通うような生活ではないとしても。当時は、まあ、標準的な生活だと思っていました。

１９６８年に、父の中古の１９６５年式フォルクスワーゲンを５００ドルで買い取りました。ついに「車」を手に入れたのです。卒業するとき、貯蓄貸付組合の預金は２０００ドルでした。

6月に卒業して、8月にアイルランド生まれの「ＭＡ」という子と結婚しました。9月には、バージニア州クワンティコにあるアメリカ海兵隊訓練センターの基礎訓練校に現役将兵として所属しました。生活は順調で、ようやく自立できたわけです。

ずっと実家で両親と暮らす束縛された生活から、ついに自由になりました。ＭＡが妊娠し、自分もやがて父親になりました。１９６９年から１９９２年まではＭＡ時代と言えます。

親が絶対に反対しそうなものをほしいと思うようになりました。アンプ、ターンテーブル、オープンリール、カセットプレーヤー、最高級スピーカーなどを完備した新品のパイオニア製オーディオセットを買ったり、古いオーク材のロールトップデスクを気に入って、３００ドルで買ったり、ほかにもいろいろです。

預金の２０００ドルは飛んでいきましたが、私は海兵隊の士官で年収は５０００ドルでした。貯蓄がそんなに重要だとは思えなかったし、リタイアするのは20年、30年、40年先のことでした。そんなに長生きしないとも思いました。

そのうち、給料ぎりぎりの生活になりました。信用取引は簡単だったし利用しやすかったので、大きな額ではないですが、1000～2000ドルの借金をし始めました。たいしたことじゃないと思ったのです。

1973年に海兵隊を退役し、M社で年収1万2000ドルという好条件の仕事に就きました。1972年に中尉として稼いだ額よりも2000ドル多かったのです。この年には第二子も生まれ、すばらしい娘が二人になりました。デトロイトで2万ドルの家を購入しました。

1976年に、仕事で実績を上げて現場開発マネージャーに昇進しましたが、友人や両親らと離れていいものかと迷いました。私はシカゴに向かい、ある日曜日に大聖堂のミサに行って、転勤が私たち若い家族にとって正しいことかどうか知りたくて、主《しゅ》に祈りを捧げました。そのとき案内係が私の肩を叩き、妻と私に献金を捧げるかどうか尋ねました。私はそれを主からの「イエス」のサインだと受け止めました。

私は昇進を受け入れてシカゴに移りました。借金はまだ少し残っていました。あの忌々しいカードの支払いを完済するのは無理だったのです。デトロイトの家は、1万8000ドルで売りました。高く買って安く売ったわけです。

このときは賃金貯蓄プランにも申し込みました。イリノイ州ネーパーヴィルの新居は、デトロイトの家の2倍の4万ドルもしました。住宅ローンの支払いはこれまでの2倍でしたが、私の収入は言うまでもなく、2倍もありませんでした。しかも、ループ（シカゴのダウンタウン）まで、毎日通勤しなければなりませんでした。とはいえ、家のある旧市街はすばらしい地域でした。

給料が上がらないのに出費はどんどん増えていきました。小さい子どもたちがいたので、仕事を終えて家に帰ってからも頑張る必要がありました。給料の貯蓄率は収入の5%か6%くらいでした。妻が学校に戻ることにしたので、私は初の大学費用の支払いをしました。

1979年か1980年に私はM社を辞め、V社で働くことにしました（オフィス・マネージャーとして）。給料はM社よりも1万ドル以上増えて3万5000ドルほどでした。悪くない話に思えたので仕事を引き受けましたが、1年しか続きませんでした。V社での経験は、私にとって初めての本格的な挫折でした。

会社の二人のオーナーと対立してしまったのです。彼らはオフィス・マネージャーとしての私の方針が気に入りませんでした。私は焦りまくり、そしてM社に戻ることになりました。私の不義理に比べてM社の人たちはもっと誠実でしたし、私の才能と勤勉なところをわかってくれていました。私は年収2万7500ドルの広告・販売促進マネージャーになりました。彼らはさらに、私が年金の権利確定条件から外れないように、私が離れていた期間も勤務年数にカウントしてくれたのです。

1983年にM社での勤続10周年（および権利確定）を数カ月後に控えた私は、コネチカット州ブリッジポートのR社から熱烈なスカウトを受けました。彼らは私をものすごく手厚くもてなしてくれました。MAと私はその地域が大好きだったし、新しい仕事への挑戦にもなるので、正しい選択に思えました。

それが正しいという神の二度目のお告げまでありました。このときは虹でした。

ネーパーヴィルの家は6万ドルで売り、1982年にニューイングランド地域に移りました。家はコネチカット州ニュータウンで8万5000ドルのものを購入しました。そのうち2万ドルは頭金でした。とても気に入りました。

この仕事は2年半で終わりました。R社がアスベスト訴訟で倒産したのです。これには参りました。

しかしその年（1984年）、RR社に勤める友人から電話があり、彼の会社でC社の事業を担当する副社長としての採用枠があるから、ニューヨークの採用担当者と話してみないか、と言ってきました。私はもちろん頼む、と返事をしました。1984年に私たちはデトロイトに戻りました。

ミシガン州バーミンガムで、12万ドルの高級住宅を購入しました。妻は監査役としてDT社で働いていましたが、RR社は妻がデトロイトに転勤する手助けもしてくれました。私たちは再出発しました。

夫婦の仕事を合わせると年間9万ドル近い収入です。すごい！　いろいろ順調に進んで、娘たちは高校を卒業してミシガン州立大学に進学し、私が負担する大学費用は二人分になりました。仕事は大変だったし、夫婦で顔を合わせることもほとんどなくなりました。１９８７年に父が、１９８９年に母が亡くなりました。

１９９０年にＭＡは離婚を切り出しました。私がいつも怒っているからだと言いました（私は悲しかっただけなのですが）。私は自分が何をしたいのかもわかっていなかった気がしますが、離婚だけはしたくありませんでした。とりあえず、別れ話がまとまった時点で、私にはまだ仕事があったし、家も売らなくてはなりませんでした。家は買った値段以上のお金にはなりませんでした（当時は不景気だったので）。妻と財産を折半し、弁護士費用をそれぞれ支払ったあと、私の貯蓄は２万４０００ドルほどでした。

そのお金を四つのマネー・マーケット・ファンドに分散して、ほうっておきました。１９９０年に私は職場で23歳年下の「Ａ」に出会いました。彼女は私を愛してくれました。私はバーミンガムに家を借り、そこでいっしょに暮らすことになりました。楽しい毎日でした。再び順調な人生が戻ってきたのです。

１９９０年にＲＲ社は私をＣ社の担当から外し（気に入っていたのですが）、新規事業担当者にしました。私がその業務に「すごく向いている」からということでしたが嫌でたまりませんでした。１９９１年に休暇を願い出て、疲弊したのでＣ社の担当に戻してほしいと伝えましたが、返事は「ノー」でした。それで、私はＲＲ社を辞めました。Ａと私は89年型チェロキーに荷物を積み込み、アメリカの田舎道を走る旅に出ました。１９９２年はずっと二人でキャンプやバックパック旅行をしてあちこち旅しました。本当に楽しくてまたやりたいくらいです。

新しく出会った若い女性。生涯のパートナー。私はAのことをそう思いました。その1年間の休暇で、お互いのことをいろいろ知ることができたし、愛し合っていたし、二人ともきっとうまくいくと思いました。仕事はなかったが気にすることはない、何か見つかるだろうと思っていたところ、1993年についに見つかりました。

そのころ、Aは長男を妊娠していました。私はボルチモアにいる古い仲間のところで、自動車部品やピックアップトラックの荷台用の敷物を販売する仕事を見つけました。私たちはメリーランド州タウソンでタウンハウスのいちばん端の家を購入し、そこで暮らすことになりました。長男が誕生し、すべてが順調に思えたある日、上司がもう私を雇う余裕も年収3万ドルを払う余裕もないと言い出しました。

しょうがない。私はバージニア州ウィンチェスターの小さな広告代理店で新しい仕事を見つけました。メリーランド州の家を売り、バージニア州で家を借りました。これは正しい判断でした。新しく見つけた年収4万ドルの仕事は1年しか続きませんでした。

そうそう、1992年から1996年にかけて、生活費や頭金なんかのためにマネー・マーケット・ファンドを一気に現金化した話はしましたっけ？

1995年にオハイオ州のU社でいい仕事を見つけました。RR社の古くからの顧客FM

社に出向く仕事でした。長続きしそうに思ったので、カヤホガ・フォールズにいい家を買いました。次男はそこで生まれ、私たちは幸せでした。50歳になった私はリタイア後のことを考えるようになりました。そして1997年になりました。

U社の上司とオーナーに我慢できなくなったので、再び仕事を探し始めました。ありがたや、1996年に2万ドルのボーナスをもらっていたので、預金もでき、クレジットカードのローンの返済もできました。

そして驚くべきことに、デトロイトに戻ってきてほしいと連絡があったのです。誰からだと思いますか？　懐かしのRR社です。私たちは再び出発しました。モータウン、帰ってきたぞ。私はC社の担当に戻り、Aや私の友人たちと再会し、とても幸せでした。1998年にはミルフォードで家を購入！　わお、1998年から2013年までのマイホームで、いちばん長く住み続けた場所でした。U社のボーナスの残りを頭金にしました。

みんな稼ぎがあって、いい生活でした。私は広告代理店の仕事に復帰し、Aは2002年ごろまで息子たちの育児に専念しました。そのあと、イースタンの大学に戻りました。また学費！　大丈夫、ローンを借り換えればいいだけだ。家の価値は上がっているし。

RR社時代からの同僚がYR社の社長になり、私を副社長としてチームに迎えたいと言ってきました。ありがたいことだし収入も増えるので、YR社に移りました。まあ、この同僚が解任され、当然ながら「彼の部下」もろともクビになるまでの、2年間の仕事でしたが。

2001年に失業しました。新しい仕事を見つけるのに、また1年近くかかりました。

RR社を辞めてYR社に移ったとき、デトロイトオフィスのCEOになった友人Mの勧めで、401（k）に約4万ドルを拠出しました。2年ほどで、さらに5万〜6万ドルを追加することができました。Mのアドバイスで、そのお金をある大手投資会社の資産運用マネージャーに託しました。彼は2〜3年で私のお金を8万ドルほど失いました。これはきつかったです。彼は「市場が一時的に急落しただけだから、もとに戻る」と言い続けました（いわゆる景気の波だ、と）。とにかく、悪銭は身につかずです。

老後のために準備していたお金を使ってしまい、55歳の私は若い妻と二人の息子がいながら、蓄えはありませんでした。会社での新しいポジションはどこだと思いますか？ RR社に戻って、今度は下っ端のアカウントスーパーバイザーです。罰を受けたのです。

私はC社の担当になり、バリバリ働いて彼らの事業の構築を手伝いました。そして2003年、ついに副社長に昇進しました。年収は8万ドルで、年1400ドルの住宅ローンとAの学費も支払っていました。彼女は2006年に卒業し、なんと……離婚を申し立てたのです。401（k）の半分を持っていかれました。家については価値が上がっていそうだったので手放さず、当時の評価価格の半分を妻に渡しました。弁護士費用も養育費もかかりました……。まあ、最悪でしたね。

それだけじゃありません。2008年にバブルが崩壊して散々な目にあいました。C社は倒産して業者をすべて解雇し、みんなに借金を負わせました。私のような61歳の年寄りアカウントマネージャーを必要とする人なんて誰もいません。借金に借金を重ね、家の価値は下がり、売ることもできませんでした。

パートタイムの仕事とミシガン州の失業保険でしのいでいましたが、ついに２０１２年に誇り高き老海兵隊員は答えを思いつきました……。連邦破産法第7章の適用を申請するしかない、と。

65歳まで待てないので、62歳で社会保険制度の給付金を受け取りました。米海兵隊時代に難聴になったので、月１３２ドルのわずかな退役軍人給付金ももらっています。また、ＲＲ社からの月４００ドルの年金もあります。

あるスウェーデン人と出会ってまた恋に落ち、博物館にもなっている歴史的な農場で歴史解説者として働くアルバイトを見つけ、人生は再びうまくいっています。そもそもお金を持っていないので、そのことで頭を悩ますことはなくなりました。

私は健康（と退役軍人給付金）に恵まれ、すばらしい友人や親戚、大事な子どもたちや孫たちがいて、外で体をたくさん動かせる大好きな仕事をし、屋根のある生活ができ、そして私を愛してくれる女性がそばにいます。これ以上何が必要でしょうか。

アルバイトの給料、退役軍人給付金、ＲＲ社の年金、社会保険制度の給付金で月２５００ドルほど収入があります。私はラッキーな男です（この体験談はもともとjlcollinsnh.comに掲載されたもの)。

73 私の1%ルール

トム・ベンソン
アメリカ、テキサス州ヒューストン

働き始めた当初、私は会社のマッチング拠出を受けるために401(k)に貯蓄を始めました。そして長い間、昇給するたびに貯蓄額を1%ずつ増やしていきました。1985年から2001年に起きたさまざまな市況を乗り越えながら何年も続けた結果、貯蓄額は許容最大額まで増えました。

拠出金の大半は、市場全体を追跡する低コストのS&P500株式ファンドと小型株ファンドに投資しました。

昇給分の1%の拠出を「さぼった」ことはありません。**このシンプルな戦略のおかげで、35年半働いたあと、58歳のときに予想以上のお金を手にして、悠々自適にリタイアすることができました。**

74 ゲーム感覚にする

トッド・ヘイブンズ
アメリカ、カリフォルニア州ロサンゼルス
thinkwealthybook.com

10年前のことです。私は40歳の誕生パーティーに友人たちに集まってもらう代わり、パートナーと二人でひっそりと短いクルーズに出かけました。何も祝うことがないような気がしたんです。学生ローンがまだ2万5000ドルもあり、老後のための貯蓄もほぼゼロなのを恥ずかしく思っていました（でも、3日間の格安クルーズの初日の夜にビンゴで200ドルを獲得。自分にハッピーバースデー！）。運命のめぐり合わせで、翌年、私は年収が6桁の仕事に就き、毎月借金を返済しながら、会社のロス401（k）[27]への拠出を最大にしました。

私は両親が苦労していたその日暮らしの生活では終わりたくなくて、お金にまつわる自分の運命を変えることにずっと興味がありました。そこで、大好きな個人資産管理の本に出ていたすばらしいアドバイスや例にならって、自分もやってみようという気になりました。新年を無借金で迎えたいと、その年は学生ローンの最終返済日を12月31日に設定したほどです（後悔したことはありません）。

私たちは出費を抑え、娘が生まれる前の数年間は、まるでゲームを楽しむように「税制優遇のあるいろんな退職口座にどれだけお金を詰め込めるか」にチャレンジしていました。そんなにたくさん貯め込んでいる感じはしなかったので（生きている母の墓にかけて誓ってもいい）、長期的な投資と税制優遇のある投資の組み合わせがもたらした家族の変化に、かなりびっくりしています。遅くともリタイアするまでには、億万長者は無理でも、百万長者にはなれそうなのです。**低コストのインデックスファンドへの投資のおかげです。**驚くほどうまくいくし、しかも誰にでも同じ効果があるのです。

75 障害を負ったら

タッカー
カナダ、オンタリオ州オタワ
postmorbus.com

「運動ニューロン疾患。原発性側索硬化症」

手書きのメモでした。神経科医はきっと、耳で聞くよりもショックが和らぐと思ったのでしょう。でもこのふたつの単語は、私の人生を永遠に変えることになりました。私は42歳で、夫と7歳と9歳の子どもがいました。だから、こういうときに誰もがする反応をしました。大声で泣いたのです。

ちょっと想像してみてください。あなたのあらゆる出費が突然30％増えたとします。何とかやりくりできますか？　経済的な自立に必要な予算には、自力でできないことが増えるという事態も想定されていますか？　家の定期的なメンテナンスはおろか普段の掃除もできない、食料品店に行くのに一日の全エネルギーを使い切る、夕食後に洗濯をするか子どもとゲームをするか、どちらかを選ばなければならない、そんな状況を想像してみてください。

自宅で生活できるように家を大改修しなければならないとしたら？　スロープ、ウォークイン浴槽、補高便座、低いカウンター、家中の手すりの設置などです。考えるだけでも頭がくらくらしてくるでしょう。私の場合、実際にこの現実にめまいがしました。アメリカのテレビドラマ『ゲーム・オブ・スローンズ』の登場人物であるティリオン・ラニスターが見事に言い表しています。「障害者として暮らすなら、金持ちでないと」

２０１８年のあの日を迎えるまで、経済的自立という概念を知らないわけではありませんでした。20代から30代にかけて質素な生活をし、倹約生活と家計管理に努めたおかげで、20代後半には小さな事業を持つことができました。専業主婦として子育てするために、あきらめていた夢でした。夫はカリフォルニアで会社を立ち上げるために、信じられないほど長時間働いていました。だから私は家事と育児をすべて引き受け、夫ができるだけ給料を稼げるようにしました。長男が生後6カ月になるまで節約生活で、車さえ持っていなかったし、その後に買った車も中古車でした。ほとんどどこへ行くにも自転車か徒歩で行き、料理は手づくりで、娯楽には図書館や幼稚園の一時利用など無料サービスを活用しました。その数年間、私たちはあまり貯蓄はしませんでしたが、無駄遣いはせずに何とか生活費をやりくりして、衣食住に困らない暮らしを続けました。

末の子が2歳になったとき、仕事を離れてもう4年になるし、もう十分復帰できると思いました。リタイアの目標を達成したいのなら、なおさらです。ちょうどソーシャルメディアが流行し始めたころで、まもなく私はネット上で存在感を示したい会社や組織をサポートするようになりました。9月から翌年5月までの契約を何とか取りつけ、夏の間は子どもたちと過ごせるようにしました。**うちは夫の給料だけでやっていけたので、私は働く必要がなかったため、仕事を選ぶことができました。あまり儲からない契約は断り、もっとおもしろくて報酬のいい契約を待ちました。この戦略のおかげで、5年足らずで私の給料はほぼ倍増しました。**

収入が増えたので、投資をかじってみることにしました。こうして経済的自立コミュニティとインデックスファンドの魅力を知ったのです。私たちは早速、ジェイエルの「シンプルな道」を本格的に歩み始めました。２０１５年に私はカナダでいちばん大きい政府機関のソーシャルメディア・チームの責任者に採用されました。仕事量が多くて大変でしたが、半年も経たないうちに福利厚生も年金制度も利用できるようになりました。おかげで非正規で働いた年数分の年金を取り戻すことができました。夫婦の収入、学校に通う二人の子どもたち、着実に近づいているリタイアの目標——とても刺激的な日々で、私たちは将来を楽しみにしていました。でも、前から自分の健康状態に少し気になる点がありました。だから診察の予約をいくつか入れて、原因を探ろうとしました。

２０１３年から、歩き方が前とは違うことに気づいていたし、脚がしびれるような感じも時々ありました。定期的に走ったり昼休みに散歩したりしていましたが、つまずくことが多くなり、そのうち、本格的に転ぶようになりました。２０１５年の秋にＭＲＩを受けました。首の椎間板がずれていることがわかり、原因はおそらく神経の圧迫だと思われました（いちばん単純な説明をするならです）。その後、神経科医から神経外科医を紹介され、手術の予約をしました。ラッキーだったのは、ちょうど会社の福利厚生を利用できるようになったことです。アンラッキーだったのは、手術の４日前に転んで足首を骨折したことです。それで４日以内にふたつの大手術を受けました。追い打ちをかけるように、２０１６年から２０１７年にかけて、治らない足首の完全再建を含む三度の手術を受けました。夫は常勤の技術職としての激務をこなしながら、私と子どもたちの面倒を見なければなりませんでした。振り返ってみれば、人生でいちばん暗い年でした。私たちは必死で何とか暮らしていました。

極限状態を抜け出して物事が落ち着くだろうと期待していた矢先、家の賃貸契約を解約することになってしまいました。住宅購入のために頭金を貯めてはいましたが、住んでいる地域の不動産価格が上がり、手が届かなくなったのです。2017年のクリスマスの2週間前、私たちはストレスに押しつぶされそうになりながら、引っ越しをしました。一方、私は職場でリストラにあい、それもストレスでした。

そんなとき、あのおなじみの疼《うず》きが再び現れたのです。今度は腕でした。MRIや数え切れないほどの検査を受けました。そしてついに結果が出て、診断結果が書かれたあの紙を手渡されたのです。筋萎縮性側索硬化症（ALS）がまれなら、原発性側索硬化症（PLS）はもっとまれです。この病気の人はアメリカには500～2000人、カナダには50～200人しかいないと推定されています。原因も完治するかどうかも治療法もわかっていません。ALSが上位運動ニューロン（歩行などの随意運動を司る）と下位運動ニューロン（呼吸などの不随意運動を司る）の両方に影響を及ぼすのに対し、PLSは通常、余命は平均的で、上位運動ニューロンのみに影響を及ぼします。

それから半年間、私は次から次へと予約を取り、100万枚ほどあったんじゃないかと思うくらい、たくさんの書類を提出しました。疲労困憊しました。幸い福利厚生が充実していたので、13週間後に給与の70％が支払われる障害保険にも加入していました。一方、それまでの賃金の4分の1で雇用保険を受け取ることができました。病気休暇も有給休暇も使い果たした私には、それが唯一の選択肢でした。

おかげさまで私たちは夫の給料だけで生活を回せていたので、当初目指していた家の改修については多少見直しが必要でしたが、何とか暮らせました。私は短期障害者として認定されましたが、一定期間が経過したあと、健康上の理由で退職するよう会社から言われました。私が年金受給可能年数を取り戻したことをおぼえていますか？　それがあってよかったです。というのも、私が死ぬまでその物価スライド制の年金は受け取れるし、私が死んだあとは夫がその一部を受け取れるからです。たいした額ではありませんが、そのおかげで安価な医療保険と歯科保険、そして少額の生命保険を解約せずに済みます。

アメリカ疾病予防管理センターによると、アメリカ人の26％が障害を持っており、カナダでは統計局の調べで20％の人に障害があるとのことです。**アメリカ人の約6％が毎年一時的な障害を経験しています。また、アメリカとカナダのどちらの国でも、80歳以上のほぼ半数が何らかの障害を抱えています。なのに、自分が障害の影響を受けるかもしれないと想定して計画を立てる人はほとんどいません。**一般的に最悪のケースを想定して予算を立てる場合、いつも業者に頼む作業を自分たちでやるとか、そういうことを考えます。私が経験した最悪のケースでは、日常の家事をこなすためだけに、さらに人を雇わなければなりませんでした。

とはいえ、私はリタイアできました。笑えますよね。計画どおりではありませんでしたが、それでもリタイアしたんです。ただし、私の就業不能給付は65歳までなので、夫の早期リタイア計画と同じく、私もその後の計画を立てる必要があります。夫は仕事が好きなので、もうしばらく働くつもりでいるようですが、状況がいつ何時変わるかもしれないことも私たちは理解しています。幸い、貯蓄率を予め決めて生活していると、物事がうまくいかなくなったときに切り替えが簡単になります。そのうえで、私が学んだいくつかの教訓を紹介します。

・**早期リタイアではなく、経済的自立を重視すること。**未来がどうなるかは誰にもわからないので、早期リタイアにこだわると、起業や旅行など自分の人生に付加価値を与えてくれる機会を逃すことになりかねません。選択肢を持つことを最大の目標にするべきです。

・**障害保険について調べること。**雇用主が障害保険に加入していない場合、貯蓄率の分で給与を賄えるようになるまでは、自分で保険に加入することを検討する価値はあります。個人での保険契約の場合、一定の年数または一定の給与額のみを保険で賄うようなプランにすることもできます。

・**いちばん使い勝手のいい移動器具を購入すること。**私はカーボンファイバー製の松葉杖を使って歩いています。もちろん、ドラッグストアで売っている安物の100倍くらいの値段でしたが、移動がとても楽になりました。スクーターは折りたたみ式なので、今でも旅行できますし、緊急時には引きずって運べるほど軽量です。もっと安いものもありますが、ごく基本的な活動しかしないと決めているのでない限り、使い物になりません。こうした道具は私の足なので、安物で済ませたくありません。自分らしく生きるために必要なのです。

・常にいくらかは貯蓄すること。たとえ給料が安くても、または収入源がひとつしかなくても、少額でいいから貯金しましょう。大きな額はできないからといって、あきらめないこと。少額でも定期的に貯めていけば、長期的にはまとまったお金になります。

・いい結婚をすること。障害者になった途端にパートナーが去っていく人たちをたくさん知っています。彼らの結婚には多くの場合、長年にわたる前兆がありました。私たちの場合、危機によって結婚がより強固になりました。数年間にわたる憎らしい極限状況を二人で乗り越えるために、お互いをよく知る必要があったからです。

・人間関係という社会資本は、金融資本以上にとは言わないまでも、それと同じくらい重要です。リタイアを意識して長時間労働を続け、身近な人たちにエネルギーを注いでいないとしたら、ゴールにたどり着くころには一人ぼっちかもしれません。副業に時間を取られ、子どもたちと過ごす年月を無駄にしないようにしましょう。倹約にこだわって友人との外出を避けるのはやめましょう。私たちの友人らはほとんど全員、子どもがおらず、給料のいい専門職に就いています。子どもたちが小さいころ、私たちはいつも時間をつくってホームパーティーやブランチに参加していましたが、高価なディナーは見送りました。夕食のあとは毎晩のように子どもたちとボードゲームをしたり、本を読んだりしました。家が散らかることになっても、です。何もかもうまくいかないときは、友人たちが玄関のスロープをつくってくれたり、引っ越しで疲れ果てていた私たちのために、家まで来て段ボールから荷物を出すのを手伝ってくれたりしました。子どもたちはティーンエイジャーとそのちょっと下の年齢ですが、夕食後も私たちといっしょに過ごします（今のところは！）。私は人間関係に力を入れなかったPLSの人たちの多くが、病気を抱えながら孤独に暮らしているのを知っています。人間関係には、常に今、絶えず取り組むことが大事です。

・**生きるのを先延ばしにしないこと**。典型的な例が、リタイアまで旅行をとっておいたのに、何か大きな出来事が起きて実現できない人たちです。私はいつもあちこち旅をしてきましたが、今は前よりもずっと難しいし、体の自由がきかないため行けない場所もあります。

・**たいていの人は親切で優しい**。欧米では個人主義と自立を重んじます。私が体験することとなった、いちばん大きな心理的変化のひとつは、人に助けを求め、人の助けを受け入れられるようになったことでした。今でもドラゴンボートのパドリングができるのは、チームがボートの乗り降りを手伝ってくれるからです。最近デンバーに行ったとき、航空会社のスタッフが荷物を飛行機に載せるのを手伝ってくれました。これまで見知らぬ人に助けを求めて、断られたことはありません。一番難しいのは、自分自身を乗り越えること、何でも自分でやろうという誤ったこだわりを捨てることです。障害があってもなくても、これは同じです。

・**何かの診断がついたら、一般的なやり方にこだわらない取り組み方を模索すること**。医学は外傷や緊急事態の対応には長けていますが、長期にわたる慢性疾患については、ものによって知識に差があります。公平に言うなら、医者はすでに知っている情報をもとに最善を尽くしますが、珍しい病気の場合、情報は限られるものです。私の場合、ALSと似ているという理由でALS患者向けのアドバイスをたくさんされましたが、残念ながら、その多くはPLS患者にとってはよくないものでした。ありがたいことに、PLSグループで検索してみると、適応外薬と理学療法を併用してうまく体を動かしている人たちがいることがわかりました。私は彼らをまねて、何とか運動能力を維持できています。

・**政府の制度を利用すること。**カナダでは障害税額控除を申請できました。この控除は8870ドル相当の返金不可の控除で、夫に譲渡することもできます。また、登録障害貯蓄プログラムの口座も持っています。この口座は、私の拠出金と同額のマッチング拠出があり（収入が低い場合は、1ドル預けるごとに3ドルもらえます！）、非課税で貯めることができます。アメリカにも同様のプログラムがあるので、調べてみる価値はあります。

・**最後に、もし慢性疾患とともに生きることになったら、悲嘆にくれる自分を受け入れること。**いずれはその病気とともに生きる術《すべ》を身につけ、ギアを切り替えて前に進んでいけます。約束します。でも、想像とは違う未来にどう立ち向かうかについては、予め時間をかけて考えることが重要です。

[27] ロスIRAと同様の制度だが、拠出限度額は従来の401（k）に準じている。引き出し年齢要件にも違いがある。

家族

PART 8

Family

投資家の父の見解
JL's View

パートナー、子ども、親

このパートでは、「道」に関する体験談の中でも家族がテーマとなっているものを紹介する。この旅路を歩むことに乗り気なパートナーやそうでないパートナーの話、意識的に、または気づかないうちに親から学んだ教訓についての話、年齢の離れたパートナーとの交際に経済的自立が役立った話まである。

そしてもちろん子どもの存在も大きい。子育てをしながら歩む「富へと続くシンプルな道」、子どもといっしょに旅をする生活、シングルペアレントとして進む「道」。そう、否定的な意見はあるが、子どもがいてもＦＩＲＥは可能である。

家族というのは、私たちにとって最大の支えや最大の喜びになることもあれば、痛みや縛りのもとになることもある。その両方の場合もある。

すでに書いたとおり、この「道」を歩むあなたはユニコーンみたいなものだから、周りの人たちが戸惑ったり迷惑に感じたりすることもあるかもしれない。もちろん家族だって例外ではない。家族に「シンプルな道」を紹介しようとしても、彼らはよかれと思ってあなたをそこから引き離そうとする。

私の家族について

　ここまで読んできたあなたは、私が幼い娘に「富へと続くシンプルな道」について教えようとしたときの失敗談が、ブログ、本、ショトーカ、インタビューの原点であることをすでにご存じだと思う。大人になった娘は、「私がパパの言うことを聞かなくて、ほんとによかったね」とおもしろがって繰り返し私に言う。もし彼女が言うことを聞いていたら、今挙げたものは何ひとつ存在しなかったろう。本書だってそうだ。もっともそうだったなら、私の白髪もこんなに多くはなかったかもしれないが。

　しかし、娘も言っているのだが、「道」についての考え方は、何年もかけて周囲に理解されていったのである。実際、彼女は大学で、誰もがみんなこうした考え方を教わってきたわけではないと知り、ショックを受けた。

　娘と同じく、私も育った環境の産物だった。父の健康が損なわれるにつれて家計が破綻するという体験は、私の心に傷を残した。しかしその大変な日々が、あとの人生で役に立つ貴重な教訓を与えてくれた。両親はそんなつもりはなかったかもしれないが、私が彼らから学んだことは確かである。

株の売買はギャンブルみたいなもの？

私たちは何をどんな理由で自分の中に取り込むのだろう。これはなかなか興味深い。父が株をたった一度だけ買ったという話をしたのをおぼえている。私が10歳ぐらいのときだ。市場が熱い時期で、父は自由に使える現金を多少持っており、仕事仲間から確実に儲かる銘柄の情報をいくつかもらったのだ。ところが大失敗し、父は「株式市場は不正操作されている。ギャンブル以外の何物でもない」と言った。それ以来、有力情報と呼ばれるものに乗って、多くの人が株を買っては負けるのを目にして、私も同じ結論に達した。もちろん、彼らも父も間違っている。株式市場は富を築くすばらしいツールである。

その代わりに正しかったのは（そして口にしなかったことは）、有力情報で株を買うのは非常にまずい考えであり、ギャンブルみたいなものだということだ。

私は自分がどうやって市場で毒されることなく、有力情報に関する教訓を学んだのかはわからない。しかし、おかげで随分救われた。

借金と車

両親の判断が正しかったことのひとつが、借金に関することだ。両親は家を3回売買したが、その最初の2軒の家を除いて、一度もローンを組んだことがなかった。3軒目の家はその前の家を売却して得た現金で購入した。それ以外のことはシンプルだった。**現金で払えないなら、それは買えないのだ。**恐慌と第二次世界大戦をくぐり抜けた経験は、重要な教訓を残してくれるものなのだろう。

たまに家のローンを組む以外、私も借金をしたことはない。車の支払いもない。借金をせずに車を買う方法は父から教わったわけではなく、ただ父のやり方を見ていただけだ。父は仕事で車を使っていて、5年ごとに買い替えていた。車はプリムスで、ほしいモデルを決めては地元のディーラーをいくつか訪ねて、「この車がいい。今日買える。最低価格なら、すぐに家から現金を持ってくる」と言ったものだった。ディーラーがローンで儲ける今と違って、当時は現金のほうが有利に交渉できたのだ。

新車を買った瞬間、父は次の車のために貯金を始めた。銀行に毎月のローンと利子の支払いをする代わりに、その毎月の支払いを自分の預金口座にしたわけだ。利息は銀行が父に払っていた。

では、最初の車はどうやって手に入れるのか、という疑問がわくだろう。**ポンコツの古くて安い車を現金で買い、それを我慢して乗る代わりに楽しみながら乗って、もっといい車を買うお金を貯めるのである。**父がそうやっていたので、私もそうした。これは有効なのでほかの人にも勧めている。ただ、もっといいのは、安い車を好きになって長く乗り続けることだ。

幼いころに知った、お金を稼ぐ喜び

あるメーカーの販売員だった父は、主に家庭用品を扱っていた。こうした企業は、毎年、新製品のサンプルを送ってきた。すると父は、古いサンプルを母に渡し、母は地元の新聞に広告を出してそれを売っていた。

ある年のこと、父は古いハエたたきのサンプルを売ろうとしていた。**そのサンプルは広告料を払うほどの価値がなかったので、父は私にサンプルを渡し、訪問販売するように言った。**私は大喜びだった。5歳か6歳のころだった。これを書いていて、ちょっと思ったことを挙げてみたい。

- 最近では、5、6歳児に見知らぬ家を訪問させるなんて考えられない。子どもを危険にさらした罪で親が逮捕される可能性がある。しかしこれは1950年代の話であり、今とは時代が違う。
- これまで会った5、6歳児のことを考えると、こうやってお金を稼ぐことに大喜びするところは想像できない。お金なんて気にかけもしないだろう。でも私はうれしかった。どうしてそうだったのかはわからないが、それでよかったと思う。ハエたたきを売るのが大好きだったし、自分でお金を稼ぐ感覚も好きだった。

- ハエたたきの値段は1本5セントだったと思う。人生でお目にかかるハエたちを殺せるのだから安いものだ。しかし、ほとんどの人が「いらない」と言った。今思えばちょっと変だ。自分はそこそこかわいい5歳児だったのではと思うし、たったの5セント（2022年では56セントに相当）である。いったいどうして断れる？　文字どおり、あっさりとである。まあ、いい教訓にはなった。ノックするドアが山ほどあるので、「ノー」と言われても傷つかない。ただ次に行って「イエス」を探し続けるだけだ。
- この記憶から、自分が育った町についても考えさせられた。今ではシカゴ郊外の高級住宅街となっている。当時は下宿屋や廃屋（私たち子どもにとっては、肝試しで忍び込むお化け屋敷）や、迷い込んでしまいそうな草の伸びた空き地のあるエリアだったと思う。もしかしたらその5セント（56セント）は、今よりもっと貴重なものだったのかもしれない。

大学時代

まだ健康だったときの父は仕事熱心で、経済的にも安定していた。ビジネスも成功していたし、私が育った古い家を自分で改築もした。さっき言った新車のほかに、母に中古車も買った。年に数回レストランに出かけたこともあった。思えば、当時ではかなり珍しいことだった。

父は私の姉二人を大学に行かせたが、私の番が来たときには、もう学費は払えなかった。これは見方によっては幸運で、私は自力で大学を出たという自負が常にある。これはすごくいい気分だ。

しかし一方で、ジュエル食料品店のバイト仲間のディビッドがうらやましかった。私たちは高校時代、二人ともそこで品出しのアルバイトをしていたが、彼の場合、大学費用は親が払ってくれることになっていた。私のアルバイト代が部屋代、食費、本代、授業料に消えたのに対し、彼が買ったのは真っ赤な1967年型プリムスGTX440だった。もしあなたが私に何をプレゼントしようか迷っているのなら、プリムスの新車をお願いしたい。

「われわれはみな十字架を背負っている」

これは母が好きだった言葉だ。誰にでも、たとえ非常に恵まれているように見える人でも困難に出会うことはある、という意味で母は言っていた。嫉妬は無意味である。また、あまり恵まれておらず、もっとあからさまな困難に直面していそうな人でも、それを強みに変えることができる。**私たちはみな、配られたカードでプレイしなければならない。**

もちろん、カードがあまりにも悪くて、ここで紹介している「シンプルな道」をたどることができない人もいる。でも、この本を読む力があなたにあるなら、それは当てはまらない。あなたには確実にこの「道」を歩む力がある。

試練こそが私たちをつくるのだ。先に述べたような体験をはじめとするさまざまな困難な出来事が、間違いなく私を形づくってくれた。成功者が特に心配することのひとつは、裕福であまり苦労してこなかった今の自分に、どうやったらわが子を成功者に育てられるだろうかということだ。これは現実的な問題である。**「無一文から金持ちになり、三代目でまた無一文へ」ということわざがある。**最近の調査によれば、今日の億万長者のうち、わずか2%だけが上流階級出身者で、19%は上位中流階級出身、79%が中流階級以下の出身だ。この結果はもちろん、ほとんどの富は受け継がれるものだという一般的な感覚とはズレがある。

実際には、世の中のほとんどの富を築いているのは、私たちのような人間である。

もし父がタバコを吸わずに家の経済が安定していたら、今の私はお金がいかに大切かを理解していただろうか。わが子に金持ちになってほしいなら、自分はそうならないほうがいいのかもしれない。

道を歩むためのルール

・家族は最大の支えにもなれば邪魔者にもなる。あるいはその両方にもなる可能性がある。
・どちらにしても、家族は「シンプルな道」の旅に影響を与えるだろう。
・私たちは誰もが育った環境の産物である。
・苦しい経験は私たちを鍛えてくれる。
・人生における試練が私たちを形づくる。
・配られたカードをどう使うかによって結果が決まってくる。
・あまりにも安楽な人生は呪いにもなる。そのため、自力で富を築いた人たちの多くがわが子のことを心配する。
・家族はしばしば大きな刺激となる。「道」を歩むのに大いに役立つ思考や行動のパターンを授けてくれる。一方、よくない態度や考え方や行動を受け継がせようとすることも多く、これらは察知して避けるべきである。

どんな道を選んでも、必ずあなたを間違っていると言って批判する者はいる

——エマーソン

幸せとは、愛情深く思いやりがあり、結びつきの強い大家族を別の街に持つことだ

——ジョージ・バーンズ

76

考え方が近い配偶者の影響は大きい

ティーナ・キース
アメリカ、カリフォルニア州ベーカーズフィールド

私は考え方が近い配偶者の影響は大きいという話をしたいと思います。**少なくともお金、特に借金に関してはそうです。**

先日、2012年と2022年の私の経済状況を比べる表をつくったのですが、かなり違いがありました。違いの大きな理由は、パートナーが変わったことです。2012年の自分の考え方や決断は、間違いなく当時の結婚生活（2001〜2012年）の影響を受けていました。2022年については、間違いなく今の私たちのやり方の結果が現れています（2014年〜末永く！）。

どちらの年も、私とパートナーの収入の合計は十分で、住宅ローンがありました。でも昔の相手との生活では、車の支払いに毎月1500ドルかかり、住宅ローンの頭金の支払いはゼロで、月々の支出用のクレジットカード6枚に加えて、リフォームの支払いにも金利が0%のクレジットカードを使い、ロスIRAもSEP IRAもなく、緊急資金は最低限のみ、

学生ローンは6万ドル、貯蓄はなし……、という状況でした。

別荘がほしいと夢見ていましたが、それは夢のままで終わりました。

今は、車を買うときは現金にしています。学生ローンは完済しました。住宅も短期ローンで20％の頭金を支払って購入しました。リフォームはすべて現金払いです（そのほうが割引が大きいので）。２０１４年以降、クレジットカードは持っていません。二人とも毎年ロスとSEPに最大額を拠出して、半年以上の緊急資金を用意し、十分な貯蓄もあります。

湖畔の別荘のためにお金を貯めて、20％の頭金を払うこともできました。

大きな収入があることも大事ですが、それで確実に自立できるわけではありません。それをどう使うかがすべてです。経済的自由について同じ考え方を持つ配偶者の存在は、とても貴重なのです。

77 パートナーとリタイアについて考える

フローレンス・ポワレル
スイス、タルヴィル
www.linkedin.com/in/florencepoirel

スイスに引っ越して3カ月もしないうちに、私はパートナーに出会いました。17歳年上のヤンです。二人の将来について話し合ううちに、最高の人生をともに楽しみたいなら、私はかなり早くリタイアしなければならないと気づきました。もし一般的な60代でリタイアしたら、そのころにはヤンは80歳近くです。そのあと、いっしょにどんな活動ができるでしょうか。

ジェイエルの「シンプルな道」を歩み始めたのは、まさにそれがきっかけです。

経済的自立についての情報のほとんどはアメリカに関するものなので、スイスやほかのヨーロッパの国でも使える情報源を見つけ、自分なりの計画を始めるのに時間がかかりました。その後、経済的自立の達成値を出す複数の計算式を使って表をつくり、さらに発展させて純資産の増加を視覚的にわかるようにしたり、さまざまなリタイア年齢に応じた必要な純資産を予測したりしました。

そのときです。大きな衝撃を受けたのは。なんと、普通預金口座だけでは、私が望むゴールにはたどり着けないことがわかりました。

そこで、最初は小さく始めて2万ユーロを投資することにしました。そのときからETFにしか投資していませんでした。経済的自立関連のいろいろなブログから、ETFが有力だと学んだからです。リスクをできるだけ避けたい性格なので、ETFの分散投資にすごくひかれたのもあるし、決まったポートフォリオでパッシブ運用するという考え方が、怠け者の私にとって魅力的だったのもあります。

半年ほどすると市場の浮き沈みに慣れてきたので、もう少し投資することにしました。現在の純資産のおそらく70%は投資によるものです（会社の株も含めて）。

ポートフォリオの構築には時間がかかりました。自分のニーズや価値観がもっとよくわかるようになり、手数料や税金についての理解を深めるにつれ、構成を変えていきました。ヨーロッパやスイスで投資する場合に、どれが最適なETFかを見極めるのに時間がかかりました。

市場が下落したときは、落ち着いて「特価」の株に投資を続けました。

一方、私たちの住まいは賃貸です。好きなときに引っ越せるほうがいいからです。賃貸なら、ジオアービトラージも可能です。スイスのチューリッヒ州内でも、課税方法は地域によってさまざまです。私たちは税金の安いタルヴィルという町に引っ越しました。家はこれま

で より広くて眺めがよくて、家賃は変わらず税金は安くなりました。節約しながらのアップグレードです！

その1年のうちに、まったくログインしない口座もあった状態から、資産管理のあれこれを身につけ老後のための投資を予測するまでに成長しました。人生が変わる体験でした。私は自分が幸せでいること、一日一日の過ごし方を自分で決めることをとても大事にしています。誰かのためでなく、ただ本当に自分のため、自分が望む人生を生きるためにです。

私は5年間で純資産を4倍以上に増やすことができました。でも、経済的自立というのは単なる数字の話ではありません。ジェイエルの「シンプルな道」の真の魅力は、人生について対話ができることです。**経済的な自立を達成するためには、人生で何をしたいかを考え、自分の価値観をはっきりさせる必要があります。**

女性がお金や自立について話をするのは、いつも難しいと感じていました。人生設計を立てることを、ちょっと不愉快に思う人もいます。でも計画を立てることで、人生がかつてないほど深くて明確なものになります。

私とパートナーは、支出のことや死んだらお金をどうするか、そして将来のことについて、意見が一致しています。リタイアしたらいっしょに何をするかについても、もう計画していきます。でも、私の数字は私自身のお金についてのものなので、きっと何があっても自立した強い女性でいられるでしょう。

78

結婚しても「シンプルな道」は一人で

パディ・ツィガン
カナダ、ケベック州モントリオール

経済的に自立するための私の旅は約6年前に、13年間勤めた会社を辞めたときから始まりました。妻と私は親族の近くで暮らしたかったので、ケベック州のモントリオール市から南東に車で1時間ほどの郊外に、家族といっしょに引っ越しました。

仕事を辞めたことで、私は決断を迫られました。企業年金をそのまま維持するか、それとも退職金を取り崩してロックイン・リタイヤメント口座（LIRA）[28]に入れるかです。

本当に何の案もないことに気づきました。

お金の管理については、遠い老後のためにいくらか貯めておくことくらいしか知りませんでした。私は47歳で、貯金とミューチュアルファンドを合わせて20万ドルほど持っていました。そこで、とりあえずLIRAを別のミューチュアルファンドに預け、あとは自分で勉強しようと心に誓いました。

そのときに出会ったのが、ジェイエルの「シンプルな道」でした。

経済的自立という考え方は、とてもしっくりきました！　私は貯蓄率と純資産を計算し、投資口座を開設しました。そして貯金と投資をそこに移し、まずは試しにETFをやってみました。**長年、さまざまなミューチュアルファンドの販売業者から、自分がいかにひどいアドバイスを受けてきたかを知りました。**彼らのほとんどは投機的な貴金属ファンドなど、高コストのミューチュアルファンドへの投資を勧めてきたのです。


私は結婚していますが、今のところ経済的自立への「道」を一人で進んでいます。妻は貯蓄はかなり得意ですが、貯蓄率を高めて経済的自立を早めるために出費を減らす、ということはしていません。


おそらく今は、人生でいちばん子どもにお金がかかる時期です。娘二人の歯列矯正、長女の特殊な眼鏡や習い事など、いろいろな用途のためです。だから40％の貯蓄率は可能でも、それ以上は無理です。

私は今53歳で、60歳には生活資金のための労働は辞めるというのが目標ですが、そのためにはまだ数年は、できるだけ貯蓄する必要があります。幸い、あと2年で住宅ローンの支払いが終わるので、貯蓄に回せるお金が増えるはずです。

最近の市場の大混乱が起きる前に、6年前に持っていた私の資金は倍増していました。そして、この現在進行中の「特売」期間に、主にアセット・アロケーションETF（VEQT:TO）

とグローバルＥＴＦ（VXC.TO）をそれぞれ買い続けています。できることなら純資産をさらに増やして、60歳前に１００万ドル貯蓄するという目標を達成したいです。

79 「ゴッドファーザー」のふたつの短いエピソード

ジェイエル・コリンズ
アメリカ、サウスダコタ州

本書を執筆するために体験談を見直しているうちに、私自身の体験談をひとつ収めてもいいのでは、と思いました。

もっと正確に言うと、私が20代のころに体験したふたつの短いエピソードです。

ひとつ目は、当時つき合っていたダイアナという女性に関する話です。

私の記憶では、二人でお金の話をしたことはありませんでした。しかし、彼女は何かに気づいていたのでしょう、あるとき私に「借金が増えてきたから、いっしょに支出を見てほしい」と言ってきました。

ダイアナは、オハイオ州の片田舎の非常に貧しい環境に生まれ、大学には行かせてもらえませんでした。しかし賢くて勤勉で野心的な女性でした。

当時、秘書という仕事は一般的で、需要がありました。オハイオの田舎町でそのスキルを身につけた彼女は、大都市のシカゴに出てきて弁護士秘書の仕事に就きました。数年後に私たちが出会ったころには、大手法律事務所で秘書を取りまとめる責任者をしていて、給料も申し分ない額でした。

いっしょに支出をチェックするときに、彼女は自分の収入を教えてくれたのですが、これでは苦労するだろうと私は思いました。広いアパート、新しい車、洋服、旅行など、彼女のライフスタイルの状況が見て取れたからです。

ひとつずつ、何にいくら使ったかを聞いていきました。会話はこんな感じでした。

「ええと、家賃は◯◯ドルだけど、収入は◯◯ドルだから大丈夫よ」

「わかった」

「車の支払いは◯◯ドルだけど、収入は◯◯ドルだから大丈夫」

「了解」

「この前の旅行は◯◯ドルで、その前は◯◯ドルかかったけど、収入は◯◯ドルだから問題ない」

「わかった」

「仕事に着るちゃんとした服が必要だから、月に◯◯ドルくらい使うけど、収入は◯◯ドルだから大丈夫」

「OK。何が問題かわかったよ。確かに君は○○ドルの収入があるから、○○ドルのものなら何でも買える。**実際にいくつかは買えると思う。でも全部は買えないよ**」

これを読んでいるあなたは、何を当たり前のことを、と思うかもしれません。私もそう思いました。でも、そうやってすぐに決めつけないでほしいのです。若くしてオハイオの田舎から出てきた貧しい女性が、大都会とその誘惑を目の当たりにしたのだから、支出と収入のつながりが目に入らなくなってしまうのも無理はないでしょう。

ブログを書き始めて10年の間に、たくさんの人が同じような見落としをしているのを見てきました。ほとんどの人はそれを指摘されても認めようとしませんでしたが、ダイアナは違いました。

私の口からその言葉が出ただけで、彼女の目に希望の光が見えたのです。それからはガラリと変わって、もう前のようなお金の使い方はしなくなりました。

ふたつ目の話はかなり短いものです。

数年前、妻のジェーンといっしょにショトーカに参加していたときのことです。

参加者の一人から、「結婚する前はお金のことをよく話し合っていましたか?」と尋ねられました。

「私たちは、お金に関してはとても相性がいいんです」と私は答えました。「実際、二人の意見はほとんど同じです。これは結構重要なことなので、結婚前に話し合おうなんて思いもしなかったことを考えれば、すごく運がよかったんだなといつも思います」

この質問は何年も前から繰り返し受けていて、これが定番の回答でした。しかし、ジェーンの前でそれを口にするのは初めてでした。

彼女はちょっとのけぞって、一瞬目を見開いて言いました。「何を言ってるの？　最初のデートのとき、あなた私に収入の50％を貯めるべきだって言ったじゃない」

あとでわかったのですが、彼女はすでに50％貯蓄を実行していました。

80 父との思い出が経済的自立の夢を支える

クリストファー・ジョンソン
アメリカ、ノースソルトレイク

ジェイエルの「富へと続くシンプルな道」を歩むのに、立派な理由は必要ありません。私にはそれがありがたいです。

初めて資産管理について考えたのは、最初の仕事を辞めるときでした。年上の同僚が私に声をかけてアドバイスをくれたのです。「401（k）は現金化するな。インデックスファンドに投資して、そのままほうっておくんだ。自分のIRAに入れるのはいいが、間違ってもそのお金を無駄にするなよ」

インデックスファンドが何かを知らなかったので聞いてみると、別の同僚が経済的自立についての有名なブログを教えてくれました。彼らには感謝してもし切れません。ドラッグのように夢中になり、それからは手当たり次第に経済的自立のブログや本を読みあさりました。

当時若かった私は結婚したばかりで、子どももおらず、早期リタイアのためなら何でもする気でいました。同じ会社に勤めていた父の37年間の苦労を自分はしたくありませんでした。父は最後には、会社にゴミのように扱われました。何とか年金と腕時計は手に入れましたが、そのあとすぐにお払い箱となりました。

晩年の父がどれほど疲れていたか、私は忘れたことはありません。経済的に自立すれば、そのすべてが避けられると思い、私は夢中になりました。

ただひとつ、住居については問題がありました。夫婦で購入した家を妻は気に入っていて、私も本心ではそうでした。**二人とも用心深い性格だったので無茶はしませんでしたが、住宅ローンは常にあったし、経済的自立の計画を立てるには、住宅ローンについて考える必要がありました。**

家を売って、トレーラーを買って、旅に出て……、と何度夢見たことでしょう。

でも実際には、私には何の夢もありませんでした。秘密の計画も、ペルーでの山登りも、プロのバグパイプ奏者としてのセカンドキャリアも、何もなかったのです。経済的自立は仕事を避けるための手段に過ぎませんでした。家を犠牲にしたり、何かもっと特別なことをしたりするほどの強い動機はありませんでした。家を手放さない以上、経済的な自立を達成するために必要な数字は、はるか彼方にありました。ラストスパートをかけるには間違いなく遠かったのです。

郊外での生活に慣れ、私は次第に経済的自立を、稼がなくても済むための方法というよりも生きるための方法として考えるようになりました。

ありがたいことに、安定と安全を強く望む気持ちは二人とも同じでした。妻は外食するたびに「飲み物かデザートも頼んでいい？」と必ず尋ねます。私たちが何か正しい判断を下すとしたら、たいていは安心を求める妻の気持ちや妻を安心させたい私の気持ちが関係しています。

そんな安全を望む気持ちがあったため、私たちは普通に退職口座のお金を使って家のローンの繰り上げ返済をしました。数字の上では正しい選択ではないとわかっていましたが、防弾チョッキを着るような安心感が得られるなら、二人にとってそのくらいの犠牲は問題ないと思えました（なぜ正しい選択じゃないかと言えば、もしそのお金を投資すれば、長期的にはもっと大きなリターンが得られたはずだからです。住宅ローンの金利はわずか4・25%だったので)。

昔の任天堂のゲームに登場する悪者たちを描いた表を壁に貼り、私たちは経済的自立のゴールを目指す7年間の旅に出ました。毎月、家のローンを1000ドル返済するごとに、悪者の絵を消していきました。馬鹿げて聞こえるかもしれませんが、進歩が目に見えると前進し続ける力がわきました。7年間というのは何かを継続するには長いので、ありとあらゆるモチベーションが必要だったのです。

7年間のうちには、家計に関わることでいくつか変化球を喰らいました。私が転職して入社した新興企業が倒産し、別の企業の設立メンバーになったのです。新興企業に関わるなんてびっくりかもしれませんが、私たちは言ってみれば、ふたつの仕事とそこそこの貯蓄もあったので、空振り三振する可能性もあったのですが、バットを思い切り振る自由があるようなものだと感じていました……。

同僚らとともに、会社にお金が残っていないと知らされた日のことを思い出します。経営幹部たちからは事前に何の話もなく、ただ給料が支払われないとだけ会議で告げられました。会議室ではパニックが起きました。

アメリカの多くの世帯が給料ギリギリで暮らしているという統計結果が本当なら、パニックが起きたのは当然です。あのときほど「道」を歩んでいてよかったと感謝したことはありませんでした。

当時、子どもを持つことも考えていたので、いつ授かってもいいように心構えをしていました。結局、自然に授かることはありませんでした。不妊治療にはさまざまなタイプがありますが、どれも高額です。医師の診察、手術、体外受精、胚《はい》移植、流産、出産……。すべてにお金がかかりました。受精卵をペトリ皿から取り出すだけで5万ドルでしたが、そうやって生まれた息子には、十分にその価値があります。

親になるための道のりには想像以上にたくさんのハードルがありましたが、お金は問題ではありませんでした。流産は経済的にも精神的にも大きな負担です。子どもを失ってしまった心の傷に加えて、払えない3000ドルの病院代も降りかかるなんて、想像できますか？「道」を歩んでいるおかげで、私たち夫婦は請求書のことを心配する代わりに、お互いをいたわることができました。

この話で私が言いたいのは、人生にはびっくりするようなことが起きるということです。**お金で解決できる問題はかなり多いですが、すべてではありません**。お金で対処できないことについては、お金自体が問題にならないようにすることです。不妊と失業は残念なことですが、このふたつに加えてお金の問題まであったら、もっと大変です。

息子が生まれて生活費は増えましたが、生きがいも増えました。平均的な生活水準をはるかに下回る生活をしていたおかげで、妻は自分の仕事の時間を減らし、家で息子と過ごす時間を増やすことができました。ドタバタな生活の中での贅沢です。息子は銀行の持ちものでない親自身の持ち家で暮らせています。住宅ローンがないため、万が一、また経済状況が悪くなったとしても、貯蓄のおかげでずっと長い滑走路を確保できます。その一方で、私たちは税金のかかり方の違う二つの口座に分散投資して、経済的に自立する日を心待ちにしています。

二人ともまだ早期リタイアは計画していないし、リタイアしたあとに何をするかも決めていません。自立を目指す大きな「理由」があるわけではないので、自分たちは間違っているのだろうかとよく考えます。先日、オンラインで開催されたショトーカで、ジェイエルにこのことを尋ねたところ、ラッキーなことに回答をもらえました。その彼の言葉で私の話を締めくくりたいと思います。

「あなたは『道』を歩み出したときから、それまでの自分より少し強くなっているのです。そのことを忘れないでください」

私にはそれで十分です。

81

末っ子が18歳になる前に経済的自立を目指す

ボルチモアのリサ
アメリカ、メリーランド州ボルチモア
Nponfire.wordpress.com

私は10歳、13歳、16歳の三人の子どもを持つシングルマザーです。

末っ子が18歳になるまでに経済的自立を達成することを目標に、ジェイエルの「シンプルな道」の旅に出ました。ゴールまであと少しです。

この5年間、私は支出を減らして貯蓄を増やし、すべての退職口座を、主にアメリカと海外の株式市場を中心とした低コストのインデックスファンドに移しました。

2020年3月に一度だけ判断ミスをしたことがあります。市場の頃合いを測れると思って資金を移したのです。二度としません！　最近は不景気ですが、仕事を辞めるまであと10年近くかかるので、退職口座や証券会社の残高はめったにチェックしていません。

子どもたちには貯蓄や投資や「次世代に残す富」について教えているし、全員が自分のロスIRAを持っています。子どもたちが自分で手にしたお金を自分の意志でそこに入れると、それに対して私がマッチング拠出しています。大学進学まであっという間なので、賢く節約すれば、いかに学生ローンを抑えられるかについても話し合っています。

82 親から学んだ管理者という役目

ティム・デ・プリッカー
ベルギー、アントワープ

私は子どものころから、父といっしょに金融市場の状況を見てきました。父は1990年代初めに投資を始め、私も興味を持ったのです。文字放送と新聞が主な情報源でした。個別銘柄選びが中心だったのが、次第にミューチュアルファンドへの投資をするようになりました。いつも、まともな指数に基づいた基準がないままやっていたので、どれだけ損を出しているのかもわかりませんでした。

両親は2000年に46歳で自動車ディーラーを買い取って、最初の10年間はこの事業の経営に専念していました。事業は順調でした。銀行の個人顧客の担当者たちが寄ってきて、余剰金を株式ファンドに投資するよう両親を説得しました。

彼らが薦めるファンドはグローバルで株式100％であり、しかも父の投資は長期のものだったので、やり方としては一部正しいと言えました。でも数年後、ジェイエルの「シンプルな道」に出会って、私たちは初めて低コストのインデックスファンドの価値を知りました。父は言ったことを必ず実行に移す人で、ポートフォリオの95％をＭＳＣＩ指数を追跡する少数のグローバルＥＴＦに切り替えました。

父が健康上の問題を抱えるようになってからは、私があとを継ぎました。私の使命は明確で、事業を改善し、魅力的なものにしてから売却することでした。これを実現できたことは、みんなにとって本当に大きな出来事でした。

すでに「シンプルな道」を歩んでいたおかげで、私は会社を売却して得た資金を投資に回すことができました。経済的自立の原則がなければ、銀行の担当者たちは私からの投資を獲得しようと必死で営業をかけてきたでしょう。しまいには彼らの上客となり、人生の「成功者」になったと喜んでいたかもしれません。幸い、私たちはそれを避けることができました。

両親は住宅ローンのほかは借金をせず、貯蓄と投資をし、人生を楽しめる程度には生活水準も上げて、すばらしい人生を送っています。その一方で、何年もかけて見事な投資ポートフォリオも築いています。父はそのお金には決して手をつけませんでした。ほかにも事業からの収入があったからです。

ここ数年、父と話していてはっきりしたのは、父は親である自分たちをポートフォリオの所有者ではなく「管理者」だと考えているということでした。その言葉どおり、両親のポートフォリオは、今年の初めに妹と私に正式に譲られました。

今、私もこの資本の管理者です。**私と妻は、ライフスタイルのインフレを管理して経済的自立の達成値を下げながら、航路を守っていくつもりです。**よいタイミングを見て、子どもたちにお金についていろいろ教えるつもりです。子どもたちも自分を管理者だと思うようになれば、個人資産管理に関する私の任務は完了だと言えるでしょう。

お金の運用について心配する必要がないため、その分、子育てに積極的に関わる、持続型農業や食べ物を収穫できる森づくりをする、ボランティア活動をする、マラソンをする、南スペインでの貸別荘ビジネスを開発するなど、ほかの多くのことに時間を使えるのです。

83 お金について家族でオープンに話す

アタ・アタナソフ
アメリカ、メリーランド州ノース・ベセスダ
www.acompactlife.com

本当の裕福さを手に入れたいですか？

きっとみんなそうでしょう。派手な車や高級な家や自家用ジェット機のことではありませ

ん。**自分にとって本当に大切なことをする自由があるという裕福さのことです。**

私はそんな生き方がすばらしいと信じているので、子どもたちにはできるだけ幼いうちから、このメッセージを伝えたいと思っています。

うちではお金についてオープンに話します。子どもたちはまだ小さいですが、貯蓄や投資やお金を大事に使うことの意味を理解し始めています。収入を得るために必要なこと、貯蓄をする方法、そしていちばん重要なこととして、お金を投資するとどうなるかを知っています。

子どもたちの銀行口座はつくっていませんが、バンガードにロスＩＲＡ口座を開いています。彼らがお金を受け取るたびに、私はその額の30％を彼らの投資口座に入れています。お金は使ってしまったらそれまでですが、投資をすれば、子どもたちはそのお金が増えていくところを目にすることができます。自動投資の利点をすぐに理解し、ほうっておくとお金がどうなるか、利用可能な金額は正確にいくらなのかを知ることができます。

私たち夫婦は、何かを買うときは金額の大きさにかかわらず、子どもたちと率直に話し合っています。親が賢いお金の使い方をしているのを見れば、彼らもそれをまねるでしょう。ここ何年か、収入が増えても消費パターンはかなり一定しています。子どもたちはこのことから、お金があるからといって新しいものを手に入れるわけではないという姿勢を学びます。

基本的な生活必需品が満たされたら、余った分を有意義な慈善事業に寄付することが大切だと思います。いいお金の使い方ですし、私の場合は最高の満足感を得られます。今は「国境なき医師団」に寄付をしていますが、子どもたちにも自分にとって重要だと思う活動を選ばせて、自分のお金を一部寄付させています。

結局のところ、お金の使い方は自分次第です。このことを理解する時期が早ければ早いほど、自分の人生の主導権をよりしっかりと握れるようになります。

勤勉さは収入を生み、貯蓄は選択肢を生みます。支出は何も生みません。しかし、自分の消費パターンの主導権は100%自分にあります。誰にも間違っているとは言わせないことです。

84 経済的自立を目指しながら、子どもと世界旅行

アンソニー・セントクレア
アメリカ
learnersandmakers.com

普通の人だって、途方もないゴールを目指して努力することはできます。

暗闇の中で、疲れ果てた私たちは最後の戸締まりをしました。手放さなかった車に荷物を

積み込み、四人でわが家を見つめました。妻と私はこの平屋建てのモダンな家に16年間住んでいました。ジョディにプロポーズしたのもこの場所です。友人や家族とともに食事などをして時間を過ごしました。この家で、息子と娘は赤ちゃんから子どもへと成長しました。そんな家を、今は走る車の窓から見つめていました。車の後部にはリュックが四つ、機内持ち込み用のスーツケースがふたつ、出発前に整理し切れなかった荷物がいろいろと積まれていました。

10歳のコナーまで胸がいっぱいな様子でした。7歳の妹は、おいぼれ猫が近所の人に譲られたのを寂しがっていました。ジョディと私は少しの間お互いの手を握り締めると、ハイウェイに乗り、新しい生活に向けて出発しました。

それから私たちは笑顔になりました。

世界中を旅する家族の冒険がとうとう始まったのです。

うちは金持ちではありません（今のところは。取り組んではいます）。この10年間、私たち夫婦は子どもを持つずっと前に決めた、家族の目標に向かって努力してきました。ジョディと私は交際しているときから、いつか子どもたちと少なくとも1年間は世界を旅しようと話していました。その旅が始まるわけです。

この10年間の準備期間は決して平坦なものではありませんでした。数年にわたる計画（それと「F－Youマネー」の準備）のあと、2011年に、私は不満のあった仕事を辞め、フルタイムの独立系ライター兼コンテンツ制作者として起業しました。その年の暮れに私たちはコナーを授かり、ジョディは自営の音楽教師の仕事を離れて、無給の産休を取りました。

その後の数年間は、家族の最後のメンバーとなるアスターが2014年に生まれる前から、すでに経済的にかなり苦労していました。借金がふくれ上がってきたのです。私たちは事業を大きくしようと働いていましたが、子どもたちとできるだけ多くの時間を過ごすことを常に優先していました。ジョディと私は、子どもが小さいうちにしか、子どもと直《じか》に触れ合える機会はほとんどない、と心底理解していたので、その時間を最大限に活用しようと思いました。

しばらくの間は、旅をする夢が遠ざかってしまったように感じられました。でも私たちは、単に家族の大きな目標に向かっているだけではないとわかっていました。子どもたちに、一種の生きた実験をさせてもいたのです。私たちの仮説は「普通の人だって、途方もない目標に向かって努力することはできる」というものです。

子どもたちには、「充実した人生とは、自分の望みを知り、目標を設定し、そのうち重要度の高いものを実現する努力をするものだ」ということを、私たちから学び、できればいつか理解してほしいと思っていました。子どもたちの成長に合わせてお金や支出や貯蓄について話し合うようにし、5歳になるとお小遣いを毎週あげることにしました。

うちでは食事のときに、知的財産、複利、株式市場のインデックスファンド、ロスIRA

とは何か、そして何よりも、家族で世界中をめぐる大旅行をどうやって実現するか、といったことをよく話してきました。

ここ数年で家計の状況はすっかり変わりました。私たちはリモートワークになり、子どもたちは就学前からホームスクーリングで勉強することになりました。また、借金を整理しました。ジョディも転職を決意し、私たちは家族旅行や身近な旅行をテーマにしたコンテンツ制作でいっしょに仕事をするようになりました。また、トータル株式市場のインデックスファンドに投資しました（金利が有利だと思われたら、短期資産の一部を米財務省証券シリーズIに預けました）。クレジットカードを使った旅のコツを学んだり、行きたい国のリストをつくったりもしました。

さて、旅行準備の最後の仕上げは何だったと思いますか？　**海外旅行中に人に貸せるよう、家を空っぽにしたのです。**

そして2022年8月の後半に、私たち家族は人生のひとつの章を閉じ、ワールドスクーリング、リモートワーク、場所に縛られない生活を土台とした新しい章をスタートさせました。

メキシコ、タイ、ニュージーランド、コスタリカ、フランス、ウルグアイ、ガーナ、日本。これらは、私たち家族が訪れたかった国の長いリストのほんの一部です。

なぜ子どもたちと世界を旅するのかというと、旅行は私たちにとって常にとても大切なものだったからです。視野を広げてくれ、ほかの人のことや広い世界やちっぽけな自分自身について教えてくれる旅が、私たちは大好きです。**だから、子どもたちといっしょに世界をめぐり、世界や自分の人生にとって何が重要かを知る、その感覚をもっと豊かにしたいと思いました。そうすれば大人になったときに、自分が望むことや必要とすることに焦点を絞り、それに向かって努力する方法をより深く理解できるようになります。**

私たちの10年間の努力は大きな夢から始まり、たくさんの苦労と仕事を耐え抜いて、ついに実を結びました。

数週間にわたる家の貸し出し準備を終え、わが家をあとにしたあの夜、私たちの顔には笑みが浮かんでいました。パスポートはいつでもスタンプが押せるよう準備万端、私たちの心も気持ちも新しい経験への期待に満ちていました。そして、妻と私はこのすばらしい世界を子どもたちと分かち合う準備ができていました。彼らが有能で思いやりある大人へと成長するための土台づくりとして、この旅はいっそうの助けになるでしょう。私たちはまだごく普通の家族でしたが、バックミラー越しに子どもたちの目を見たとき、子どもたちもこれから何か特別なことが始まるんだとちゃんと知っていることが、私にはわかったのです。

[28] カナダの個人向け年金制度「登録退職貯蓄制度（ＲＲＳＰ）」のうち、退職後の収入として受け取らなければならないタイプのもの。

ラストスパート

PART 9

Endgame

投資家の父の見解

JL's View

「これはまぼろしか?」

さて、今あなたは「富へと続くシンプルな道」を進んでいる。たまに起こる問題に対処する以外は、太陽の日差しや、「財力」を着々と鍛えるエクササイズを楽しんでいるだろう。そしてある晴れた朝、ベッドから起き上がって背伸びをし、生きている喜びを感じながら新しい一日を迎え、荷物を背負って「道」に数歩踏み出す。すると、思いがけずゴールにたどり着いたことに気づく。経済的自立という伝説の国に到着したのだ。

信じられないあなたは、電卓を取り出して数字を入れてみる。さらにもう1回計算してみる。信頼できる友人を呼び止めて数字を見せ、こう尋ねるかもしれない。「これ、まぼろしじゃないよね?」

収入がなくなり出費が増えても、資産が増えている

このときもそんな感じだったが、実際にはもっとかっこ悪かった。言い訳すると、前にも言ったように私は荒野をさまよっていたのだ。目的地はおろか、道があることさえわからなかった。それがある日、ゴールに到着したのだ。その場所がどこなのかすら不明だっ

たが。戸惑っていた？　確かにそうだった。

おぼえているだろうか。私は1989年に会社を辞め、仕事人生の中でいちばん長い「長期休暇」を取った。5年間の休暇だった。

年月が経ち、妻が学校に戻るために仕事を辞めたときも、娘が生まれたときも、私には心配はなかった。収入はなく支出は増えたが、「Ｆ-Ｙｏｕマネー」があるとわかっていたからだ。

あるとき、例年どおり年末に資産状況のチェックをしていて、おもしろいことに気づいた。**収入もなく、新しく加わった妻の学費や育児関係の出費で支出が前よりも増えていたのに、年初よりも資産が大きくなっていたのだ。**「変だな」と思ってもう一度計算してみたが、同じ結果だった。無収入になって3年目だったので、最初の2年間の数字も引っ張り出してみた。すると今まで気づかなかっただけで、その2年間も同じ結果だった。1年分の出費を差し引いた残高が、前よりも増えていたのである。

私は椅子に座って、しばらくこの数字を見つめていた。「うーん、これはすごい」と思ったのをおぼえている。でも妻を呼んで「ほら、これ見てよ。なかなかすごいだろう？」と言うほどの感動はなかった。

もう少し想像力を広げて「このお金だけで、必要最低限の生活費が稼げるんだ」と気づくほど、すごいことだとは感じなかったのである。**ちなみに、このときの私は「もう二度**

と働く必要はない」状態だった。

全然ピンと来なかった私は、出費や投資をまとめた書類を畳んで片づけて、普通に一日を過ごした。そう、私はちょっと鈍いのだ。

何が起きたのか、ましてやそれが何を意味するのか、気がつこうにも基準がまったくなかったのである。経済的自立を達成したなんて考えもしなかった。この言葉自体、それから何十年と経つまで聞いたこともなかったのだ。

あと一歩だったメキシコ行き

それから2、3年後、まだ仕事のあてはなかったが、私たちはメキシコに引っ越そうかという話をするようになった。前に旅行で訪ねて気に入っていたし、旅の途中でおもしろい人たちにも出会った。小さい娘といっしょにスペイン語を学んだり、新しい文化を体験したりできるだろうし、どんな冒険が待っているかわからない、と想像した。そんなとき、次の新しい仕事が見つかり、私はもちろん引き受けた。当然の選択に思えたのだ。こうしてメキシコは、テーブルから滑り落ち、波の下に消えていったのだ。

今振り返っても後悔はしていない。私は働くのが好きで仕事が楽しかったし、新しい仕事は私が望んでいたものだった。しかし、もし例の数字が何を物語っているのかをもっと深く理解していたら、もし4％ルールを知っていて、どのくらいの額があれば十分かを数値化できていたら、もし私が経済的自立という考え方に出会っていたら、メキシコはもっと近くに見えていただろうか。そして、私たちはそれからどうなっていたのだろう。

答えはわからない。**でも別の道を選んでいたら、もっとよかったはずとは考えないようにしている。**

私は知らなかったが、あなたは自覚している

私は経済的自立の意味も、そのおかげでいかに幅広い選択肢を手にできるかも知らずに、ゴールにたどり着いた。私は単に知らなかったのだが、あなたはもうわかっているだろう。**あなたはこの「道」を歩こうと思って歩いてきて、自覚を持って経済的自立を達成することになる。**今、あなたの目の前には、たくさんの新しい道と新しい旅が広がっている。これだと思う道をどれでも自由に選んでいい。一度選んだ道を途中で捨てて、別の道を試すのも自由だ。

私みたいに好きな仕事を続けたっていい。どこであろうと、自分の「メキシコ」に向かっていこう。遊牧民になって世界を放浪する。森に小さな小屋を買って、食べ物を自分で育てる。小説を書く。自分の手で家を建てる。新しい事業を立ち上げる。NGOに参加す

る。あるいは、しばらく座って達成感に浸り、じっくり考えてみるのもいい。あなたが手に入れた時間はあなた自身のものだ。

私は人生で二度、この境地に達したことがある。一度目は英文学の学位を取得して大学を卒業したときだ。この先何をするのか見当もつかず、学費を払い終わって無一文になった私は、解放感を覚えた。

二度目は2011年に前職を辞めたときだ。それまでにも何度も仕事を辞めたことがあったし、お払い箱になったこともあった。でも、再び働くつもりもなく辞めるのは初めてだった。辞めて時間ができたので、娘に手紙を書き始めたのだ。そして……。

まあ、それからどうなったかはご存じのとおりである。これもまた解放感のある生活だ。

経済的自立コミュニティで最近耳にする話からすると、突然手にしたこのような自由が大きな苦悩の原因にもなるようだ。思い悩む必要はない。深呼吸して、リラックスしよう。あなたなら大丈夫だ。

リタイア後の体験談

本書の最後のパートで紹介する体験談では、早期リタイアとはどんなものなのか、経済的に自立したあともリタイアしない生活とはどんなものなのかが語られている。リタイアしたあとに新たな仕事を始めた例も出てくる。目標を達成できるかどうかの不安や、自由になるために、いわゆる「倹約型ＦＩＲＥ」を活用することへの不安に関する話もある。

これまでの旅人たちの物語と同様にこのパートの体験談からも、「あなたにブレーキをかけるのは、唯一あなたの想像力だけだ」と知ってもらえたら、というのが私の望みだ。経済的自立に到達することはすごいことであり、すばらしい偉業である。特に長年「シンプルな道」を歩んできた人ならなおさらだ。ここで旅を終えるのではなく、新しいページをめくるのだと考えてみよう。あなたの次の冒険が始まろうとしている今、この特別な１ページをめくれば、旅仲間たちの旅がどんなものだったかを知ることができる。

道を歩むためのルール

- もしこの「道」を選ぶならば、ある晴れた日に、きっと経済的な自立を達成できるだろう。
- 経済的に自立することで、まったく新しい世界と選択肢が目の前に広がる。
- 仕事を辞めるのは、その選択肢のひとつに過ぎない。
- 好きな仕事を続けるのもそのひとつだ。

・「シンプルな道」には「経済的に自立したら仕事を辞めるべき」というルールはない。
・経済的に自立した状態は、決して「何もしない」ということではない。
・そうではなく、自分にぴったりな時間の使い方ができるという意味だ。
・「シンプルな道」のゴール地点には、経済的自立が切り開いた多くの道へと続く分岐点がある。
・これが苦悩の種になることもある。
・これが解放感のもとにもなる。
・たったひとつの限界があるとすれば、それはあなたの想像力だ。

分別のある人は世の中に自分を合わせる。
無分別な人は世の中を自分に合わせようと粘る。
それゆえ、あらゆる進歩は無分別な人の手にかかっているのだ

――ジョージ・バーナード・ショー

人生は勇気に比例して、縮んだり広がったりする

――アナイス・ニン

侵入者は門を閉めるのをお忘れなく

――アイルランドのとある門に書かれた注意書き

85

早期リタイアには勇気がいる

スコット&シンディ
アメリカ、カリフォルニア州ロサンゼルス

夫と私は、今まさに早期リタイアを進めている最中です。スコットは1カ月前に仕事を辞めました。私も来月辞める予定です！

この瞬間を迎えること自体は、経済的自立を目指す中でも比較的簡単な部分でした。実際にリタイアするという行動に移るとなると難しかったです。

頭と心の準備をするのは簡単ではありませんでした。人間は習慣の生き物ですが、私はまさにそうです。リスクがちょっとでもあると耐えられないので、ジェットコースターすら楽しめません。安定した仕事と確実な収入があるという安心感や快適な生活が好きなのです。

2週間ごとの給料がなくなるなんて、怖すぎて吐き気がしました。

仕事を辞めようか、あと1、2年続けようかと、くよくよ悩んで夫をイライラさせました。

そんなある日、母に自分の不安を打ち明けたところ、こう言われました。「ちょっと何言ってるの！　そんなことを考える年じゃないでしょ！　チャンスを試すんなら、今がいちばん。

まだ40代で若いんだから。私より年が上みたいなこと言ってるけど、私は70歳だからね！　そんな年寄り臭くてどうするの」

「そんな年寄り臭くてどうするの」——そうです、母の言うとおりだったんです。私は古臭い頑固者でした。自分は本気で一生働いて過ごしたかったのでしょうか？　ただ安全にしがみつくために自由になるチャンスを逃したかった？　未知なものが怖いせいで目の前のすばらしい冒険から本気で遠ざかるつもりだったのでしょうか。

今こそ、ＦＩＲＥの計画に挑戦する絶好の機会でした。いったい何を失うというのでしょう。

うまくいかなくなったとして、最悪のシナリオは？　仕事に戻らなければならない？　そんなの誰でも経験するありふれた筋書きでは？

それに、そう、私たちはまだ若いから、もしうまくいかなくても軌道修正する時間があります。母に年寄り臭いなんて言わせておける？　絶対嫌です！

早期リタイアには勇気がいります。「普通」とは全然違うことをするには度胸が必要です。でも、人生ってそんなものじゃないでしょうか。チャンスをつかんでそこから学ぶこと——自分の人生を真に生き、あらゆる経験を受け入れられるよう、物事に１００％打ち込んで意識を高く持つ。それが人生です。日々の単調な仕事から離れて早めにリタイアすることで、その機会を得られるのです。

現実に何を失うかに注目するのではなく、早期リタイアのおかげで得られそうなものについて考えることで、私の見方はガラリと変わりました。心配やストレスを抱える代わりに、今はこれからのことが楽しみです。退屈したり、また仕事だと憂うつになる代わりに、期待と驚きがわいています。早期リタイアという冒険の旅に出て、その先に広がる人生に出会えるのが待ち遠しいです。

86 予想どおりの心地よさ

マイケル・クアン
アメリカ、カリフォルニア州サンディエゴ
www.financiallyalert.com

幸運にも私は子どものころ、おじが30代後半でリタイアするのを目にしました。おじは喜びに満ちた人生を送っていました。子どもたちを学校に送り迎えし、何度も休暇に出かけ、いつでも何でも好きなことをする自由がありました。そんな自由な生活を目の当たりにした私は、自分もこうなりたいと思いました。

おじの生き方がほかの人と違うと気づいたのは、中学生になってからでした。彼は自分の代わりにお金に働いてもらう方法を見つけていたのです。**もうお金のために自分の時間を差し出すことはなく、お金が1日24時間稼いでくれていたのです。**

こうしたおじを間近で見て育ったことは、私にとって強みでした。型にはまらない自由な生き方が実現可能だと知っていたわけです。だから私は、すぐさまお金について可能な限り何でも学ぶことにしました。資産管理についての本を数え切れないほど読み、資産関連のセミナーに参加し、おじにたくさん質問しました。おじは、早期リタイアの秘訣は早くから頻繁に投資することだと言いました。

新卒で働き始めてすぐに投資をスタートしました。**最初は額も大きくなかったし、自分でも何をしているのかわかりませんでしたが、大事なのは実際に始めたことです。**それに私は飲み込みが早かった。毎週、個別成長株とインデックスファンドのどちらにもドルコスト法で投資していました。幸先のよいスタートを切った私でしたが、まもなく仕事が思わぬ方向へと転がりだしました。

最初の仕事に就いて1年半も経たないうちに、私の国は9・11の悲劇にみまわれました。その後、大規模な不況が起こり、会社の経営破綻に伴って緊急の一時解雇に直面しました。でも、会社の言いなりになるのではなく、賢く動くことにしました。私は会社を辞め、何人かの友人とＩＴコンサルティング会社を立ち上げたのです。

最初のうち、事業はあまり振るわず、週の半分でこなせるほどの量しか仕事がありませんでした。しかし私たちは踏ん張って、口コミで会社を大きくしていきました。その後10年間で大口の契約をいくつか獲得することができ、その過程で小さな会社を複数買収することもできました。

事業を売却するときが来ると、私は売却で得た収益を追加の株式とキャッシュフローのある不動産に再投資しました。買収元の会社への引き継ぎを手伝うために1年半働いたあと、すぐに従来のキャリアパスから退きました。36歳のときです。

それから10年近く経ち、今これを書いていて、相変わらずたくさんの恩恵を受けていることに身が引き締まる思いです。私は家族のために全力を尽くしているし、副業やビジネスもいくつか立ち上げました。また、株式と不動産の両方に投資を続けています。何より重要なのは、好きなときに好きなだけ仕事ができることです。経済的自由は想像していたとおり、本当に心地よいものです。

今、情熱を注いでいるのは、私にとって強みだった状況をほかの人にも引き継ぐことで、彼らが経済的自由に向かう旅のスピードアップを手伝うことです。私がおじの道を歩むことができたのだから、誰にでもできます。でも、教育、株式、不動産、およびビジネスに投資するには、意識的な決断と正しい信念が必要です。

私は永遠の楽観主義者として、より多くを望む人には自分自身を信じて飛躍することをお勧めします。**経済的自由へ向かう旅路とそのゴールの両方が、最高の自**

分を引き出してくれることは多いものです。

87

早期リタイアにはあまり興味がない

ジェフ
オランダ、ライツェンダム

私がよく考える（たぶん考えすぎる）ことのひとつに、こんな問いがあります。「で、そのあとは？」

経済的に自立したあとの生活はどうなる？　これから何をする？　なぜ今はしない？

この問いは、仕事上の決断や、今日できる（またはできない）いろんな楽しいことと絡み合っています。なので、これらは私にとって大きな問題なのです。

お金の山に腰かけて、あんな冒険をしたかったのにと後悔して終わりたくはないです（年を取りすぎたら経験できないかもしれない冒険の場合は、特に）。

経済的自立を達成した人たちの話を読むと、彼らの多くがものづくりやガーデニング、ボランティア活動に打ち込んでいます。すごいなあと思うし、自分もボランティア活動はしていますが、せっかくハードな仕事から退いたのに、これからそういうことを中心的にやっていきたいとは思いません。それしか選択肢がないかもしれないと思うと、ちょっと憂うつです。

そう考えると、FIREの中のRE（早期リタイア）は自分にはないと思います。お金のために働かなくてもいい生活は楽しみですが、肉体的にも精神的にも限界に達するまでは働き続けると思います。

その代わり、自分のやりたいことをするために、そして自分の力ではどうにもならない状況を乗り切るために、「F‐Youマネー」は十分に持っておきたいです。経済的自立を最優先することで、結果的には、今の生活を楽しむか、それとも将来に備えて資産を貯めるかという優先順位を柔軟に切り替えることができるのです。

88

自分が選んだセカンドキャリア

目覚めた退職者
シンガポール

私はシンガポールで生まれ育ち、教育を受け、就職しました。この国でリタイアもしました――47歳で。

政治的な意味はないですが、私は自分のことを「目覚めた《ウォーク》[29]退職者」と呼んでいます。なぜなら目が覚めたら、ついに経済的自立を達成していたことに気づいた瞬間を、はっきりとおぼえているからです。

当時、表計算シートで自分の資産をどう取り崩すかを計画していて、現金の流れを90歳まで予測していました。そして、とうとう現実になったのです。ついに、この先もお金が底をつかない状態にたどり着きました。

すると突然、ある疑問が頭に浮かび、その後もずっと頭の中に繰り返し現れるようになりました。「なぜまだ昼間の仕事が必要なんだろう?」

コンサルティングの仕事は楽しかったのですが、どう考えても必要ではなくなりました――で、辞めたのです。

翌年は新型コロナウイルス感染症によるロックダウンと渡航制限があったので、私は高齢者ケアと老化に関する半年間の研修を受けました。当初の目的は、自分の老後に備える方法を学ぶことと、ボランティアの活動をするうえで箔《はく》をつけることでした。その程度の考えでしたが、研修はすばらしい内容でした。地元の介護施設、認知症者のデイケア施設、高齢者活動センターで実習を行い、新しい知識と経験に触れることができました。

こうした介護関係の施設の内部をのぞく機会は貴重で、この業界の本当の姿を理解することができました。自分の老後の介護計画を立てるのにも役立ちました（早期リタイアの計画と同じように、老後の計画を立てるためのデータを集めていたのです）。

２０２２年にようやく海外渡航が可能になったものの、旅行事情はまだ混乱していたので、私は認知症のデイケア施設でパートタイムの介護士として働くことになりました。この仕事はとてもやりがいがあります。高齢者介護の業界の給料はファーストフード店より悪く、パートタイムの時給は11シンガポールドルですが、別に構いません。恩返しの一環だと思っているからです（でも生活のために仕事が必要な人々にとっては、介護業界の賃金では暮らしていけません。いずれ変わってほしいです）。

私の役割は多くの点で、以前のコンサルティングの仕事と似ています。介護の現場ではさまざまな状況や予期せぬ出来事が起きるため、高齢者の状況や限界に合わせて自分の頭で考えなければならない場面がたくさんあります。利用者を重視した対応が求められます。高齢者が達成感を得られるよう、さまざまな活動を一人ひとりに適したレベルに合わせて調整しなければなりません。

私は毎週、病気の進行、転倒予防が必要となるリスク、社会的支援のネットワーク、家族による支援のネットワーク、金銭事情、社会的支援の枠組みの面から、個別に観察を行っています。とてもやりがいがあるし、自分の老後を予想するうえでも参考になります。実体験とデータに勝るものはありません。

自分の資産に関しては、私の計算表は変わらず役に立っていて、理想的なポートフォリオのおかげで早期リタイア後の生活が支えられています。資産管理のやり方も改善しています。私が持っている資産の種類は三つです。

1　現金。1年半分の支出を賄える額。

2　債券。機関投資家向けの債券や、配当のある株式ファンドや債券ファンドを少額ずつ。日々の安定収入を得るためのもの（働いていたときの給与の代わり。どんなに頑張っても、4％を引き出すという方法ではうまくいかなかったので）。

3　インデックスに連動する株式、および株式50％と債券50％で構成した確定拠出年金。長期的な資産形成と遺産のため。

65歳になったら、年金保険のような形で毎月年金が支給されます。右に挙げた2の債券の運用を自動化して、自分でモニターして再投資を決定するという作業を省きたいです。

自粛要請が和らいだら旅行に出る計画です。いろいろな場所を転々と移動しながら、国境をまたいだ生活をしたいと思っています。リタイアして健康にも恵まれ、これから世界を自由に探検することができるのです。

89 達成できるとは思わなかった

KDALE
アメリカ、ペンシルベニア州ブランディワイン・バレー

今、仕事人生の最終地点でフルタイムの仕事から離れる準備をしています。私の体験談は、金額にかかわらず貯蓄を自動化することが、将来いかに大きな役割を果たすかについてです。と言いながら、つい最近までこのことを知りませんでした。自分でもびっくりです。**リタイア後はどうにかなるだろうと思いながら何とか仕事を続けてきましたが、実際にはよくわかっていませんでした――今の今まで。**

夫も私も非営利団体で仕事をしてきました。5歳年上の夫が一般的なリタイアの時期まであと数年というとき、二人ともどこかの時点でリタイアできるのかどうか、リタイア後の収入をどう計画したらよいかについて考え始めました。職場の403（b）を利用してはいましたが、正直なところ、私は自分が払える金額に基づいて何パーセントを貯蓄に回すか決めていました。最初は給料の6％だけでした。

2000年代初めの悲惨なドットコムバブルのあと、退職金の額が大幅に減少したのを目

の当たりにした私は、もう二度と退職口座は見ないと決め、この先もリタイアできない可能性を受け入れました。一種の現実逃避でした。

夫がフルタイムの仕事から退く日が近づくと、明らかに何か対策を考える必要が出てきました。当時は、専門家の力を借りるならファイナンシャル・プランナーに相談するのが常識でした。プランナーの選び方についてじっくり調べ、報酬が歩合制ではなく固定金額の人を選ぶことが重要だと学びました。

私たちは地元のファイナンシャル・プランナーを選び、無料の説明会に参加し、サービス内容や、長期的な資産管理とリタイア後の計画を大まかに把握してもらうのにかかるおよその費用を知りました。でも、一般的なアドバイスと違わないようなことを言う赤の他人に高いお金を払うことに、私はどうも納得がいきませんでした。それに、この会社の全投資口座の担当者として雇われていたのはオーナーの息子で、別の仕事が見つかるまで一時的に採用されているだけでした。そのため、あらゆる懸念がわいてきました。

そこで私は、自分で情報を探すことにしました。当時、１時間２５０ドルも払わなくたって利用可能な、社会保障について学べるオンラインツールがどうしてないのだろう、と不思議に思った記憶があります。

そんなとき、経済的自立コミュニティのことを知りました。

私は経済的自立に向けた貯蓄について精一杯学び、リタイア後の収入を賄うのに必要な額を理解しようと夢中になりました。それまで、どうしても実際の額がわからなかったからです。

ほかの人たちの取り組みを、うまくいったこと、いかなかったことを含めて学べたことは、物事を整理するのに役立ったし、自分の状況にはどれを当てはめるべきかを知るヒントになりました。

以下に私が学んだことを挙げてみます。

- リタイアするには金融と数学の分野の博士号が必要だと思っていた自分が、経済的自立を実現するためにはファイナンシャル・プランナーすら必要ないことを理解するまでになった。
- 社会保障について学べる無料のオンラインツールや、金融資産を記録する方法はたくさんある。
- 標準的なリタイアの筋書きは、パートナーの男性が女性より収入が多く、夫婦が同じ年齢であることを前提としているものが多い。全員がこの状況にあるわけではない。自分たちのケースを掘り下げた例はなかったので、好きな経済的自立ブロガーの情報を使って自力でやってみた。

父は経済学者だったし、甥と義弟はファイナンシャル・プランナーです。周りは専門家だらけなのに、自分でやってみるまで、リタイア後の生活設計のことをちゃんとわかっていませんでした。

経済的自立コミュニティのおかげで、今度は自分がほかの人たち、特に仕事に就いたばかりの人たちが私の失敗から学べるよう、サポートできる立場にいる気がします。私は職場の同僚に、経済的自立を目指す方法、リタイア後の計画、福利厚生を活用した資産運用の身につけ方などについて、プレゼンテーションするようになりました。このような計画を立てる人たちが、私のときよりも順調に前に進める手助けをすることが、私にとって大きなモチベーションになっています。

90 持っているものを守る

ジャック・ボーグルの教えに特化したフォーラム「ボーグルヘッズ」創設者

テイラー・ラリモア
アメリカ

私が生まれた1924年は、アメリカ初のミューチュアルファンド（マサチューセッツ・インベスターズ・トラスト）が「誕生」した年でもあります。祖父のクリストファー・クームスは、狂騒の20年代の最大の投資信託[30]（現在はミューチュアルファンドと呼ばれている）であるユナイテッド・ファウンダーズ・コーポレーションの三人の社長のうちの一人でした。ニューヨーク、ケープコッド、マイアミに豪邸を三つ所有する大富豪で、投資はほぼすべて、信用取引で買った株に対して行っていました。

私の父はボストン近郊でレストランを経営していましたが、世界恐慌の時期（1929年〜1939年）には外食をするお金のある客はほとんどいなかったため、やがて潰れてしまいました。その結果、私が6歳だった1930年に、父、母、兄弟と私はマイアミにある祖父母の豪邸に引っ越すことになりました。

その後、祖父は破産し、重い脳卒中を発症しました。私の家族はウォーターフロントの豪邸から3階建てのアパートに引っ越さなければなりませんでした。

私が学んだもっとも重要な教訓はこうです。リタイアが近いかリタイアしてからは、「持っているものを手放さない」こと。**どんな状況であれ、欲張って不要なリスクを冒さないことです。**

91 ハンマーで殴られた気分

レジェロ
ドイツ、バイエルン州

経済的自立を目指してから達成するまでに、8年かかりました。パンデミック中の2020年に、私はついに会社から飛び出す決心をしました。ウォーレン・バフェットの「他人が恐れているときに貪欲になれ」という信条に従ったのです。そして、かなりの額の退職金を確保しました。

経済的に自立した生活に切り替えて、びっくりしたことがあります。以下は私にとって想定外の学びでした。

1 お金は承認手段

会社を辞めて最初の数カ月、私はハンマーで殴られたような衝撃を受けました。いくつかの個人的なプロジェクトのほか、（道楽で）小さな会社も設立しましたが、すべて無償でやりました。お金は一銭も受け取りませんでした。現金が必要なわけではなかったのに、この心理的な影響はおかしいくらい大きかったのです。

もちろん、妻はほめてくれ、すごいと言ってくれました。でもほかの人からの、いわゆる「客観的」な承認は得られませんでした。自分がすることに対してお金をもらえることが、いかに満足感を与えてくれるものなのかを学びました。金額はほとんど問題ではなく、誰かが自分の仕事を高く評価し、その対価としてお金を払おうと思ってくれることが大きいのです。

この20年間、毎月給料を稼いでいたのに祝ってもらえなかったのが、何だか馬鹿らしく思えました。「おい、俺は毎月毎月、人が金を払ってくれるほど価値のある仕事をしているんだぞ！」。これってすごいことなのです。なくなって初めて気づきました。

2　一人の時間は楽しくない

経済的に自立してからの最初の1年半は、いろんなことをやりました。妻や子どもたちと過ごす時間が増えましたし、おもしろそうな講座を受けたり、スポーツをやってみたりもしました。公園に何度も散歩に行ったし、さっき話した小さな会社もつくりました。でも今はほとんどの時間を一人で過ごしています。

自分はこれが楽しくないのだと気づきました。私は家族や友人やビジネスパートナーと時間を過ごしたかったのです。一人きりではなく。なので、また仕事の時間を増やすことにして、会社をふたつ新たに立ち上げました。

以前ほどは働いていませんが、今の仕事は本当に気に入っています。**やむを得ずやっているわけではなく、辞めたければいつでも辞められるからです。**妻は、お金が必要なわけではないですが、今でも仕事をしています。子どもたちはまだ学校に通っているので、海外旅行もできません。子どもが大きくなり、妻も仕事を辞めることにしたら、検討したいと思っています。

3　経済的に自立しても自分は自分

これが、私が学んだことの中でいちばん大事なことです。経済的に自立したら、ものすごく幸せで最高の人生になるだろうといつも思っていました。でも今ならわかります。それは違う。以前とほとんど同じです。

確かに消えてなくなる問題もいくつかはあります。自由も増えます。でも、あなたが違う人間になるわけではありません。経済的自立を達成する前に不幸だったなら、達成後も不幸でしょうし、逆もしかりです。

幸福度を1~10で表すと、私はいつも6か7だったと思います。ほとんどの時間は満足していて、たまに幸せを感じました。そこは何も変わっていません。

では、経済的自立を目指すことの、どこがそんなにすばらしいのでしょうか。私の場合、

45歳で会社を辞めたので、自分のやりたいことに取り組める時間が20年以上増えました。しかも、それをやって儲ける必要はありません。自分や家族が楽しいからすることだってあるでしょう。

私が経済的に自立したときに気づいたことはすべて、標準的な年齢でリタイアしたときに気づくようなことだと思います。ただ標準年齢の場合は、自分を向上させるための時間が大幅に減ります。この差が実は重要なのです。

だから、できるだけ早く経済的自立を成し遂げられるよう、精一杯やってみましょう。パラダイスに到着するようなものではないですが、やってみる価値はあります。自分にとって何が大切で何が幸せなのかを見極めるための、そしてそれを確保するための時間とお金を手に入れられるでしょう。

でももし、標準的なリタイアの時期よりも前に経済的な自立ができなければ？　ご心配なく。経済的に自立したって、自分の成長が伴っていないなら、そこそこの成功としか言えません。**経済的自立を目指す旅の間に、時間をかけて人として成長することができれば、目標を達成できなくても幸福度を上げることはできるのです。**

92

「倹約型ＦＩＲＥ」で有害な業界にさようなら

マット・アラン
フィンランド、ヘルシンキ
www.zeromatters.com

私はビデオゲーム業界のアーティストです。**おかしなことに、私のキャリアの寿命はプロサッカー選手と同じくらいで、実際にはもっと短い場合もあり、給料は１０００分の１以下です。でも、経済的自立は可能でした。**

２０１６年（私が経済的自立について知った年）の国際ゲーム開発者協会（ＩＧＤＡ）の調査によれば、ゲーム業界で働く人の３分の2が20～34歳で、50代以上はわずか３・５％でした。さらに、キャリアの平均年数はたったの5年でした！　多くの人は辞めたあとに燃え尽きてしまうか、仕事と生活のバランス、安定した生活、高い収入を求めるようになります。

ゲーム業界は移り変わりが激しく、クランチと呼ばれる極端な残業がしょっちゅうあり、仕事も不安定です。私の経験では、この業界で成功している40歳以上の人の多くは、書類上は輝かしいキャリアを持ち優れた才能を発揮していますが、その裏には別の姿があります。

結婚生活の破綻、家族の行事や節目に立ち会えないスケジュール、孤独な生活やストレスによる健康問題、さらには入院などです。

こんな生活は、私が自分や家族のために望むものではありませんでした。

脱出計画を立てるときが来たのです。私が経済的自立のことを知ったとき、そのコミュニティにはシリコンバレーのエンジニアや金融業界の人たちが大勢いました。アート業界の給料は彼らの給料よりはるかに少ないのが普通です。**だから、自分に経済的自立が可能だとは思えませんでした。**

でも、年金をグローバルなインデックスのETFに切り替え、毎月少しずつ積み立てるようになってからは、ジェットコースターのように変化の激しい投資への信頼が増すのといっしょに、根気もついてきました。

私は基本的にミニマリストみたいなところがあって、生活に本当に価値をもたらすものにしかお金を使いません。ETFに慣れてからは、高い貯蓄率を保ち、従業員のマッチング拠出を最大にしました。また、その状況でも楽しくて興味深く、刺激的な生活を続けられるよう気をつけました。経済的自立を目指す旅は長くなるだろうから、あとで逃げ込める生活が必要だったのです！

最初の10万ドルははるか遠い目標に思えましたが、自分と同じような価値観を持ち、熱心に仲間に教えたり自分の経験を共有したりするコミュニティを見つけていたおかげで、前に進むことができました。

その後、今までよりも給料のいい仕事に転職し、毎月の拠出額を一気に増やすことができました。私は本当にラッキーだと思うし、自分が集中しているものの価値がわかり始めると、人生の中でそれを見つけやすくなるのは事実のようです。

毎月の少額拠出から始め、浮き沈みに慣れていて本当によかったと思います。新型コロナウイルス感染症による市場の暴落の際、振り回されずに済んだからです。当時、自分としては史上最大の投資をしていたにもかかわらずです！

そのころの私のモットーは、「世界が終わりを迎えてお金が無価値になるか、それとも私たちがこの状況から立ち直って、もっと明るい未来に向けて世界を構築するかのどちらかだ」というものでした。これは効き目がありました。

結局、私はこの業界で燃え尽きてしまいました。でも、FIREも達成しました。37歳で。資産は、経済的自立コミュニティで「倹約型FIRE」と呼ばれるくらいの額しかありませんでした。でもそれは、何らかの仕事に復帰する前に（もし望めばですが）、体調を回復させ、人生の有意義な人間関係や日常の物事に心を注ぐ時間が持てるということです。

コミュニティのみんなには本当に感謝しています。私に「パラシュート」を使うことを教えてくれました。パラシュートを開いた私は、仕事中心の生活から脱出し、これまでよりバランスの取れた有意義な人生に向かってゆっくりと穏やかに漂いながら、将来の選択肢を探ったり過去を振り返ったりしています。

広告業界の重役だった故リンズ・レディングは、末期ガンの診断を受けたあとに、仕事で人生を無駄にしたことについて記した美しいエッセイ「短い教訓――過去を振り返って（A Short Lesson in Perspective）」を遺しています。彼はその文章を次のように見事に締めくくっています。

「電源を落とし、戸締まりをし、家に帰って妻と子どもにキスをしよう――あなた自身のために」

［29］ Woke（ウォーク）。人種差別や性差別といった社会的不公正への意識が高い状態を指すことがある。

［30］ 大量消費時代に入り経済が大きく繁栄し、文化も力強く発展したアメリカの1920年代を指す。

謝辞

先日、しばらく話をしていなかった友人と会話をした。彼は、２０２１年に私がまさにこの本をハリマン・ハウスから出すことに同意したところだったこと、そしてそのプロジェクトにいかに前向きだったか、ということを思い出させてくれた。それで、その後どうなったのかを知りたがった。その出版社は期待に応えてくれたかい、と。

期待以上だったよ、と私は答えた。今こそ、それを実現してくれた人々に感謝する時だ。

サリー・ティックナー

サリー・ティックナーはハリマン・ハウスの編集長である。２０２１年の秋、私が2冊目の著書『How I Lost Money in Real Estate Before It Was Fashionable（不動産投資の先駆けにどうして失敗したか）』を出版しようとしていた矢先、その本をうちから出さないかというメールが彼女から届いた。その本は自費出版の予定で、もう作業は済んでいたし、出版社から本を出すことにまったく興味がなかったので、返事をしなかった。しかしそれから数週間後にその本が出たあと、たまたまサリーからのメールをもう一度読む機会があった。そしてちょっとした気まぐれで、『父が娘に伝える自由に生きるための30の投資の教え』の続編のアイデアを入れて返信することにした。この本が２０１６年に出たときからあったアイデアだったのだが、それ以来5年間、誰に話しても「ひどいアイデアだ！」と言われ続けてきたものだった。仮にサリーがわざわざ返信してくれたとしても、きっと同じことを言うだろうし、そこで話は終わりだろうと思った。返信をくれた彼女は、私のアイデアを絶賛こそしなかったが、編集チームといっしょに何らかの方法で形にできるかもしれないと言ってくれた。特にクリストファー・パーカーは、何か特別な可能性を見いだしてくれていたようだった。そこからいろいろなやり取りが始まり、当初のアイデアが、今あなたが手にしている本書へと発展し、ハリマン・ハウスとの出版契約に至ったのだ。サリーの提案、洞察力、サポート、プロ意識、そして熱意がなければ、本書は実現しなかっただろう。

クリストファー・パーカー

クリストファー・パーカーはハリマン・ハウス企画編集者兼デザイン部長である。彼の鋭い知性とこのプロジェクトに対する熱意、そしてそれを具体化するための発想に感銘を受けた私は、クリスを担当に含める旨を契約に明記してほしいと主張した。お恥ずかしいことに、この本を作るうえでの重労働の大部分はクリスがやってくれた。彼の懸命な努力と献身のおかげで、本書は限りなくよくなり、私の生活も限りなく楽になった。それに彼との仕事は、ただただ楽しいのだ。クリスは優秀な編集者だ。編集されるのが大嫌いな私が言うのだから間違いない。しつこく繰り返すようで恐縮だが、この本は彼の努力なしには存在しなかっただろう。もちろん、本を作るのは最初の一歩に過ぎない。いざ世に出たら、読者に知ってもらう必要がある。

ルーシー・ヴィンセント

ルーシーはハリマン・ハウスのマーケティング責任者で、本書のプロモーションに尽力してくれた。これを読んでいるあなたは、彼女の努力のおかげで本書に出会った可能性が高い。

シャーロット・ステイリー

英語以外の言語で、いろいろな国でこの本を読むことができるのは、すべてシャーロットのおかげだ。彼女はハリマン・ハウスの国際権利部門の責任者である。彼女の努力によって、本書は世界中のさまざまな国で、さまざまな言語で出版されている。

トレイシー・バンディ&ビクトリア・ローソン゠マッキトリック

印刷と制作において計り知れないほどの手助けをしてくれたトレイシー・バンディと、校正を手伝ってくれたビクトリア・ローソン゠マッキトリックにも感謝したい。

また、コメントをくれたり間違いを教えてくれたりしたケリー・ヤングとカイル・ランディス゠マリネロにも、心から感謝している。

妻のジェーン

本の執筆は大変だし、ストレスもたまる。今までに3冊書いたが、執筆中は気難しくなってしまうこともある。ジェーンはひたすら私を支え、辛抱してくれている。結婚して40年以上、寝ている私をいまだに刺さないでいてくれるなんて、称賛に値する。愛しい妻よ、ありがとう！

寄稿してくださった皆さま

本書に体験談を寄せてくださった皆さん、ありがとうございました。

この本はあなたがいなかったら、今ここに存在していません。「富へと続くシンプルな道」があなたの旅の助けとなったことを知り、本当に光栄に思います。皆さんの体験談は、あとに続く人々に情報と励ましとヒントを与えてくれるでしょう。心から感謝しています！

ジェイエル・コリンズ

アンクル・マイク　アメリカ、太平洋岸北西部／ポール・M　アメリカ、ケルン／ジョージ・チョイ　イギリス、テンターデン／ティファニー・S　アメリカ、バーモント州／J・ゴンザレス　アメリカ、ワシントン州／エリック・ラインホルト　アメリカ、メイン州マウントデザート島／ペニー・プライス　アメリカ、ミネソタ州／型にはまらない旅人　カナダ／グレゴリー・エドワード・ブレナー　アメリカ、テキサス州ヒューストン／デレク・シンガー　イギリス／トラヴィス・デイグル　アメリカ／マイケル・D・サザーリン　アメリカ、ウィスコンシン州マディソン／グローイングインファイア1　アメリカ、インディアナ州フィッシャーズ／アンソニー　アメリカ、カンザス州オレイサ／ジェニファー・C　アメリカ、イリノイ州シカゴ／スティーブン　アメリカ、ミネソタ州ワコニア／アンドリュー　アメリカ、モンタナ州／ジョー・オルソン　アメリカ、ワシントン州シアトル／ジェン　アメリカ、オレゴン州ポートランド／マーク・E　アメリカ、カリフォルニア州マウンテンビュー／CL・ロビンソン　アメリカ、ノースカロライナ州／フルーガル・スチューデント　アメリカ、オハイオ州／ティナ・プラムリー　アメリカ、アイダホ州メリディアン／マイケル・ヒー　アメリカ、カリフォルニア州ロサンゼルス／ジョアナ&トニー・キャロラ（ミートキャロラス）　ポルトガル／ブレイドン&ローラ・ラーソン　アメリカ、アリゾナ州キングマン／ブルーノ・ボンテンピ　イタリア／ノマディッチ　メキシコ／ジョン&サラ・グラフトン　アメリカ、オハイオ州デイトン／ただの名もない男　アメリカ／ローラ・ロジョエディ　アメリカ、テキサス州／バス暮らしのミセス・ディンクス　アメリカ、バーモント州／マーク　アメリカ、ウィスコンシン州マディソン／CW　アメリカ、テネシー州チャタヌーガ／リサ・シェーダー　アメリカ、カリフォルニア州／ライキスト　アメリカ、ミネソタ州／クリスティーナ・コナリー・ホンコネン　アメリカ、ノックスビル／ブライアン・グリースバッハ　アメリカ、ワシントン州スパナウェー／ディビッド・W・ビアン　アメリカ、カリフォルニア州サンノゼ／リズ、母親業のプロ（既婚、子ども二人）　アメリカ、テキサス州大都市圏郊外／ジェイソン　アメリカ、テキサス州オースティン／ジャスティン・ホール　アメリカ、バージニア州アーリントン／ブライアン　アメリカ、ペンシルベニア州／ネイサン・マクブライド　アメリカ、ユタ州／グレッグ・ウィンザー　ニュージーランド、クライストチャーチ／ジェイソン・マーティン　アメリカ、マリコパ郡／ベン・シャーロン　日本、仙台／レイチェル・ヘルナンデス　アメリカ、テキサス州／ジェン・シン・チャン　台湾／キングスレイ・エゼンワ　ナイジェリア、カラバル／アンディ・リヨン　イングランド／アラブ首長国連邦／MB——MYFICAPSULE　アメリカ、ミネソタ州／スワルナディップ・チャタルジー　インド、コルカタ／マット　アメリカ／アレックス　オーストラリア、シドニー／リタイアしたての人　アメリカ／ライアン・J　アメリカ、ニュージャージー州／ダニー　アメリカ、ニューヨーク／ローラ・C　イギリス、ロンドン／チャドとフローレンと三つ子たち　アメリカ、カリフォルニア州／ミスター・ニューファーマー　オーストリア／ウィリアム・R　アメリカ、ミネソタ州／ディアンドラ&ブラッド　アメリカ、ウィスコンシン州／ヘマニ&タヌジ　イギリス、ロンドン／ロマン・コショフスキー　ウクライナ、リヴィウ州／アルテム・ボロノフ　ロシア、タタールスタン共和国、ナーベレジヌイエ・チェルヌイ／エドワード・キム　アメリカ、コネチカット州／トム　アメリカ／トム・ベンソン　アメリカ、テキサス州ヒューストン／トッド・ヘイブンズ　アメリカ、カリフォルニア州ロサンゼルス／タッカー　カナダ、オンタリオ州オタワ／ティーナ・キース　アメリカ、カリフォルニア州ベーカーズフィールド／フローレンス・ポワレル　スイス、タルヴィル／パディ・ツィガン　カナダ、ケベック州モントリオール／クリストファー・ジョンソン　アメリカ、ノースソルトレイク／ボルチモアのリサ　アメリカ、メリーランド州ボルチモア／ティム・デ・プリッカー　ベルギー、アントワープ／アタ・アタナソフ　アメリカ、メリーランド州ノース・ベセスダ／アンソニー・セントクレア　アメリカ／スコット&シンディ　アメリカ、カリフォルニア州ロサンゼルス／マイケル・クアン　アメリカ、カリフォルニア州サンディエゴ／ジェフ　オランダ、ライツェンダム／目覚めた退職者　シンガポール／KDALE　アメリカ、ペンシルベニア州ブランディワイン・バレー／テイラー・ラリモア　アメリカ／レジェロ　ドイツ、バイエルン州／マット・アラン　フィンランド、ヘルシンキ

（※）次の方たちにも感謝を伝えたい。

アイリーン・P・ケリー　アメリカ、ニューハンプシャー州ポーツマス／アレックス　ドイツ／無記名　アメリカ、サウスカロライナ州／パープル・ライフ　アメリカ／BKS　アメリカ、フロリダ州／カリ・コフ　アメリカ、ミシガン州／デイブ　イギリス／Gjef2871　オーストラリア、シドニー／G10M　アメリカ／クリス・クライトン　アメリカ、コロラド州デンバー／マフムード・ダイ　アメリカ、ジョージア州アトランタ／ロディオン・マーク　アメリカ、ニューヨーク／サミュエル　アメリカ、フロリダ州マイアミ／トニ・ヴィタリ　スウェーデン、ヨーテボリ

[著者紹介]

ジェイエル・コリンズ

個人投資家、ファイナンシャル・ブロガー。経済的自立を目指すコミュニティでは「経済的自立のゴッドファーザー」と呼ばれている。2011年6月に自身の名を冠したブログ「jlcollinsnh.com」を開設した。経済的自立の伝説的なワークショップ「ショトーカ・リトリート」の創設者でもある。「Talks at Google」での彼の講演は170万ビューを超え、人気のファイナンス関係の番組やポッドキャストにも多数出演している。娘宛てに「お金と投資」について伝えた内容のブログが世界中から注目され、『父が娘に伝える自由に生きるための30の投資の教え』（ダイヤモンド社）として出版され、ベストセラーとなった。

[訳者紹介]

伊藤晶子（いとう あきこ）

翻訳者。東京大学教育学部教育心理コース卒業。アライアント国際大学カリフォルニア臨床心理大学院修士課程修了。バベル翻訳大学院修了。NPO法人日米心理研究所（JUPI）理事・事務局長。専門は臨床心理学をベースとした育児支援・研究等。

装丁　小口翔平＋畑中茜

本文デザイン　トモエキコウ（荒井雅美）

DTP　キャップス

投資家《とうしか》の父《ちち》が子《こ》どもに教《おし》えたお金《かね》の増《ふ》やし方《かた》

幸《しあわ》せに生《い》きるためのシンプルな投資《とうし》の教《おし》え

2024年12月19日　初版発行

著　者　ジェイエル・コリンズ

訳　者　伊藤晶子《いとうあきこ》

発行者　山下直久

発　行　株式会社KADOKAWA

〒102-8177　東京都千代田区富士見2-13-3

電話0570-002-301（ナビダイヤル）

印刷・製本　大日本印刷株式会社

ISBN 978-4-04-114884-6 C0030